U0165493

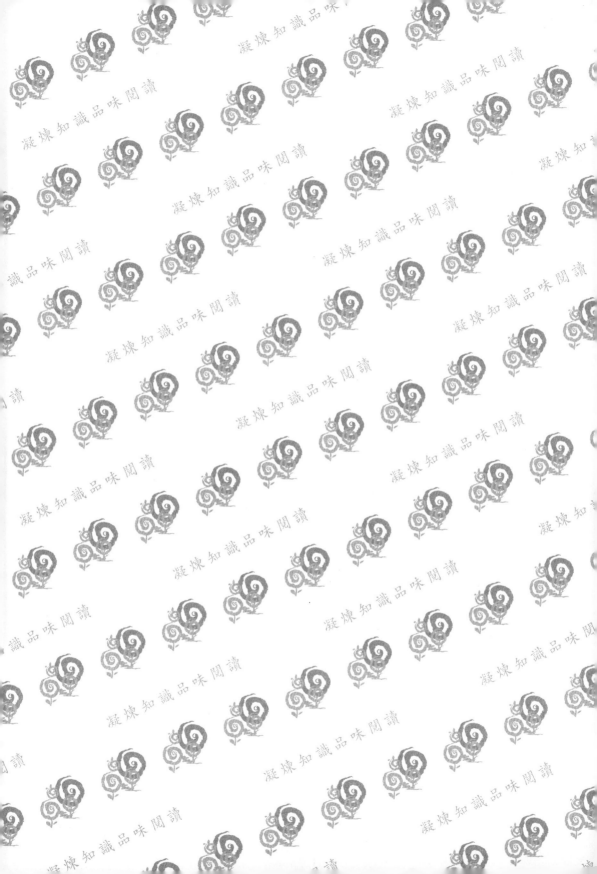

民法總則

五南圖書出版公司 印行

陳啓垂 ◆ 著

序

　　民法規定人民日常私法生活的四大領域之法律關係：債權債務關係、物權關係、親屬關係及繼承關係。對此，民法分設四編：債、物權、親屬及繼承。基於立法技術及精簡，將涉及此四編中二編以上的共通法則，集中規定並列於第一編：總則。從其民法的共通性，可以看出民法總則的重要性。民法總則是我國初學法律者普遍的入門課程，然因其法條規定的高度抽象性，經常造成初學者的理解困難。本書是配合大學民法總則課程所編寫，首先要提供給初學者一本淺顯易懂的教科書，其次也供進階者複習之用。為了將本書分量控制在教科書的適當範圍，必然不能對所有問題深入討論。對於想要就個別問題有更深入了解的讀者，建議自主閱讀相關專題論文。

　　我國民法典是少數人翻譯整理外國法典的成果，在翻譯草擬之際就有失真，加上其後學者、實務界的解釋，偶有出現誤解或望文生義情形。因此，相同法律的解釋或相同法律問題的處理，我國通說（或實務見解）與當初採為立法例國家的通說（或實務見解）常有極大出入。拜於現代資訊便利，相關的外國規定及學說理論、實務見解，已經很容易取得及相互比較、印證。本書對於我國民法總則規定及學說理論、實務見解，多處提出不同觀點，並皆以註腳註明各相關不同見解的出處，冀望主動、有獨立思考能力的讀者，能進一步閱覽各該不同見解的出處，做更深入的比較及思考。

目錄 CONTENTS

第一章

緒論

目　次

第一節　法律與法源

先思考在下面各案例中，是否涉及法律或是其他生活規則！

例：【男警愛慕女警，入侵住處被逮】[1]
台中市豐原區男員警甲愛慕所內女員警乙，從2013年5月上旬起，趁乙未在辦公室時，竊取乙遺留在辦公桌上的租屋處鑰匙複製後，3次侵入其租屋處。甲稱要關心女同事乙的生活情況，才進入房間查看。

例：丙在清明節假期，非但未去掃墓及祭拜祖先，還邀請朋友至家裡開home party，整日狂歡作樂，引起鄰居非議，丙絲毫不以為意。

例：在公車上，大學生丁坐在非博愛座位，見到老婦戊沒有讓座。嗣後公車煞車，戊因沒站穩而摔倒受傷，許多乘客指責丁未讓座，丁自己覺得很無辜。

例：住在台北市南港區的甲男與住在雲林縣北港鎮的乙女透過交友軟體認識及交往。一週前，甲、乙二人分隔兩地透過視訊訂婚，各自在鏡頭前自己套上訂婚戒指，完成訂婚儀式。

一、法律與其他生活規則

人的共同生活需要有規則，漂流到孤島上獨自生活的魯賓遜不需要共

---

[1] 中央通訊社，2013年5月30日，記者陳靜萍，台中電，網址：http://www.cna.com.tw/News/aSOC/201305300439-1.aspx（瀏覽日期：2013年9月9日）。

同生活規則。每個人通常會歸屬於一些團體，例如家庭、鄉（鎮、市）、國家。繁多的人與人之間關係，使得社會的遊戲規則成為必要，以當作個人行為舉止的準則。此行為法規由要求（commandment; Gebot）與禁止（prohibtion; Verbot）所組成，其存在於法律、風俗習慣與道德。[2]

（一）法律

一項行為規則，唯有當其符合正義（justice; Gerchtigkeit）的要求時，才是法律；正義的位階是在（例如包含於制定法中的）實定法之上。在過去許多國家的歷史中，甚至現在國家的實際情況顯示，如果決定法律的是權力而非正義，法律濫用的危險是多麼的高。雖然正義應作何理解，永遠存有爭議，但無論如何，它是建立在一個不可恣意改變的價值規則上，而這些價值中的每一個，例如人之尊嚴、生命、自由、所有權等，是被普遍承認的。因此，當一部制定法允許恣意剝奪一個人的生命時，此制定法即不屬於法律，因為它違背了正義。一部不正義的制定法，於立法時是「非法」（Unrecht），未來也將永遠是「非法」。[3]

法律是以保障群眾安寧，維持社會秩序為目的，而藉由國家公權力以強制執行的一種社會生活規範。[4] 法律作為人與人間共同生活的規則，應以**公平正義**（Gerechtigkeit）及**法之和平**（Rechtsfrieden）為理念（任務），其方式是允許或禁止一定的行為，並以國家的強制力為後盾，違反法律的人往往會受到國家的**制裁**。

法律對關係人賦予權利或課以義務，因此，積極地貫徹權利與履行義務，即是尊重法律的具體表現。德國法學家耶林（*Rudolf von Jhering, 1818-1892*）在其名著《**為法律（權利）而爭**》（Der Kampf ums Recht）[5]

---

[2] *Brox/Walker*, Allgemeiner Teil des BGB, 2019, § 1 Rn. 1.

[3] *Brox/Walker*, Allgemeiner Teil des BGB, 2019, § 1 Rn. 1.

[4] 鄭玉波、黃宗樂，法學緒論，2010年10月，4-5頁。

[5] 此書被翻成多國語文，中譯本如蔡震榮、鄭善印，法（權利）的抗爭，1993年6月；林文雄，為權利而抗爭，1996年12月。此書標題會有二種翻譯，是因為「Recht」一

中表示：「吾人的生存不是單由法律抽象的保護，而是由於具體地主張權利。堅決主張自己的權利，不是因為利益，而是出於法感的作用。」

（二）風俗習慣

風俗習慣（Sitte）並非法律，而是社會上要求的規則。違反風俗習慣的人，常受到社會的輕視或歧視，但並不會因此受到國家的制裁。

習慣，尚不具備法的確信，與習慣法有別。瑞士民法典第1條第3項（Art. 1 III ZGB）將**傳統習俗**（Überlieferung）明文列為次於習慣法的法源。

（三）道德

道德（Sittlichkeit; Moral）也屬於**應然**（Sollen）的規範，其形成的原因有良知、宗教或世界觀等。道德與法律最大的區別在於其**目的**，法律的目的是維持某程度可接受的共同生活，而道德則有實現**至善**的理想。此外，二者的**制裁**亦有別，法律可藉國家公權力施予懲罰或貫徹；違反道德則通常僅是受到社會或良心的譴責。

社會道德（Sozialmoral），大致上同於法律中所稱的**善良風俗**（民法2、72、184 I後段），其與法律互相影響。

（四）法律規範的形成

法律規範的形成，主要有下列三種型態：

1.制定法

制定法是國家社會機關的明文規定，包括法律、命令及自治章程。因我國屬於歐陸法制的成文法國家，制定法是最重要的法律規範。

字有法律與權利二種意義，das objektive Recht是客觀法律，das subjektive Recht則是主觀權利。

2.習慣法

一般人長久默示地反覆實行，被社會認定有一般的法律效力（法的確信）之生活規則，稱習慣法。就私法而言，英美法制以習慣法為主要法源，而對於屬歐陸法制的我國而言，習慣法則屬於次順序且次要的法源（民法1）。

3.法官的「法律續造」

雖然能夠因法院持續的裁判而形成法的確信，最後產生習慣法。但法官的裁判本身（法官法）尚非習慣法，所以**法律續造**本身並未直接產生法律規範，並未「**造法**」，通常只有對法律為補充。[6]

二、法源

（一）概念

法源，是**法律的淵源**，指構成法律規範的一切法則，亦可謂是法律存在的形式。依其是否由一定機關制定成條文的法則，可分為制定法（成文法）與非制定法（不成文法），前者為直接法源，後者為間接法源。

民法的法源，即是民法的淵源，指一切構成民事法律規範的法則，亦可謂是民事法律存在的形式。其屬於**制定法**者，有法律、命令、自治法及國際條約四者；其屬於**非制定法**者，有習慣法、判例（已廢止）與法理（可包含學說理論及風俗習慣）三者。

就學理上而言，法源包括**法律原則**與**法律規定**，法律規定又兼括**制定法**與**習慣法**二者。此外，法院慣例與交易習慣雖非直接法源，但過去我國實務上賦予最高法院的「判例」近似法律的效力，下級法院的判決違背最高法院的判例亦被認為屬於判決違背「法令」（民訴法467、刑訴法377、刑事妥速審判法9 I），得作為上訴第三審理由。[7] 我國判例制度經法院組

---

[6] *Brox/Walker*, Allgemeiner Teil des BGB, 2019, § 1 Rn. 9.

[7] 最高法院71年台上字第314號判例（舊）。司法院（70）院台廳一字06649號令，注意事項甲一（一）。

織法修正，自2019年7月4日起走入歷史（法院組織法57之1）。

　　就實定法規定而言，民法第1條仿瑞士民法第1條第2項（Art. 1 II ZGB[8]）規定，法院於認定民事法律關係時，應依據「**法律**」規定；法律未規定，則依「**習慣法**」；若亦無習慣法存在，則依據「**法理**」。此民法第1條規定三種民事法的法源，同時也規定此三種法源的適用順序。

（二）民法規定的法源

　　就我國民法有「法例」一章，係仿自瑞士民法典（ZGB）的立法例；德國民法典（BGB）則無法例之設。民法的法例，在體例上應是全部民事法律的共同原則（通則）：除民法第1條至第5條外，其他亦為民事法律共同原則，而宜列入「法例」一章規定卻未列入者，如誠實信用原則（民法148 II）、權利濫用的禁止（民法148 I）、公平正義的原則（瑞士Art. 4 ZGB）。

　　民法於總則編第一章「法例」中，首先於民法第1條規定三種法源，及其適用的順序，民法第2條規定適用習慣法的限制。

1.法律

　　民法第1條所指法律，乃廣義的法律，惟僅指**制定法**（成文法），不包括習慣法或法理。

(1)經立法院通過、總統公布之法律（憲法170、中央法規標準法2-6）

　　屬於此類最狹義的法律者，例如民法、動產擔保交易法、消費者保護法、公司法、票據法、公平交易法。

(2)條約

　　我國與外國或國際組織所簽訂的條約，經立法院決議（憲法63、141）並公布後，有與國內法同等效力。

8　Art. 1 Abs. 2 ZGB: Kann dem Gesetz keine Vorschrift entnommen werden, so soll das Gericht nach Gewohnheitsrecht und, wo auch ein solches fehlt, nach der Regel entscheiden, die es als Gesetzgeber aufstellen würde.

(3) 其他民事命令、規章

直接涉及民事關係的命令或規章，極為罕見，在實務上不具重要性。

2. 習慣法

(1) 概念

依通說，習慣法須具備二個要件：一、客觀要件：在社會上反覆實行；二、主觀要件：法的確信（opinio necessitatis）。[9] 民法第1條所稱「習慣」，屬於法源的一種，具有法的效力，因此應是具備法的確信之「習慣法」，而非單純的交易上習慣或事實上習慣；[10] 此亦可由立法例的瑞士民法典第1條第2項（Art. 1 II ZGB）明文使用「Gewohnheitsrecht」（習慣法）一詞得到印證（歷史解釋）。[11]

> 民法所謂**習慣**乃指社會慣行中，普通一般人**確信其有拘束力**，人人必須遵從，而後群居生活始能維持而言，本件被上訴人A係一私人公司，關於員工退休，本無遵照他公司所定退休規則辦理之義務，更不能以**他公司所定退休規則**當作習慣，而令被上訴人A應予遵守。況各公司間所訂退休金給與標準初非一致，亦無此習慣可言。[12]

(2) 習慣法的效力

習慣法有補充的效力，為法律的**補充性法源**，僅於法律無明文規定時有補充的效力。

---

[9] 最高法院17年上字第613號判例（不再適用）。

[10] 最高法院17年上字第613號判例（不再適用）；王澤鑑，民法總則，2014年2月，73、74頁；陳瑞堂，習慣法之形成與適用，楊與齡主編「民法總則爭議問題研究」，1999年9月，4頁。惟鄭玉波、黃宗樂，民法總則，2008年9月，50頁表示，在我民法上，習慣與習慣法並無差別；施啓揚，民法總則，2009年8月，80-82頁亦不作區別。

[11] 瑞士民法典中的「習慣」，使用「Übung」或「Ortgebrauch」等詞，例如第5條第2項（Art. 5 II ZGB），而我國民法立法者僅用「習慣」一詞，應是混淆概念，徒增解釋與適用上疑義。

[12] 最高法院70年度台上字第3258號判決。

> **習慣**（法）僅於法律無明文規定時有補充的效力，公同共有物的處分及其他權利的行使，除為公同關係所由規定的法律或契約另有規定外，應得公同共有人全體的同意，為（舊）民法第828條第2項（現行民法828Ⅲ）所明定。縱如原判決所稱該地習慣，營產值理，有代表公同共有人全體處分營產之權，苟非當事人有以此為其**契約內容**的意思，得認其公同關係所由規定的契約已另有規定，在民法施行以後殊無適用的餘地。原判決僅以該地有此習慣，即認被上訴人的買受為有效，其法律上的見解實有違誤。[13]

　　法律有特別定優先適用「習慣」者，該習慣即基於法律規定有優先的效力，[14] 例如民法第68條第1項、第207條第2項、第314條、第369條、第372條；但此所指的「習慣」為事實上習慣或單純的習慣，僅有慣行的事實，而欠缺法的確信，並非民法第1條所指的習慣法。[15]

> 過去最高法院認為，台灣施行民法以前所設立的祭祀公業，依習慣法視為法人；但施行民法後，即須具備民法規定（民法25、民總施行法6Ⅰ）要件，才得視為法人。[16]

> 不動產物權的移轉或設定，舊民法第760條（民法758Ⅱ）明文規定應以書面為之，因此縱令當地移轉不動產所有權，確有交付老契以代訂立書面的習慣，依民法第1條規定，亦無適用的餘地。[17]

---

[13] 最高法院37年上字第6809號判例（不再適用）。

[14] 最高法院26年渝上字第948號判例（不再適用）。

[15] 王澤鑑，民法總則，2014年2月，75頁；陳瑋佑，原住民傳統「習慣」於民事司法上之適用與證明，台大法學論叢46卷特刊，2017年11月，1211頁。

[16] 最高法院39台上字第364判例（舊）。並參閱「祭祀公業條例」。

[17] 最高法院29年上字第1513號判例（不再適用）。

> 民法第972條明文規定，婚約應由男女當事人自行訂定，因此雖有得
> 由雙方父母於其年幼時為之訂定婚約的習慣（法），依民法第1條的
> 規定，也無法的效力。[18]

(3) 習慣法的限制

　　民事所適用的習慣法，須不背於**公序良俗**（民法2），此為習慣法的
消極要件。[19] 實務上曾被認為背於公序良俗的習慣法，例如賣產應先儘親
房；[20] 不動產的近鄰先買權，因其對經濟流通、地方發達有所障礙。[21]

　　此所謂公共秩序，指國家及社會生活的共同要求或一般利益；善良
風俗，則指國民的一般倫理與道德觀念。公序良俗是一個**不確定的法律概
念**，無統一的認定標準，應依時代變遷、社會思潮、政治經濟狀況及地區
環境等差異，而為綜合觀察與判斷。[22]

> 祭祀公業管理人依「習慣」（法）就公業財產得為**保存、利用**及**改良**
> 行為；出租行為屬於利用行為，該管理人得為之。[23]

　　民法第2條的習慣，除指習慣法外，是否亦包括事實上習慣，有疑
義。依體系解釋，民法第2條的習慣之意義，應與第1條作相同解釋，即同
樣指習慣法。[24]

---

[18] 最高法院29年上字第618號判例（不再適用）。

[19] 關於公序良俗，鄭玉波、黃宗樂，民法總則，2008年9月，374-379頁。

[20] 最高法院19年上字第1710號判例（不再適用）；30年上字第131號判例（不再適用）。

[21] 最高法院30年上字第191號判例（不再適用）。

[22] 施啓揚，民法總則，2009年8月，251頁。

[23] 最高法院81年度台上字第2999號判決。

[24] 王澤鑑，民法總則，2014年2月，74頁引用民法第2條謂「習慣法不得背於公序良
俗」，於同書75頁卻又表示「民法第1條及第757條以外規定所稱習慣，原則上僅指
事實上習慣而言」，似有矛盾。陳瑋佑，原住民傳統「習慣」於民事司法上之適用
與證明，台大法學論叢46卷特刊，2017年11月，1211頁即稱，民法第2條所定之「習
慣」，被認為兼指習慣法與事實上習慣兩種類型，並引註王澤鑑前揭書為證。

3.法理

　　「法理」亦屬**不確定的法律概念**，有謂其為法律的自然道理，相當於在德國法概念之「事物的本質」（Natur der Sache），乃自法律精神演繹而出的一般法律原則。最高法院曾謂：「所謂法理，乃指為維持法秩序之和平，事物所本然或應然之原理；法理之**補充功能**，在適用上包括制定法內之法律續造（如基於平等原則所作之類推適用）及制定法外之法律續造（即超越法律計畫外所創設之法律規範）。」[25]

　　在立法例上，瑞士民法典第1條第2項（Art. 1 II ZGB）規定為「假設自己為立法者，將會制定的規則」，較為具體。就我國法律未規定且無習慣法可為適用的權利義務關係，得以「外國立法例」作為法理加以適用。

　　就法理的意義與功能，如上述最高法院表示「法理之補充功能，在適用上包括制定法內之法律續造（如基於平等原則所作之類推適用）及制定法外之法律續造（即超越法律計畫外所創設之法律規範）」，其亦曾就適用舊法而以新法為法理表示：「增修之規定，經斟酌其立法政策、社會價值及法律體系精神，應係合乎**事物本質**及公平**正義原則**，為價值判斷上本然或應然之理，自可引為**法理**而予適用。」[26]

> 使用借貸房屋，增加設施及價值，增值或費用的償還。[27]

> **既成條件**為解除條件時，法律行為無效。[28]

---

[25] 最高法院101年度台上字第1695號判決。
[26] 最高法院101年度台上字第2037號判決。
[27] 最高法院59年台上字第1005號判例（舊）。
[28] 最高法院68年台上字第2186號判例（舊）。

關於於貨物運送，以貨櫃等容器裝填而為運送時，有關運送人單位責任限制的件數之決定，以1968布魯塞爾議定書第2條第3項、1978漢堡規則（聯合國海上貨物運送公約）第6條第2項、1971英國海上貨物運送條例第4條第7項等規定，作為**法理**而適用。[29]

祭祀公業條例公布施行前，有關**祭祀公業**及其派下權在我國現行民法並無規定，應依民法第1條規定，即依習慣（法）審理。[30]

原告甲否認被告乙所持的P本票債權存在，法院認為，該P本票上的發票人係由甲簽名，而該等本票的到期日均在發票日之前，其效力如何，票據法及民法並無明文規定，且亦無以多年慣行事實及普通一般人確信為基礎的習慣（法）可資遵循，依民法第1條規定，應按**法理**決之。至銀行遇此情形一律不予付款，則為免責之舉，尚難謂此實務作業已具有使普通一般人產生法的確信之習慣（法）地位。P本票就發票人簽名、表明為本票的文字、一定的金額、無條件擔任支付及發票日等絕對應記載事項，無一欠缺，斟酌一般社會通念、日常情理，甲簽發P本票時應有支付該等本票金額的意思。況本票未載到期日，依票據法第120條第2項規定，亦視為見票即付，則為助長票據流通、保護交易安全，並兼顧發票人發票時有支付本票金額的誠信，自應依**票據有效解釋原則**的**法理**，將該P本票不可能屆至的到期日當作未記載，視為見票即付，而不得逕解為無效票據。[31]

---

[29] 最高法院84年度台上字第1854號判決。

[30] 台中地方法院96年度訴字第960號判決。並參閱祭祀公業條例第24條第6款。

[31] 台灣高等法院96年度上字第53號判決、最高法院98年度台上字第65號判決。

◆民法第1條、第2條規定的法源

法源種類	順序	要件	限制
法律	一		
習慣法	二	客觀：反覆實行；主觀：法的確信	須不違背公序良俗
法理	三		

第二節　私法

例：因涉及多起偷拍性侵案件的李○○，在逃亡23天後於2012年8月24日被台北地方法院裁定羈押；全案經審理後，台北地院在2013年9月3日上午11點作出判決，認定強制性交犯行確定，判刑十八年六個月，妨害秘密部分，三年十個月，共計有期徒刑二十二年四個月（刑事責任），並且必須賠償12名被害人共1,425萬（民事責任）。[32]

例：【立法院長王金平涉入司法關說案】
特偵組表示，因追查高院法官涉收賄，經查金流時，發現民進黨籍立法委員柯建銘被控全民電通案，更一審無罪判決，涉有關說不予上訴，導致無罪確定，由於通訊監察譯文內容發現，涉及立法院長王金平、時任法務部長曾勇夫等人；關說是事實，因無濫權不追訴或金錢等交付，所以不能以貪瀆罪名相繩，但王金平、柯建銘違反立法委員行為法，曾勇夫違反法官法，高檢署檢察長陳守煌違反檢察官倫理規範等事實均極明確，依法函送有權機關辦理。國民黨

---

[32] 台北地方法院101年度侵訴字第92號刑事判決、102年度侵訴字第47號刑事判決、102年度侵附民字第1-29號刑事判決。

考紀會2013年9月11日上午開會處理：王金平在10時左右抵達黨中央，向考紀委員簡單說明並遞交陳述書後旋即離去。在經過2個多小時的會議討論後，考紀會取得多數共識決議，依據中國國民黨黨章第35條第1項第2款損害黨之聲譽及第36條第1項第4款規定，撤銷王金平的黨籍。過去國民黨前立委許舒博在第七屆立委時曾提出定暫時狀態假處分；假處分裁定准許後，當事人進行「確認國民黨黨籍存在」的訴訟，確認他本人是否還擁有國民黨黨籍，最後法院判決許舒博勝訴。王金平循相同救濟途徑，於11日下午派人赴台北地院遞狀，訴請「確認中國國民黨黨籍存在」本訴（民訴法247），並附帶聲請「在判決確定前，繼續行使國民黨員職權」與「在判決確定前，禁止國民黨將撤銷黨籍證明書送中選會」定暫時狀態假處分（民訴法538 I）。政黨法於2017年12月6日始公布施行。

問題：此案事實，哪些事項應適用公法或私法或何種訴訟法？

一、概念

所謂私法（Privatrecht），指規範私人相互間或其與私團體間的法律關係，而以平等關係及自決（Gleichberechtigung und Selbstbestimmung）為基礎的法律，亦得稱為廣義的民法。[33]

二、私法與公法的區分

（一）標準

關於私法與公法（öffentliches Recht）的區分，主要的學說有利益說（Interessentheorie）、從屬關係說（Subjektionstheorie; Subordinationstheorie）、歸屬說（Zuordnungstheorie）等。

---

[33] *Larenz/Wolf*, Allgemeiner Teil des Bürgerlichen Rechts, 1997, § 1 Rn. 1.

依**利益說**，以公益為規範對象的法律規範，為公法；而以私益或個人利益為規範對象的，則為私法。

依**從屬關係說**，[34] 規範平等關係的法律，為私法；而規範權力服從關係的法律，為公法。

歸屬說亦稱**修正的主體說**（moddifizierte Subjektheorie），[35] 原主體說以法規的規範對象，是為國家、其他的主權享有者（Hoheitsträger）（如中央或地方機關），或是為任何私人，而區分公法與私法；其後經修正為，取決於**該主權享有者**是否為該法規範的對象，即是否以其「**作為主權享有者，而享受權利及負擔義務**」之**特性**，其規範具有此種特性的主體之法律，為公法；不是規範具有此種特性的主體之法律，則為私法。

例如行政院辦理演講活動，分別與A、B公司訂立契約，A公司負責場地提供及布置，B公司負責提供活動期間的餐飲，行政院非以主權享有者的身分與A、B公司訂立契約，而應受到私法的規範。

此三種學說事實上均未能單獨貫徹，在特殊情形，有時甚至要同時兼採三種學說，才能完整解決問題或作妥善說明。就現行法律制度，僅能大概地將某一法律定性為私法或公法，因同一法律中常見含有部分其他性質法律的規定，例如公司法整體上屬於私法，然其第9條、第19條、第63條第2項、第90條第2項、第232條第3項、第259條第293條第4項、第300條第5項等規定均是特別刑法，性質上屬於公法。

（二）目的

區分私法與公法，首先有助於理論上認識。私法以**私法自治**（Privatautonomie; private autonomy）為基本原則，而私法自治與公民的

---

[34] 此學說名稱在國內並未統一，有稱「從屬規範說」者，王澤鑑，民法總則，2014年2月，14-15頁。有稱「主體說」者，林騰鷂，行政法總論，1999年11月，27-28頁；李惠宗，行政法要義，2007年2月，11頁。

[35] 李惠宗，行政法要義，2007年2月，11頁；王澤鑑，民法總則，2014年2月，15頁稱「特別法規說（新主體說）」。

自己負責任結合,並原則上任由其自由決定自己權利的行使與形成,國家不會介入。相對地,主權享有者的行為不是行使其自由權,而是履行其所被分配的權責。[36]

其次,私法與公法的區分通常能藉以認定一法律關係爭執的救濟程序,應為民事訴訟或行政訴訟,即確定管轄法院種類(普通法院或行政法院)。

三、非屬於私法的法律領域

(一)憲法

實質的憲法為立憲政體國家之根本法,通常規定國家的要素,例如國體、主權、國民、領土、國家機關的組織與權限,以及人民的權利與義務等事項。形式的憲法則指以「憲法」或其名稱相當的法典,如我國的憲法、美國憲法(Constitution for the USA)、德國的基本法(Grundgesetz)。

憲法是我國的最高法律,其他法律或命令如與憲法相牴觸,無效(憲法171 I、172)。民法屬於法律之一,其規定亦不得與憲法相牴觸,且應進一步與憲法的基本原則及精神相配合。[37]

(二)行政法

行政法,通常指關於行政權的組織與作用的國內公法。行政法並非為單獨法律名稱,而是一歸類性概念(Ordnungsbegriff),係一般對於有關行政組織、行政行為的公法上規範之總稱。[38] 在教學上,通常亦將行政爭訟相關法規劃歸為行政法範圍,例如訴願法、行政訴訟法。

---

[36] *Larenz/Wolf*, Allgemeiner Teil des Bürgerlichen Rechts, 1997, § 1 Rn. 2.
[37] 參閱司法院釋字第349號、第362號、第372號、第410號、第452號、第502號解釋。
[38] 參閱林騰鷂,行政法總論,1999年11月,25頁。

　　行政機關的行政行為，屬行政法所規範的對象；惟行政機關若參與私經濟，其從事私經濟活動的行為，則適用私法規定。

（三）國際公法

例：2011年11月11日，台灣駐美國堪薩斯辦事處處長劉姍姍，突遭美國聯邦調查局以其涉嫌觸犯「外籍勞工契約詐欺罪」（Fraud in Foreign Labor Contracting）加以逮捕，檢方於偵訊後認為其涉嫌重大，隨即向法院聲請羈押，法官於羈押聽證會聆訊後，因犯罪嫌疑人劉姍姍當庭聲明放棄交保，予以諭令收押。檢方於羈押庭中指控，劉姍姍強迫其菲籍家庭幫傭超時工作，並僅給付工作合約上的三分之一薪資，且扣押女傭的護照及簽證，恐嚇其外出行動自由，若是不配合會將她遞解出境限制其自身行動，還裝置攝影監視器管控菲傭。當時外交部向國人宣稱，劉姍姍為我國外交人員，應享有**豁免權**。此事件後以劉姍姍向法院「認罪協商」放棄一切權利而落幕。[39]

　　國際公法規範國際公法主體間主權的關係，即國際公法上關係。國際公法主體為獨立自主的國家或特定的國際組織，例如聯合國（UN）、世界貿易組織（WTO，前身為GATT）、經濟合作與開發組織（OCED）、國際貨幣基金（IMF）、歐洲聯盟（EU），以及傳統上的國際公法主體，例如國際紅十字會（IRC）、羅馬天主教庭。依傳統理論，私人（自然人或法人）不能成為國際公法的主體。

　　國際公法對國際私法具有某程度的影響，例如禮讓原則、內國法的適用在地域上的限制。雖然憲法第141條規定以「平等互惠之原則」與「尊

---

[39] 參閱葉錦鴻，從國際法的角度論「劉姍姍事件」一案，月旦法學教室113期，2012年3月，39-41頁。

重條約及聯合國憲章」為外交宗旨，然國際公法與規範私人間的法律關係之民法間，並無直接關係。

（四）刑法

實質的刑法，為規定犯罪與刑罰的法律；形式的刑法，則指以刑法或犯罪法為名的法律，例如我國刑法、德國的刑法典（StGB）。刑法中部分的規定與民法相關規定之最終目的，同樣都在保護人民的生命、身體、健康、自由、名譽、財產等權利，只是採行不同的手段：刑法課以刑罰，而民法則著重於回復原狀與填補損害（損害賠償）。

（五）訴訟法

訴訟法，主要指民事、刑事與行政訴訟法三者，訴訟法性質上皆屬於公法。

1.民事訴訟法、家事事件法

實質的民事訴訟法，指有關民事訴訟的各種法規；形式的民事訴訟法，則專指以民事訴訟法為名的法典。我國的（形式）民事訴訟法及家事事件法中，主要規定當事人就私法上權利義務的爭執，請求法院進行裁判所適用的程序及其效力，但亦包含有少數實體法性質的規定，例如民訴法第71條第1項、第395條第2項、第531條及家事事件法第163條、第172條第1項、第180條第4項等，以及許多的非訟性質的程序法規定，例如民訴法的調解程序、督促程序、保全程序、公示催告程序，以及家事事件法中的監護及輔助宣告事件程序、死亡宣告事件程序等。

2.刑事訴訟法

刑事訴訟法乃關於國家行使刑罰權的法定程序之法律規定，主要規定犯罪的偵查、起訴及審判的程序。

3.行政訴訟法

行政訴訟法，指關於行政法院對公法上法律關係爭訟事件的審理程序之法律規定。公法關係的爭執，除法律有特別規定外，應循行政爭訟途徑解決（行政訴訟法2），故適用行政訴訟法。

第三節　民法

> 例：甲、乙結婚數十年，僅有一女丙已成年；甲與丁女有婚外情，生有
> 　　一子戊12歲。甲將名下L地贈與戊並登記為戊所有。數週後，甲意
> 　　外身故，辦理遺產繼承過程，乙查知甲、丁的婚外情及L的贈與，
> 　　除起訴丁請求損害賠償外，並否認戊有繼承權；而甲有投保200萬
> 　　元的死亡保險，指定受益人填寫「法定繼承人」。
> 問題：此案中，各個法律關係的變動或認定，各應適用民法哪部分的規
> 　　　定？

一、概念

民法是規範私人間一般社會生活的法律，屬於私法的一部分。

二、民法與其他私法的區分

（一）商事法

我國並無一部法典稱為「商事法」，而是將關於商事行為的民法特別法，總稱為商事法（民商合一制），其包括例如公司法、票據法、海商法、保險法、商業登記法等法律。

（二）經濟法

　　廣義經濟法，指涉及經濟交易的法律規定之整體，其包含獨立營業活動的組織、塑造、規律、資助、控制或限制。經濟法是國家藉以影響參與經濟生活者相互間及與國家的關係之全部私法、刑法與公法的法規範及措施整體，是經濟交易的法律與經濟政治的法律基礎之上位概念，包括例如公平交易法、動產擔保交易法、信託法等法律。

（三）智慧財產權法

　　智慧財產權法，係以智慧財產權[40] 為主要規範對象的法律全體，主要有專利法、商標法、著作權法等。

（四）勞動法

　　勞動法，或稱勞工法，指規範勞工與雇主間法律關係或勞工保障等的法律，如民法中關於僱傭契約的規定、勞動基準法、勞工保險條例等。

三、民法典

（一）制定

　　1929年立法院組成「民法起草委員會」，有傅秉常、焦易堂、史尚寬、林彬及鄭毓秀等5位委員。

　　立法顧問：王寵惠、戴傳賢、*Padoux*等3位。

　　立法依據（立法原則）：中央政治會議之民法各編的立法原則、民商統一法典案。

　　立法例：德國民法典（BGB）、法國民法典（code civil）、瑞士的民法典及債務法（ZGB und OR）、日本民法。

---

[40] 所謂智慧財產權，指法律對於人類的心智產品賦予保護的財產權，又稱無體財產權。

（二）編制

　　民法在編制上仿德國民法典，分為總則、債、物權、親屬與繼承五編。與德國民法典不同之處：我國民法各編分開公布及施行，因此各編有各自獨立的施行法；德國國際私法（IPR）規定於其民法典施行法（EGBGB）中，而我國則另於1953年公布施行「涉外民事法律適用法」，並於2010年有重大修正。

（三）主要內容

　　民法共分五編，原有1225條文；後經多次修正，法條總數已有所增加。[41]

◈民法編次及法條

編次	編名（附施行法）	法條
一	總則（民法總則施行法）	1-152
二	債（民法債編施行法）	153-756之9
三	物權（民法物權編施行法）	757-966
四	親屬（民法親屬編施行法）	967-1137
五	繼承（民法繼承編施行法）	1138-1225

1.第一編「總則」

　　1929年5月23日公布，同年10月10日施行。分為法例、人、物、法律行為、期日及期間、消滅時效、權利之行使等七章，包括第1條至第152條。

2.第二編「債」

　　1929年11月22日公布，次年5月5日施行。分為通則、各種之債二章，

---

[41] 歷次修正，參閱法務部「全國法規資料庫」的民法「沿革」，網址：http://law.moj. gov.tw/LawClass/LawHistory.aspx?PCode=B0000001（瀏覽日期：2022年8月1日）。

包括第153條至第756條之9。

3.第三編「物權」

1929年11月30日公布，次年5月5日施行。現分為通則、所有權、地上權、農育權、不動產役權、抵押權、質權、典權、留置權、占有等十章，已刪除舊「第四章永佃權」，增訂「第四章之一農育權」，包括第757條至第966條。

4.第四編「親屬」

1930年12月26日公布，次年5月5日施行的民法親屬編，是民法各編中歷經最多次修正的一編。分為通則、婚姻、父母子女、監護、扶養、家、親屬會議等七章，包括第967條至第1137條。

5.第五編「繼承」

1930年12月26日公布，次年5月5日施行。分為遺產繼承人、遺產之繼承、遺囑等三章，包括第1138條至第1225條。

（四）特質

1.民商合一制度

成文法國的民法體例，可大致區分為**民商分立制度**與**民商合一制度**。採前者，在民法典外，有就商人的商事行為特別規定的商法典與之對立，採此制者如法國（商法典code de commerce 1807）、德國（商法典HGB 1897）、日本（商法1899，明治32）。採後者，在民法典外，沒有相對立的商法典，採此制者如瑞士、泰國、我國等；義大利自1942施行「國民民法」後，由「民商分立制度」改為「民商合一制度」。

2.繼受歐陸法制

中國傳統上欠缺有系統的民法典及相關規定，在民法五編中，除身分法中少部分規定源自於中國傳統外，幾乎全盤接受歐陸市民社會的現代法

制思想，以私法自治[42]為原則，將民法建立在維護個人自由及保障私人財產二大基石上，體制上並以權利義務觀念及過失責任為中心，使我民法制度能配合世界法制潮流。

與德國法及瑞士法相同而有別於羅馬法，我國民法有許多顧及交易安全的規定。依羅馬法，任何人不得以大於自己所擁有的權利讓與他人，但我民法有善意取得的規定，雖然讓與人根本不是權利人，受讓人仍得取得權利（民法759之1、801、948）。

3.維護固有倫理

民法部分規定，具有維護我國社會固有倫理的精神與特質，例如1985年刪除民法第971條後段，姻親關係即不因夫死妻再婚或妻死夫再婚而消滅；增訂民法第983條第3項關於終止收養後結婚的限制；增訂民法第1084條第1項的孝敬父母規定。

此外，2008年法務部擬在民法增設「掃地出門條款」，並獲民法繼承編研究修正委員會通過，依該修正，未盡扶養義務的（不孝）子女將無法繼承遺產。此增訂原是民法施行近八十年來重大變革，草案文字經過三年研修，由前大法官戴東雄主持的「民法繼承編研究修正委員會」，增訂民法第1145條第1項第6款；法務部表示，新法對傳統孝道和社會風氣將有正面影響，經彙整各界意見，原訂2008年底將草案送行政院審議；惟嗣後並未完成修法。

四、民法的效力

民法的效力，可分別以人（規範主體）、事（規範客體）、時、地為標準，而確定其範圍與界限，此亦為其適用範圍。

---

[42] Vgl. *Brox/Walker*, Allgemeiner Teil des BGB, 2019, § 2 Rn. 5.

（一）人

民法採屬人主義，原則上適用於我國全體國民，對於所有我國籍國民，皆有效力。

（二）事

民法規範客體，除民事特別法有規定者外，為人民間私的法律關係（民事事項）。

（三）時

民法公布時，適用1932年12月23日的舊「法律施行日期條例」、「法律施行到達日期表」，其廢止適用舊「法律廢止條例」（1952年11月20日）。自1970年8月30日「中央法規標準法」公布施行後，改為適用此法。

民法各編的施行日期如下：總則編於1929年10月10日；債編與物權編於1930年5月5日；親屬編與繼承編於1931年5月5日。

法律的適用，應注意下列三大原則：

1.法律不溯及既往

對於在某法律生效前所發生的法律事實，原則上不適用該法律，稱為**法律不溯及既往原則**。此一原則是適用法律的原則，不是立法的原則，因此立法時基於國家政策或社會的需要，仍可明定法律有溯及的效力，例如民法總則施行法第3條第1項規定：「民法總則第八條、第九條及第十一條之規定，於民法總則**施行前**失蹤者，亦適用之。」[43]

2.新法改廢舊法

規範同一事項，舊的法律已經修正後，該經修正的舊法律即因而失去

---

[43] 鄭玉波、黃宗樂，法學緒論，2010年10月，55頁。

效力，而改適用修正後的新法律（*lex posterior derogat legi priori*）。

3.特別法優於普通法

法律中的特別規定，應優先於普通規定而適用（*lex specialis derogate legi generali*；特別法排除普通法）。於特別法未作規定的情形，則應以普通法作為補充而適用。

就民法中債的關係而言，債編第二章「各種之債」為第一章「債之通則」的特別法，而「債之通則」相對地又為民法「總則」編的特別法。原則上諸商事法例如票據法，亦為民法債編的特別法。

（四）地

民法採屬地主義，原則上在我國主權效力所及範圍均有適用，即其效力及於全國領域。

（五）「臺灣地區與大陸地區人民關係條例」相關規定

關於台灣地區與大陸地區人民間的法律關係，台灣方面制定有「臺灣地區與大陸地區人民關係條例」（簡稱**兩岸條例**），以規範台灣地區與大陸地區人民的往來，並處理衍生的法律事件；中國大陸方面亦陸續以法律、命令或法院解釋、意見等，對兩岸人民間的法律關係作具體規範。[44]

兩岸條例第一章「總則」與第三章「民事」與私法上法律關係有相關。第三章主要規定內容為法律適用規範，即衝突規範（兩岸條例41-62），以及對中國裁判的認可（承認）與執行（兩岸條例74）。

---

[44] 參閱王泰銓、陳月端，兩岸關係法律，2000年10月，87-209頁；「最高人民法院關於審理涉台民商事案件法律適用問題的規定」（2010年12月27日）、「最高人民法院關於人民法院認可台灣地區有關法院民事判決的補充規定」（2009年5月14日）。

第四節　法律的適用

一、概念與目的

在歐陸成文法（Gesetzesrecht; codified law）的法律適用（Rechtsanwendung），是指以三段論法（Syllogismus），將一個案件事實作為小前提（*praemissa minor*; Untersatz），而探究其能否涵攝（subsumieren）於一個作為大前提（*praemissa maior*; Obersatz）的法律規範（Rechtsnorm），再作成結論（*conclusio*; Schlussfolgerung）。於此涵攝過程，該法律規範的解釋（Auslegung; Interpretation）通常成為必需的。瑞士民法典第1條第1項明文規定：「本制定法適用於該所有的法律問題，就之依其文義或解釋含有規定者。」[45]

◆ **法律結構與三段論法**

```
法律：構成要件（Tatbestand）═══▶ 法律效果（Rechtsfolge）
  大前提：法律抽象的構成要件 ◀───      涵攝
  小前提：具體的生活（案件）事實 ───╯
  結論：法律效果
```

例：民法第184條第1項前段：「因故意或過失，不法侵害他人之權利者，負損害賠償責任。」（大前提）═══▶ 甲婦於三樓陽台晾衣，不小心掉落晾衣架，戳瞎路人乙的右眼（小前提）。
乙詢問，能否向法院請求裁判法律爭端，要求甲請求賠償：乙向法院起訴，請求法院判決甲婦賠償乙60萬元。

---

[45] Art. 1 Abs. 1 ZGB: Das Gesetz findet auf alle Rechtsfragen Anwendung, für die es nach Wortlaut oder Auslegung eine Bestimmung enthält. 並參閱鄭玉波、黃宗樂，民法總則，2008，68頁所附翻譯。

法律適用的目的，在於裁判法律爭端，解決權利義務問題。

二、法官與法律

我國民事法官皆為職業法官，至今尚未設有榮譽法官或非專業法官（參審法官、國民法官）。[46]

長久以來，政府及關心司法改革的民間團體，皆致力於「法官法」的立法工作，紛紛提出各種內容的草案版本，立法院雖於2011年完成「法官法」立法，但其內容仍與社會期待有明顯落差。

在過去各司法改革議題中，對於應完全捨棄到目前為止所採的由考試選任法官制度，而引進英美法系或普通法（common law）系國家所採行的法官選任制度，並予以適當修正，有相當程度的共識，原則上改為由具有實務經驗的檢察官、律師或具有教學經驗的法學教師中，選任法官的方式；[47] 而2011年公布的「法官法」雖有法律依據（法官法5），實務如何落實，猶待觀察。

（一）法官受法律拘束

法官須「依據法律」審判（憲法80），不得對法律爭執恣意地裁判。法官受法律拘束，即使自己並不苟同其內容，亦不得任意拒絕法律的適用（憲法訴訟法55）。

---

[46] 司法院於2003年由「專家參審試行條例研究制定委員會」草擬「專家參審試行條例草案」45條條文，欲採參審制；後於2012年司法院提出「人民觀審暫行條例草案」81條條文，企圖改為在刑事訴訟推行觀審制；2018年司法院又提出「國民參與刑事審判法」，又改回參審制；2020年公布的「國民法官法」亦是採參審制。

[47] 關於英美國家選任法官制度及優缺點的評論，林超駿，法官如何不經由考試方式選任？──略論民間版法官法草案之得失，月旦法學教室18期，111-118頁。

（二）法官的獨立性

1.業務上獨立

對於法官業務上獨立（sachliche Unabhängigkeit）的保障，憲法第80條明文規定，法官應超出黨派，依據法律獨立審判，不受干涉。法官法規定，法官應依據憲法及法律，本於良心，超然、獨立、公正審判，不受任何干涉（法官法13 I）；並禁止法官參加政黨、政治團體或其活動（法官法15 I），以免其公正審判受到影響，落實憲法要求。有疑義者為法官法第19條至第23條所規定的「法官職務監督」制度。

2.身分上獨立

對於法官身分上獨立（persönliche Unabhängigkeit）的保障，憲法第81條明文規定，法官為終身職，非受**刑事或懲戒處分**或**禁治產宣告**，[48] 不得免職；非依法律，不得停職、轉任或減俸。

就實任法官的免職事由，法官法第42條第1項具體規定三款原因：「一、因犯內亂、外患、故意瀆職罪，受判刑確定者。二、故意犯前款以外之罪，受有期徒刑以上刑之宣告確定，有損法官尊嚴者。但宣告緩刑者，不在此限。三、受監護之宣告者。」其範圍較憲法第81條規定稍有限縮。

就實任法官的停職、轉任或減俸事由，分別具體規定於法官法第43條至第45條。

◆法官身分上獨立的保障

法官身分的影響	條件
免職	限於受刑事或懲戒處分或禁治產（監護）宣告，三種「憲法」規定原因之一
停職、轉任或減俸	限於依據「法律」

---

[48] 禁治產制度已經為監護及輔助制度所取代，參閱民法第14條至第15條之2。

（三）法官適用法律

法官就原告的請求，依據法律規定，決定是否合法且有理由，而作出拘束當事人的判斷。

例：乙向法院起訴，請求法院判決甲婦賠償乙60萬元，事實及理由：甲婦於三樓陽台晾衣，不小心掉落晾衣架，戳瞎乙的右眼（民法184 I前段、193 I、195 I）。

三、法律的解釋

（一）概念

法律的解釋（Interpretation; Auslegung），指探求法律具有法的決定力之內涵意義（涵義）。法官在檢驗一法律規定能否適用於特定生活上的案件事實時，須先探求該規定的涵義，亦即須先解釋法律。

例：民法第758條規定：「不動產物權，依法律行為而取得、設定、喪失及變更者，非經登記，不生效力。」此所謂登記，係指地政機關將物權取得、設定、喪失及變更之事項，登載於其所掌之土地登記簿而言。[49]

（二）方法

法律解釋，依其基礎素材區分，有下列四種主要方法：[50]

---

[49] 最高法院86年度台上字第574號判決。
[50] 參閱王澤鑑，法律思維與案例研習，2019年9月，194-213頁。

1. 文義解釋

文義解釋，乃依據法律的文字以探求其意義。法律的文字，為法律解釋的始點及終點，尊重法律文義，乃法律解釋正當性的基礎，主旨在於維持法律的尊嚴及其適用的安定性。法律概念取諸日常生活用語，因此原則上應依其通常意義為解釋；法律使用同一概念時，原則上也應作同一的解釋；但不排除同一概念卻有不同的意義，是所謂法律概念的相對性（Relativität）。例如法律概念的「處分」，可能是下表所列各種意義之一。

◈ 民法中「處分」的概念

處分[51]	事實上處分：就物的本體施予物質之改變，例如改造、毀損	
	法律上處分[52]	負擔行為（債權行為）
		處分行為[53]：物權行為、準物權行為

在文義解釋下，參酌其他方法而擴張文義範圍的解釋，稱為**擴張解釋**；限制文義範圍的解釋，稱為**限縮解釋（或限制解釋）**。例如民法第118條的「處分」，應限縮解釋為「處分行為」；民法第194條的「子女」，應擴張解釋為包括「非婚生子女」。

2. 體系解釋

體系解釋，乃依據法律規定的內在體系及外在體系，以確定法律規定的意義。內在體系，指法律秩序的內在構造、原則及價值判斷，例如下位階法規範應作符合上位階法規範的解釋；外在體系，則指法律的編制體例，例如舊民法第760條（民法758 II）的書面，依其外在體系僅解釋為

---

[51] 例如民法第765條規定的「處分」，為最廣義的處分。

[52] 例如民法第84條規定的「處分」，為廣義的處分，指法律上處分，包括負擔（債權）行為與處分行為。

[53] 例如民法第118條、第759條規定的「處分」，為狹義的處分，僅限於處分行為。參閱最高法院87年度台上字第298號判決。

「物權行為」的書面。[54]

> 例：租賃者謂當事人約定，一方以物租與他方使用收益，他方支付租金
> 之契約，僅係**債權**，並非民法第772條規定所有權以外之**財產權**，
> 故不得依該規定因時效取得租賃權。[55]

3. **歷史解釋**

歷史解釋，乃依據立法的歷史背景及資料，以確定法律規定的具體
意義。在現代民主社會，參考立法資料主要目的應在於發現客觀的法律意
旨，並兼顧立法者具體的主觀規範意思（折衷的歷史解釋法）。[56]

例如民法第191條之2的車輛「駕駛人」，不應擴張解釋包括車輛的
「占有人」或行照上所載的「車主」。蓋「占有人」於1999年修正草案中
亦設有明文規定，卻於立法院遭刪除。另外，1999年民法債編修正，民法
第177條第2項（不法管理）及第227條的修正理由，對於各該條文的解釋
均深具參考價值。[57]

4. **目的論解釋**

目的論解釋，謂依據立法的目的與精神，以確定法律規定的具體意
義。在探究法律規範之目的時，須先確定該法律所要調整的各種利益，然
後再探求法律上判斷的標準。例如民法第95條的意思表示的「達到」，解
釋為該意思表示已進入相對人的支配範圍，即置於其隨時可得知其內容的
狀態。[58]

---

[54] 參閱最高法院57年台上字第1436號判例（舊）。
[55] 最高法院88年度台上字第2754號判決。
[56] 參閱王澤鑑，法律思維與案例研習，2019年9月，191、194、200頁。
[57] 王澤鑑，法律思維與案例研習，2019年9月，200-202頁。
[58] 參閱最高法院58年台上字第715號判例（舊）。

例：民法第425條之1規定：「土地及其土地上之房屋同屬一人所有，而僅將土地或僅將房屋所有權讓與他人，或將土地及房屋同時或先後讓與相異之人時，土地受讓人或房屋受讓人與讓與人間或房屋受讓人與土地受讓人間，推定在房屋得使用期限內，有租賃關係。其期限不受第四百四十九條第一項規定之限制。」雖以「所有權讓與」為明文，然**未辦登記建物**因無法辦理所有權移轉登記，而僅得以事實上處分權讓與，受讓人所取得之事實上處分權，較之所有權人之權能，實屬無異，依上開法條立法意旨，所謂「所有權讓與」，解釋上應包括就無法辦理所有權登記之土地或建物受讓事實上處分權之情形，始符法意。[59]

四、法律的續造

當將法律作超過其文義所可能理解的範圍而為適用或限制，則已超出解釋的範圍，而為法律的續造（Fortbildung）。

（一）填補法律漏洞

1.類推適用

對於法律應規定而未規定的法律漏洞，超出法律的「可能涵義範圍」而為**比附援引**，為類推適用（Analogie），蓋基於相同的情況，應作相同的處理。例如民法第110條之「無權代理人」的責任規定，得類推適用於「使者」或「冒人名義者」。

理論上，解釋與類推適用的界線，在於法律之「可能的意義範圍」，解釋限於在其可能的意義範圍內，超出其範圍而適用，是為類推適用（比附援引）。惟於實際情形，兩者界線並非如此清楚。

---

[59] 最高法院99年度台上字第1723號判決。

2. 目的性限縮

　　法律規定可能依其文義擴及於依立法目的（*ratio legis*）不應適用的情形，是所謂的**隱藏的漏洞**（verdekte Lücke）。此時，基於符合「不同的情況應不同處理」的要求，應將該（不應適用的）情形自該規範的適用範圍中移出；此亦適用於依其他法律目的，要求限縮其適用的情況。這一個為了符合法律制度的精神與目的，而限縮法律依其文義所應適用的範圍的程序，稱為**目的性限縮**（teleologische Reduktion）。[60] 例如民法第106條禁止**自己代理**規定，應限縮地不適用於父母對無行為能力子女為贈與，並代理為允諾的情形。

> 例：法律扶助法第35條第1項至第3項雖規定：「分會就扶助事件所支出之酬金及必要費用，視為訴訟費用之一部。因法律扶助而由分會支出之酬金及必要費用，得向負擔訴訟費用之他造請求。分會得對於負擔訴訟費用之他造，請求歸還其支出之酬金及必要費用。」惟同法第1條、第4條第1項、第6條亦明定法律扶助之目的，係為保障人民權益，對於無資力，或因其他原因，無法受到法律適當保護者，提供必要之法律扶助。故國家負有推展法律扶助事務，提供及編列法律扶助必要資金之責任。又因法律扶助所取得之標的具財產價值，且其財產價值超過法律扶助基金會所訂標準者，分會得請求受扶助人負擔酬金及其他費用之全部或一部為回饋金（同法33規定參照），則法律扶助法既已規定由國家提供及編列資金並建立由受扶助人回饋制度，自不能使受法律扶助之他造因而須負擔在未提供法律扶助之情形下，依法原本無庸負擔之訴訟費用，以免使本應由國家負擔之費用轉嫁至受扶助之他造當事人身上，對該他造當事人形成不公平現象，轉失國家設置法律扶助制度之本意。是以法律扶助

---

[60] *Köhler*, BGB Allgemeiner Teil, 2019, § 4 Rn. 24.

法第35條第1項所指之**酬金**，應為**目的性之限縮**，須法院或審判長依法律規定為當事人選任律師為特別代理人或訴訟代理人，及第三審之律師酬金始得列為訴訟費用之一部。換言之，乃指民訴法第77條之25第2項及第466條之3第1項所定，得列入訴訟費用一部之律師酬金而言。本題法律扶助基金會為受扶助人支出之律師酬金並非法院或審判長依法律規定為當事人選任律師為特別代理人或訴訟代理人而生，自不得據以聲請確定訴訟費用額。[61]

（二）超越制定法的法律續造

法官得否為超越制定法的法律續造（gesetzübersteigernde Rechtsfortbildung），是一個長久爭議的問題，司法院於2019年廢止行之數十年的判例制度（法院組織法57之1），原因之一是有法官造法的疑慮。它主要涉及到憲法上的權力分立，以及對於憲法第80條所指「法律」涵義的解釋。憲法第80條規定，法官須「依據法律」審判，即法官受法律拘束，然此所稱法律，範圍較制定法為廣泛，但卻也非與自然法同義；而是包括源自於符合憲法的法律制度作為意義全體之法律原則（Rechtsprinzipien），其作為成文的制定法之調整措施而發生效力。在德國被認為，可由此推出一個在法律要求的前提下，對法官不理會（hinwegsetzten 跳過）制定法的授權；不過唯有在例外情形，違反制定法的法律續造（Rechtsfortbildung *contra legum*）才列入考量，因為法官受制定法拘束，是法治國不可或缺的構成部分。一項制定法規定單是不符合目的，尚不是跳過該制定法規定的理由。[62]

---

[61] 最高法院100年度第1次民事庭會議決議（一），2011年4月26日。

[62] *Köhler*, BGB Allgemeiner Teil, 2019, § 4 Rn. 25.

民法第1195條規定：「遺囑人因生命危急或其他特殊情形，不能依其他方式為遺囑者，得依左列方式之一為口授遺囑：

一、由遺囑人指定二人以上之見證人，並口授遺囑意旨，由見證人中之一人，將該遺囑意旨，據實作成筆記，並記明年、月、日，與其他見證人同行簽名。

二、由遺囑人指定二人以上之見證人，並口述遺囑意旨、遺囑人姓名及年、月、日，由見證人全體口述遺囑之為真正及見證人姓名，全部予以錄音，將錄音帶當場密封，並記明年、月、日，由見證人全體在封縫處同行簽名。」

問題：其第2款的**錄音帶**，顯然脫離現實生活，然可否**解釋**為包括錄音筆、錄音光碟、錄影光碟、隨身碟或記憶卡等？或者得**類推適用**？

第五節　使用文字與確定數量的準則

一、概說

　　民法於第一章法例中，首先於民法第1條規定三種法源，及其適用的順序，民法第2條規定適用習慣法的限制。法源規定之後，接著規定使用文字的準則（民法3），以及確定數量的準則（民法4-5）。

二、使用文字的準則

　　民法第一章「法例」接續民法第1條、第2條法源的規定後，於民法第3條規定使用文字的準則。

（一）法定書面文字，不必自寫

　　法律行為，依其是否以一定方式為必要，區分為要式行為與不要式行

為，要式行為若未踐行一定的方式，則該法律行為理論上應為**不成立**；惟法律規定上並不一致，例如民法第73條規定為無效，民法第166條卻又規定為（推定）不成立。

民法第3條的「書面」，屬於**法定的要式行為**，例如民法第422條、第756條之1第2項、第758條第2項。法定書面的文字，原則上不必自寫，但須**親自簽名**（民法3 I）。法律有特別規定者，依其規定，例如民法第1190條規定：「自書遺囑者，應**自書遺囑**全文，記明年、月、日，並親自簽名；如有增減、塗改，應註明增減、塗改之處所及字數，另行簽名。」

1. 自己簽寫姓名

簽名，除自己書寫姓名外，亦得使用簽名章、機械方法簽名於書面。

2. 不限於簽全名

簽名，不限於簽全名，僅簽名或姓亦可。[63]

經相對人同意者，得以電子文件為表示方法（電子簽章法4 I）。依法令規定應以文書為之者，如其內容可完整呈現，並可於日後取出供查驗者，經相對人同意，得以電子文件為之（電子簽章法4 II）。

> **簽名畫3個圈，登記結婚判有效**[64]
>
> 台東王姓男子因車禍併發多重傷害，出院後病情加速惡化死亡，王母申辦繼承遺產，赫然發現兒子已婚，戶籍裡多出一個媳婦，追問得知兒子**登記結婚申請**僅畫3個圈圈未簽名，因而認為無效；婆媳對簿公堂，法官認為**結婚申請書**以圈圈代替簽名有效，結婚證書由王妻代簽名、蓋章，是基於王男有主觀結婚之意，而「委由他人簽名、蓋

---

[63] 參閱最高法院64年度第5次民庭推事總會決議（一），1975年7月8日。

[64] 自由時報，2014年10月7日（二），B3版，記者陳賢義台東報導；亦登載於自由電子報，網址：http://news.ltn.com.tw/news/society/paper/819477（瀏覽日期：2014年10月8日）。

章，為其手足之延伸」，屬於有效，判決婆婆敗訴，遺產繼承權不存在。

（二）蓋章代簽名

蓋印章，與簽名有同等效力（民法3 II）。印章雖無須包括姓名的全部，但須能證明確係出於本人的意思表示，始生蓋章的效力。[65] 若約定應「**簽章**」，其屬約定的要式行為，解釋上須簽名且蓋章，否則推定契約不成立（民法166）。

民法第1194條規定：「代筆遺囑，由遺囑人指定三人以上之見證人，由遺囑人口述遺囑意旨，使見證人中之一人筆記、宣讀、講解，經遺囑人認可後，記明年、月、日及代筆人之姓名，由見證人全體及遺囑人同行簽名，遺囑人**不能簽名**者，應**按指印**代之。」此民法第1194條為民法第3條的特別規定，因此**遺囑人**不得使用蓋章代簽名的方式。

（三）指印或符號代簽名

以指印或符號代簽名，經二人簽名證明，亦與簽名有同等效力（民法3 III）。注意：此規定不適用於票據（票據法6）。

不動產所有權移轉契約，應以「書面」為之（民法758 II＝舊民法760），此書面屬法定方式（使用文字），書面契約得不由本人自寫，但必須親自簽名或蓋章。若是以指印、十字或其他符號代簽名，應經二人簽名證明，否則不生效力。[66]

---

[65] 參閱司法行政部（69）台函民字第5269號函，1980年5月19日。
[66] 最高法院31年上字第3256號判例（不再適用）。

（四）電子簽章

依法令規定應簽名或蓋章者，經相對人同意，得以「電子簽章」[67] 為之（電子簽章法9 I）。若以「數位簽章」[68] 簽署電子文件，必須具備下列條件，才生電子簽章法第9條第1項規定電子簽章的效力（電子簽章法10）：

1. 使用經依法核定或許可的憑證機關依法簽發之憑證。
2. 憑證仍為有效並未逾越使用範圍。

三、確定數量的準則

民法法例接續於「使用文字的準則」，最後於民法第4條及第5條規定確定數量的準則。確定數量的準則，雖有其法律生活上的重要性，但在司法審判實務上罕見相關適用，蓋涉及較大價值的交易，當事人會相對謹慎而減少不明確及疏誤；涉及較小價值的交易，當事人通常不會因此進行爭訟。

（一）原則

先探求**當事人眞意**，次以文字或較低額為準。

（二）以文字為準

同時以文字及號碼表示，而其表示不符合時，以**文字**為準（民法4），蓋文字的表示較為慎重，通常應較接近表意人的原意。例如買受人應給付價金「2,330元」與「二千三百三十六元」。

---

[67] 電子簽章，指依附於電子文件並與其相關連，用以辨識及確認電子文件簽署人身分、資格及電子文件真偽者（電子簽章法2②）。
[68] 數位簽章，指將電子文件以數學演算法或其他方式運算為一定長度之數位資料，以簽署人之私密金鑰對其加密，形成電子簽章，並得以公開金鑰加以驗證者（電子簽章法2③）。

（三）以較低額為準

同時以文字或號碼為數次表示，而其表示不符合時，以**較低額**為準（民法5），蓋著重義務人利益的保護。例如買受人應給付價金「2,330元」與「2,380元」。

（四）問題

若同時以文字及號碼為數次表示，而其表示不符合時，例如買受人應給付A物價金「2,330元」、「2,380元」、「二千三百四十元」與「二千四百三十元」。其應如何確定，有二說：

1. **文字最低額說**：以文字的最低額為準（民法4、5）。[69] 此說以文字較為慎重為理由，然其事實已證明該表示人並不（夠）慎重，若是慎重，即不應有此不符合的情形。
2. **最低額說**：多數學者謂應逕以最低額為準（民法5）。[70] 採此說者以較有利於債務人為理由。

---

[69] 王伯琦，民法總則，1963年3月，70頁。

[70] 黃右昌，民法詮解總則編（上），1948年，103頁；鄭玉波、黃宗樂，民法總則，2008年9月，74頁；施啓揚，民法總則，2009年8月，88頁。

第二章

權利主體

第六節　自然人的權利能力

一、權利能力

（一）概念

權利能力（Rechtsfähigkeit），又稱**人格**，謂在法律上享受權利與負擔義務的能力（資格）。概念上又有下列分類：

1. **一般權利能力**：每一個人皆享有普通且平等的權利能力。

2. **特別權利能力**：在某些國家，法律特別規定特定的權利或義務，僅特定人才能享受或負擔的權利能力，例如繼承資格。

3. **部分或限制的權利能力**：在學說上有基於胎兒（民法6、7）或法人（民法26）的權利能力受有法律限制，而稱之為部分或限制的權利能力。[1]

有權利能力的人，在訴訟上有**當事人能力**（Parteifähigkeit），得為民事訴訟的原告或被告（民訴法40 I）。

（二）權利主體

權利主體，指具有權利能力者，即在法律上享受權利與負擔義務的能力，有時亦得稱為**權利人**，例如最高法院謂：「土地法所稱之權利人，係指民法第六條及第二十六條規定之**自然人及法人**而言，非法人之團體，設有代表人或管理人者，依民事訴訟法第四十條第三項規定，固有當事人能力，但在實體法上並無權利能力。」[2]

二、自然人的權利能力

自然人（natürliche Person），當然地有權利能力而為權利的主體

---

[1] 施啓揚，民法總則，2009年8月，90頁。
[2] 最高法院68年台抗字第82號判例（舊）。

（Rechtssubjekt），並且不得為權利的客體（Rechtsobjekt）。

權利主體	人	自然人（民法6）	具有肉體與生命的人
		法人（民法26）	由法律所賦予人格的組織體
	胎兒（民法7、6）		

（一）開始

　　自然人自出生時起，享有權利能力。「出生」為法律事實中的自然事件，性質上為一過程，關於認定出生的時點，有下列諸說：

1. **陣痛說**：孕母感受到（規則的）陣痛之時。

2. **一部露出說**：胎兒身體的任何一部分露出母體時。

3. **全部產出說**：胎兒身體的全部完全脫離母體時。

4. **斷帶說**：剪斷胎兒的臍帶時。

5. **獨立呼吸說**：胎兒脫離母體而獨立呼吸，其同時兼具「出」與「生」二要件，即出母體並有生命跡象。對民法第6條的「出生」概念，國內一致見解採此說。[3] 至於是否已剪斷臍帶，非所問。[4]

例：甲、乙結婚數年，育有一個3歲女兒，乙又已懷有N胎兒。甲不幸於上週遭丙開車撞死，未留遺囑，有遺產總值600萬元。如N於出生後死亡，與其在生產中死亡，當事人間權利義務關係有無差別？

---

[3]　參閱鄭玉波、黃宗樂，民法總則，2008年9月，82頁；王澤鑑，民法總則，2014年2月，130頁；施啓揚，民法總則，2009年8月，91頁。

[4]　王澤鑑，民法總則，2014年2月，130頁。

（三）結束

自然人死亡，即喪失其權利能力，而不得享受權利、負擔義務。

例：依民法第6條規定，人的**權利能力**，始於出生、終於死亡。乙的被繼承人甲既已於民國35年7月12日總登記前死亡，則總登記時，甲的人格業已消滅，而無權利能力，自不得為權利、義務的主體，無法取得系爭L地的所有權。[5]（故乙亦不因繼承甲而取得L地的所有權）

人的死亡在性質上亦為一過程，關於認定死亡的時點，則有下列諸說：

1. **呼吸停止說**：當一自然人的呼吸確定停止而不能恢復時，即為死亡。
2. **脈搏停止說**：當一自然人的脈搏停止時，即為死亡。
3. **心跳停止說**：當一自然人的心臟停止跳動時，即為死亡。
4. **瞳孔放大說**：當一自然人的瞳孔渙散放大時，即為死亡。過去傳統上採「臨床死」或「心肺死」的認定，以呼吸停止及瞳孔放大判定死亡。
5. **腦波停止說**：腦幹喪失功能，無法測得腦波，且不能恢復的狀態。現在實務上較普遍接受以腦波停止，為判定死亡的標準。[6]

（四）胎兒的權利能力

胎兒為尚未出生的自然人（*nondum conceptus*），民法為保護胎兒的利益，概括地賦予部分的權利能力。其要件有二（民法7）：

---

[5] 最高法院90年度台上字第792號判決。

[6] 人體器官移植條例第4條：「醫師自屍體摘取器官施行移植手術，必須在器官捐贈者經其診治醫師判定病人死亡後為之。前項死亡以腦死判定者，應依中央衛生主管機關規定之程序為之。」並參閱施啓揚，民法總則，2009年8月，93頁。

1.關於個人利益的保護

　　僅在保護胎兒的利益範圍內，才賦予權利能力。因此，胎兒僅享受**權利**或其他法律上利益，而不負義務或其他法律上不利益。故學說上有基於胎兒（民法6、7）的權利能力受有法律限制，而稱之為部分或限制的權利能力。[7]

2.將來非死產

　　通說採**解除條件說**，[8] 以胎兒**死產**為其取得權利能力的（法定）解除條件；依此說，胎兒在出生前即已取得權利能力，唯有將來死產時，才溯及地喪失權利能力。此說比**停止條件說**[9] 以胎兒活產為其（溯及地）取得權利能力的停止條件，對於胎兒的保護較為周全而值得贊同。

> 例：甲被車撞死亡（或被法院宣告死亡，民法8），遺有配偶乙、長子A、次女B，另乙懷有胎兒N（民法1138 ①、1166），皆享有遺產繼承權、侵權行為損害賠償請求權（扶養費、慰撫金）。[10]

　　符合上述二要件，胎兒視為（擬制）既已出生（民法7），因而有權利能力（民法6），而得享有權利。例如關於不動產權利的繼承登記，土

---

[7] 　施啓揚，民法總則，2009年8月，90頁。

[8] 　史尚寬，民法總則，1970年11月，74頁；鄭玉波、黃宗樂，民法總則，2008年9月，2008，86頁；王澤鑑，民法總則，2014年2月，132頁；施啓揚，民法總則，2009年8月，92頁。。

[9] 　王伯琦，民法總則，1963年3月，43頁採停止條件說，謂胎兒於出生前尚未取得權利能力，而是出生後始溯及地取得權利能力。

[10] 最高法院66年台上字第2759號判例（舊）：「不法侵害他人致死者，被害人之子女得請求賠償相當數額之慰撫金，又胎兒以將來非死產者為限，關於其個人利益之保護，視為既已出生，民法第一百九十四條、第七條定有明文，慰撫金之數額如何始為相當，應酌量一切情形定之，但不得以子女為胎兒或年幼為不予賠償或減低賠償之依據。」此判例（舊）肯定胎兒得享有因生父被侵權死亡的慰撫金請求權（民法194）。

地登記規則第121條規定：「**胎兒為繼承人時，應由其母以胎兒名義**申請登記，俟其出生辦理戶籍登記後，再行辦理**更名登記**。前項胎兒以將來非死產者為限。如將來為死產者，其經登記之權利，溯及繼承開始時消滅，由其他繼承人共同申請更正登記。」

第七節　死亡宣告

例：【婦被宣告死亡7年，七月半復活】[11]
 2011年8月媒體報導：老家在北部的64歲陳姓婦人，十四年前失蹤，七年前被「宣告死亡」，台南二女婿於4天前突然接到她的電話。由於正值鬼月，女兒及女婿一度以為是冥界來電，驚嚇之餘，請求刑警陪同前往高雄相認，一家人才歡喜重逢。
 一、何謂死亡宣告？
 二、死亡宣告有何效力？
 三、死亡宣告如有錯誤，如何救濟？

一、概念

 死亡宣告（Todeserklärung），指自然人失蹤達法定期間，由法院對該失蹤人為死亡的宣告。國際間主要有下類立法例：

（一）死亡宣告制

 德國、奧地利、台灣採行；法國於1945年後引進兼採。

---

[11] 自由時報，2011年8月16日（二），A13版，記者黃建華、葛祐豪、吳俊鋒綜合報導。

（二）失蹤宣告制

瑞士、日本、法國採行，惟各國效力並不相同。

（三）推定死亡制

英國、美國僅於特定訴訟中，以失蹤人的死亡作為先決問題處理，並無獨立的死亡宣告程序。

二、要件

（一）失蹤

民法第8條第1項的「失蹤」，指自然人離去其最後的住所或居所，而生死不明的狀態，[12] 即相當於民法第976條第1項第3款的「生死不明」（法定解除婚約事由之一）。若已經確定為生存或死亡，均非失蹤。

例：甲之胞兄乙於民國77年1月8日赴美留學，然自79年10月間即與家人失去聯繫，幾經家人透過管道協尋，始終未能尋獲其行蹤，迄今生死不明，音訊全無，已逾二十二年。甲向管轄法院聲請宣告乙死亡。[13]

例：飛機空中爆炸，未發現生還者，雖未尋獲乘客甲屍體；礦坑爆炸，無法發現礦工乙屍體，均應逕為死亡的認定，非生死不明。[14]

---

[12] 最高法院85年度台抗字第328號裁定。
[13] 新北地院102年度家聲抗字第33號裁定。
[14] 鄭玉波、黃宗樂，民法總則，2008年9月，89頁；王澤鑑，民法總則，2009年6月，120頁（2014年版未說明）。

例：失蹤人毛映晴為兩造毛淑麗及毛淑惠的姪女，即兩造的兄弟毛升佑之長女，失蹤人平日係與失蹤人的祖父母即兩造的父母毛正吉、毛陳玉美，及失蹤人的父親毛升佑（失蹤人的母親劉芬鈴因與毛升佑離婚而未共同居住，亦於該事件中罹難）、叔叔毛敏華居住在高雄縣甲仙鄉小林村○○路140號。民國98年8月8日莫拉克颱風引發小林村後獻肚山山崩沖毀淹沒毛正吉及失蹤人的住屋，毛正吉全家包括毛陳玉美、毛升佑、毛敏華及失蹤人皆已被土流石沖走淹沒，其中毛正吉、毛陳玉美、毛升佑及毛敏華皆依「莫拉克颱風災後重建特別條例」第28條，由檢察官發給於98年8月9日午後12時死亡的證明書。毛淑惠曾以失蹤人毛映晴（女，民國88年10月4日生）於98年8月9日失蹤為由，於100年間向高雄地院聲請對毛映晴為死亡宣告，經高雄地院於100年7月5日以100年度亡字第41號判決宣告毛映晴於99年8月9日下午12時死亡確定。毛淑麗以該死亡宣告為不當，訴請法院撤銷。[15]

（二）達法定期間

　　失蹤須繼續達到一定的期間，而其期間長短，民法或特別法設有不同標準。

1.七年

　　一般人失蹤滿七年，法院得宣告其為死亡。

2.三年

　　若失蹤人已經80歲以上，失蹤滿三年，法院即得宣告其死亡（民法8 II）。

　　若失蹤人於失蹤首日尚未滿80歲，而算足七年失蹤期間將超過80歲，是否仍有本項的適用？國內通說以自失蹤時（失蹤首日）起算為由，

---

[15] 高雄地院100年度家訴字第335號判決。

採否定的見解。[16]

　　上述通說見解過於機械地解釋法律，完全忽略法律因失蹤人年紀老耄而設特別期間的理由，顯然不合理。蓋年逾80的老者失蹤死亡機會高，故縮短其失蹤期間，若滿80歲以前即失蹤，失蹤狀態持續至80歲以後，其死亡機會應為更高，而更應縮短其失蹤期間。故本書認為應自滿80歲之日起滿三年，即得為死亡宣告。否則將產生某人80歲失蹤者，三年後（其應滿83歲）即得為死亡宣告；假設其79歲（已）失蹤，卻須等到滿七年（其已滿86歲），才得為死亡宣告的不合理現象。[17]

3. 一年

　　失蹤人係遭遇特別災難者，自災難終了起算滿一年，法院得宣告其為死亡（民法8 III）。惟在**空難**情形，民用航空法第98條有特別規定。所謂遭遇特別災難，乃有別於一般災難者而言，必須該災難的發生係出於自然或外在的不可抗力，而對於失蹤人屬於無可避免，[18] 例如戰爭、海難、空難、大水災、地震、颱風等特別危險事件；其立法意旨原以失蹤人遇此特別災難者，其生存的可能性甚為渺茫，故法律特別縮短失蹤期間，得為死亡之宣告。

　　特別災難乃指風災、戰爭、海難等由自然或外在力量威脅生命的天災人禍而言，失足落海、泛舟落水、落水遭急流沖失或游泳沉溺等均屬個人的意外事件，非出於自然或外在不可抗力而引起的災難，均非遭遇特別災難。[19]

4. 六個月

　　失事航空器的乘客，失蹤滿六個月即得宣告其為死亡（民航98，特別法優先適用）。

---

[16] 鄭玉波、黃宗樂，民法總則，2008年9月，96頁；施啓揚，民法總則，2009年8月103頁；邱聰智，民法總則（上），2005年2月，218-219頁。
[17] 邱聰智，民法總則（上），2005年2月，219頁所舉例子的解答見解，本書不贊同。
[18] 台灣高等法院84年度家抗字第5號裁定、高雄地方法院100年度家訴字第335號判決。
[19] 台灣高等法院84年度家抗字第5號裁定。

失蹤期間，除遭遇特別災難者，自**災難終了**起算外，其餘應自**失蹤時**起算，亦即自最後接到音信日起算。

關於年齡及期間的計算，應依照民法第120條至第124條規定。

（三）利害關係人或檢察官的聲請

法律上的利害關係人，即與失蹤人有身分上或財產上的利害關係，例如配偶、繼承人、債權人、死亡保險的受益人；不包括事實上的利害關係，例如同居人、財產占有人。

（四）公示催告程序

死亡宣告前，應經公示催告程序，此程序規定於家事事件法第156條、第157條，以及民訴法第540條至第553條。

三、效力

宣告死亡的裁定，於其對聲請人、生存陳報人、失蹤人之配偶、子女及父母（或其他法定代理人）確定時發生效力（家事事件法159 II）。

（一）死亡的推定

推定該被宣告人為死亡，此死亡推定得以反證推翻。立法例：

1.推定主義

將失蹤人**推定死亡**，得以反證推翻，台灣、德國採此立法主義。

2.擬制主義

將失蹤人**視為死亡**，僅得以死亡宣告的撤銷推翻其效力，日本民法採此主義。

（二）死亡時間的推定

依民法第9條第1項規定，推定該受宣告之人於**判決**內所確定死亡的

時間死亡。惟2012年家事事件法第155條以下規定，將民法第9條的**判決**宣告改為**裁定**宣告，造成程序法與實體法規定的不一致，應速修法使其歸於一致；否則，法院的死亡宣告裁判總是「違法」。

> 家事事件法第159條
> 宣告死亡之**裁定**應確定死亡之時。
> 宣告死亡之裁定，於其對聲請人、生存陳報人及前條第一項所定之人確定時**發生效力**。
> 前項裁定生效後，法院應以相當之方法，將該裁定要旨公告之。

　　所謂推定，並無擬制效力，得由法律上利害關係人提出**反證**予以推翻；[20] 若無反證，其應為民法第8條所定期間最後日終止之時（民法9 II），例如推定失蹤人於民國108年10月30日下午12時死亡。

> （舊制用判決）法院死亡宣告**判決**的主文：「甲○○（男、民國30年12月12日生、身分證統一編號：Z000000000）於民國93年7月7日下午12時死亡。程序費用由甲○○遺產負擔。」[21]
> （新制用裁定）法院死亡宣告**裁定**的主文：「宣告蘇深根（男，民國前六年九月十日生，身分證統一編號：Z000000000號，最後設籍地址：臺北市○○區○○街一八一巷八號）於中華民國九十九年十月十五日下午十二時死亡。程序費用由蘇深根遺產負擔。」查蘇深根為80歲以上之人，自96年10月15日失蹤，計至99年10月15日止，失蹤屆滿三年，於公示催告之申報期間，未據蘇深根陳報其生存，或知蘇深根生死者陳報其所知，自應推定其於是日下午12時為死亡之時。[22]

---

[20] 最高法院51年台上字第1732號判例（舊）。
[21] 台北地方法院95年度亡更一字第1號判決。
[22] 台北地方法院101年度亡更一字第1號裁定。

有反證時，則依其情形得推翻該死亡推定：

1. 聲請撤銷或變更死亡宣告之裁定（家事事件法160），以更正死亡的時間。[23]
2. 在其他相關訴訟中，以反證推翻該死亡或死亡時間的推定：但此僅限於對該訴訟事件的特定事件當事人發生效力。[24]

（三）生存的推定

死亡宣告之前，推定該失蹤人為生存。

（四）效力範圍

1.人

宣告死亡之裁定，於其對聲請人、生存陳報人及前條第1項所定之人確定時發生效力（家事事件法159 II）。死亡宣告原則上有**絕對效力**，對任何人皆有效力。

2.物

死亡宣告僅消滅以原住所或居所為中心的一切**私法上法律關係**，不生公法上效果。若失蹤人仍生存於他地，仍得享有權利能力及行為能力。[25]

四、財產管理

失蹤人的財產管理，依家事事件法規定（民法10；家事事件法142-153）。關於失蹤人的財產管理事件，專屬其住所地的法院管轄（家事事件法142）。

---

[23] 參閱台北地院101年度家訴字第36號判決、101年度家訴字第12號判決。

[24] 參閱最高法院67年度第14次民庭庭推總會決議，1978年12月5日、最高法院82年度台上字第866號判決。

[25] 法務部（69）法律字第2517號函，1980年9月2日。

失蹤人乙為甲的配偶（夫），於民國100年7月18日出海捕魚作業，其所搭乘漁筏因突遭風浪翻覆，迄未尋獲，甲遂依非訟事件法第107條規定，向管轄法院聲請選任失蹤人乙的財產管理人。該管法院以聲請人甲係相對人乙的配偶（妻），依家事事件法第143條第1項規定，聲請人甲即為失蹤人乙的法定財產管理人，聲請人仍向該院聲請為失蹤人選任財產管理人，其聲請無必要，應予以裁定駁回。[26]

五、死亡宣告的撤銷或變更

（一）失蹤人尚生存或確定死亡時間不當

自2012年後改為適用家事事件法第160條，本人或利害關係人得聲請撤銷或變更死亡宣告之裁定（過去依舊民訴法第635條規定得提起撤銷死亡宣告之訴[27]）。

（二）程序

關於撤銷或變更死亡宣告的程序，2012年後改適用家事事件法第160條、第161條（過去依舊民訴法第635條至第639條規定）。

（三）效力

1.原則

依家事事件法第163條第1項，撤銷或變更宣告死亡裁定之裁定，不問對於何人均有效力（**絕對效力**）。但裁定確定前之**善意行為**，不受影響。[28]

---

[26] 台東地院102年度司財管字第1號裁定。
[27] 參閱台北地方法院101年度家訴字第36號判決、101年度家訴字第12號判決。
[28] 在2013年家事事件法公布施行前，適用舊民訴法第640條第1項。

撤銷或變更宣告死亡裁定的裁定，於其對聲請人、生存陳報人、失蹤人之配偶、子女及父母（或其他法定代理人）確定時發生效力（家事事件法163 III準用159 II）

2.例外

(1) 撤銷或變更裁定確定前的善意行為，不受影響：撤銷死亡宣告或更正死亡的裁定，不問對於何人均有效力；惟裁定確定前的善意行為不受影響（家事事件法163 I但書）。

(2) 返還所取得財產，以現受利益為限：因宣告死亡取得財產者，如因撤銷死亡宣告的裁定失其權利，僅於**現受利益**的限度內，負歸還財產責任（家事事件法163 II）。所謂因宣告死亡取得財產者，指以宣告死亡為原因，而直接取得失蹤人所有財產權的人。因宣告死亡取得財產者，處分原屬失蹤人的財產，如為**善意**（不知情），應屬「有權處分」；在處分財產後，若因撤銷死亡的宣告失其權利，只須於現受利益的限度內，將財產歸還於失蹤人；如為**惡意**（知情），法律不予保護，應就其取得財產的全部及其孳息，負歸還的義務，雖其取得的財產現已滅失或消費殆盡亦然。蓋不當得利受領人於受領時知無法律上的原因，或其後已知之者，應將受領時所得的利益，或知無法律上之原因時所現存的利益，附加利息，一併償還（民法179、182 II）。[29]

例：甲被宣告死亡後，妻乙與丁結婚。甲的繼承人乙與子女A、B、C將甲名下一棟H屋出售，得款600萬，各分150萬。甲生還，聲請撤銷死亡宣告之裁定（家事事件法160），法院裁定撤銷宣告確定。

---

[29] 最高法院82年度台上字第866號判決。

六、同時死亡的推定

二人以上同時遇難，不能證明其死亡的先後時，則法律推定其同時死亡，此為同時死亡的推定（民法11）。此同時死亡推定的規定，不論是自然死亡（民法6）或宣告死亡（民法8 III），均有適用。[30]

被推定為同時死亡者，依多數說認為不符合「**同時存在原則**」，因此彼此不互相繼承。[31]

例：甲、乙夫妻尚無子女，某日於火災中罹難，不知死亡先後，各自遺有其父母。就甲、乙的遺產，應由何人及以何種比例為繼承分配？

甲、乙不互相繼承，甲的遺產由其父母共同繼承，應繼分各二分之一；乙的遺產由其父母共同繼承，應繼分各二分之一（民法1138②、1144、11）。

例：2012年12月9日，新竹縣尖石鄉發生13死10傷重大車禍。載有新北市泰山國小校友、眷屬共22人的一輛中型巴士，9日15時4分在尖石鄉竹60線轉司馬庫斯聯絡道9公里處，與休旅車會車時突然熄火，翻落距路面約150公尺深處，車內人全被拋出車外。車上有八對夫妻檔，其中三對夫妻許甲與余乙、李丙與黃丁、陳戊與陳庚等6人「同時罹難」，另有四對夫妻一死一傷，一對夫妻皆受傷。[32]

該三對夫婦如不能證明死亡先後，推定夫妻為同時死亡（民法11）。

---

[30] 鄭玉波、黃宗樂，民法總則，2008年9月，96-97頁。

[31] 王澤鑑，民法總則，2014年2月，142頁；鄭玉波、黃宗樂，民法總則，2008年9月，97頁；施啟揚，民法總則，2009年8月，109頁。

[32] 參閱自由時報，網址：http://www.libertytimes.com.tw/2012/new/dec/10/today-t1.htm（瀏覽日期：2012年12月10日）；當日各新聞媒體相關報導。

第八節　行為能力

一、概念

行為能力（德國Geschäftsfähigkeit; 瑞士Handlungsfähigkeit），一般指單獨有效地為法律行為的能力，亦即能單獨有效地「為或受」意思表示。法律行為得使法律關係（權利義務）變動（發生、變更或消滅），因此瑞士民法典第12條（Art. 12 ZGB）規定：「有行為能力（handlungsfähig）者，有以其行為使權利及義務發生（Rechte und Pflichten zu begründen）之能力。」

（一）分類

1.一般行為能力

一般行為能力，指適用於一切財產行為的行為能力。

2.特別行為能力

特別行為能力，指適用於法律特別規定的法律行為之行為能力。其主要適用於某些特定的身分行為，例如訂婚能力（民法973：滿17歲）、結婚能力（民法980：滿18歲）、立遺囑能力（民法1186 II：滿16歲）。

通常所稱的行為能力，指一般行為能力。有行為能力的人，在訴訟上有**訴訟能力**（Prozessfähigkeit），得在民事訴訟上單獨地為有效的訴訟行為之能力（民訴法45）。

（二）其他相關能力

1.權利能力

權利能力，謂能夠享受權利、負擔義務的能力（民法6、26）。

2.意思能力

意思能力，謂能判斷自己行為法律上效果的精神能力，即為民法第

187條第1項所稱的**識別能力**。

基於私法自治，個人能依自己的意思為**法律行為**，惟其前提是必須能了解自己法律行為的表示（**意思表示**）的效果，即以相當程度的**認知能力與判斷能力**（Einsichts- und Urteilsfähigkeit）為前提。此相當程度的認知能力與判斷能力，即為意思能力。

3.責任能力

責任能力，乃對於自己的**不法行為**負擔一定法律責任的能力或資格，尤其是對**侵權行為**或**債務不履行**，在法律上能負損害賠償的能力。責任能力係以**識別能力**（意思能力）為基礎（民法187 II、221）。

二、行為能力的劃分

行為能力以**意思能力**為前提（法律行為以意思表示為要素），所以欠缺意思能力者所為的法律行為，不能發生效力。但為避免法律關係的不安定及舉證的困難，各國立法例通常以年齡為客觀的標準，以劃分行為能力。

（一）立法例

1.二分主義

將自然人的行為能力分為完全、限制行為能力二階段或態樣，法國、日本採行此立法主義。

2.三分主義

將自然人的行為能力分為完全、限制與無行為能力三階段或態樣，德國、瑞士、奧地利等國採行此立法主義，我民法亦採此制度（民法12、13）。

（二）民法規定

民法就行為能力，採行三分主義，將自然人的行為能力分為完全、限

制與無行為能力三階段或態樣。

1. 有行為能力人

有行為能力人擁有完全的行為能力，得自己單獨有效地為或受意思表示（法律行為），其包括下列自然人：

(1) 成年人：民法第12條規定滿20歲為成年，成年人原則上擁有完全的行為能力（民法13的反面解釋）。2021年民法修正將成年年齡修訂為滿18歲，並自2023年1月1日起施行。[33]

(2) 已結婚的未成年人：未成年人已結婚者，有行為能力（舊民法13 III，此舊規定經2021年民法修正刪除）。在適用上此舊法規定有二點疑義：

(a) 是否有結婚年齡的限制？

有學者主張，當事人必須達法定結婚年齡（民法980）後，才能因結婚取得行為能力[34]；實務上採否定說，認為未達法定結婚年齡而結婚，並非無效，而是（僅）得撤銷，即為有效，而生結婚的效力，亦得因此取得行為能力。[35]

(b) 能力是否因婚姻消滅而喪失？

有基於反對早婚理由，而採肯定說者。實務上採**區別說**：如配偶死亡或離婚時，不喪失；如婚姻被撤銷時，自撤銷後（*ex nunc*）始喪失其行為能力。[36]

2. 限制行為能力人

限制行為能力人的法律行為能力受有限制，即其行為能力不完全，包

---

[33] 當初民法總則的立法例瑞士民法典（Art. 14 ZGB）、日本民法均規定滿20歲為成年，瑞士已於1996年將成年年齡降為18歲。

[34] 施啓揚，民法總則，2009年8月，113-114頁。

[35] 1935年5月28日司法院院字1282號。

[36] 1931年3月20日司法院院字468號、1935年5月28日司法院院字1282號。反對見解，施啓揚，民法總則，2009年8月，114頁認為應不區分婚姻消滅原因，均喪失其行為能力。

括下列自然人：

(1) 滿7歲以上的未成年人：滿7歲以上的未成年人，有限制行為能力（民法13 II），其為法律行為，原則上應得法定代理人的**允許**（民法77-85）。

(2) 受輔助人：2008年增訂的民法第15條之2規定，受輔助宣告的人為一定的法律行為，除純獲法律上利益，或依其年齡及身分、日常生活所必需者外，應經輔助人**同意**。

3. 無行為能力人

無行為能力人是完全沒有行為能力之人，其法律行為皆由法定代理人代為（民法75-76），包括下列自然人：

(1) 未滿7歲的未成年人：未滿7歲的未成年人，無行為能力（民法13 I）。

(2) 受監護人（舊：禁治產人）：2008年修正民法第15條規定：「受監護宣告之人，無行為能力。」[37]修正前民法第15條規定，禁治產人無行為能力。

◆自然人的（一般）行為能力劃分

劃分（態樣）	個人條件（或特質）	民法規定
無行為能力	未滿7歲的人	民法13 I
	受監護人（禁治產人）	民法15
限制行為能力	滿7歲以上的未成年人	民法13 II
	受輔助人	民法15之2
完全行為能力	成年人	民法12、13
	已結婚的未成年人（舊）	民法13 III（刪除）

---

[37] 此新規定自2009年11月23日施行。

三、成年監護──監護及輔助制度

（一）概說

對於成年的監護制度，原來自1929年10月10日民法總則公布施行起，採「一級制」，僅規定被宣告禁治產者為無行為能力（舊民法15）。所謂**禁治產宣告**（Entmündigungserklärung），係為避免精神障礙者從事法律行為而遭受不利益，由法院以裁判剝奪或限制其行為能力，並為公示的宣告，藉以保護該受禁治產宣告人利益的法律制度。[38]

後因禁治產制度名稱上有貶抑性質，且制度上未能就當事人依其精神障礙程度為更細緻而適當的保護，而遭受批評。法務部遂參考外國立法例將舊的禁治產制度，修改為「二級制」的成年監護（監護及輔助）制度，增修民法第14條至第15條之2規定自2009年11月23日起施行。對於因精神障礙或其他心智缺陷，致不能辨識其所為意思表示或其效果者（第一級），可依聲請將之宣告為**受監護人**，為無行為能力，置**監護人**；對於因精神耗弱等情，而於處理個人事務能力有欠缺者（第二級），可依聲請將之宣告為**受輔助人**，僅有限制行為能力，置**輔助人**。

關於監護及輔助宣告的程序，原適用（舊）民訴法規定，在家事事件法公布施行後，自2012年6月1日起適用家事事件法第164條以下規定。

（二）立法理由

1.宣告以保護受監護人與受輔助人的利益

藉由監護或輔助宣告，使該受宣告之人的行為能力失去或受限制，以免其為不利於己的法律行為，並為之設監護人或輔助人以助其完成必要的法律行為。

---

[38] 根據司法院，「司法統計年報」，2008，16-17頁，2008年有3,862人被宣告禁治產。

2.公示以維護交易安全

　　監護或輔助宣告，以法院的裁定公示社會大眾，得減少與該受宣告之人為交易失敗而受損害，有助於交易安全的維護。

（三）監護宣告

1.要件（民法14 I）

(1)精神障礙或其他心智缺陷，致不能為意思表示或受意思表示，或不能辨識其意思表示的效果

　　精神障礙或其他心智缺陷，致不能為意思表示或受意思表示者，即欠缺**意思能力**，而意思能力，乃行為能力的前提要件。

　　不能辨識其意思表示的效果者，乃欠缺**判斷能力**（或辨識能力），而判斷能力乃就自己的行為負責任的必要基礎。無判斷能力者，即無民法第187條的「**識別能力**」，因此欠缺責任能力。[39]

(2)特定人的聲請

　　依民法第14條第1項規定，監護宣告的聲請人，包括**本人**[40]、**配偶、四親等內之親屬、最近一年有同居事實之其他親屬、檢察官、主管機關、社會福利機構、輔助人、意定監護受任人或其他利害關係人**。（舊）民法第14條第1項的禁治產宣告聲請人原有「最近親屬二人」的規定，就此實務上認為不論為血親或姻親，直系或旁系均無不可，親屬以「親等」最近者為先，如親等相同時，血親較姻親為近，直系較旁系為近。[41]現行法已無「最近親屬」的限制；2019年修正第14條第1項規定，增加輔助人、意定監護受任人或其他利害關係人得為聲請人。

---

[39] 參閱施啓揚，民法總則，2009年8月，123頁。

[40] 家事事件法第165條規定：「於聲請監護宣告事件、撤銷監護宣告事件、另行選定或改定監護人事件、許可終止意定監護契約事件及解任意定監護人事件，應受監護宣告之人及受監護宣告之人有程序能力。如其無意思能力者，法院應依職權為其選任程序監理人。但有事實足認無選任之必要者，不在此限。」

[41] 司法院民事廳（76）廳民一字第2069號函復台高院，1987年4月14日。

(3) 法院以裁定宣告監護

監護宣告的裁定，應同時選定監護人及指定會同開具財產清冊之人，並附理由（家事事件法168 I）。該裁定自法院選定的監護人受送達或當庭受告知時發生效力（家事事件法169）。

如法院對於監護的聲請，認為被聲請人的精神障礙或其他心智缺陷未達民法第14條第1項規定的程度，得依民法第15條之1第1項規定為輔助的宣告（民法14 III、家事事件法174 I）。相對地，如受輔助宣告之人有受監護的必要情形，法院得依民法第14條第1項規定，以裁定變更為監護的宣告（民法15之1 III、家事事件法175 I）。

2.效力

監護宣告的裁定，於裁定送達或當庭告知法院選定的監護人時發生效力（家事事件法169 I）。

(1) 絕對的效力

監護宣告，對任何人均有效力。

(2) 創設的效力

被宣告監護的人，因宣告而喪失行為能力（民法15），應置監護人（民法1110）。

3.撤銷

監護宣告的撤銷，可能基於二種原因而被撤銷，一為監護原因嗣後消滅，另一為監護原因自始不存在，亦即法院的裁定係錯誤，應尋求抗告或聲請再審救濟。

監護原因消滅後，法院經聲請應以裁定撤銷原宣告（民法14 II），自撤銷後恢復行為能力，無溯及效力。監護的原因消滅，而仍有輔助的必要者，法院得依民法第15條之1第1項規定，裁定變更為輔助的宣告（民法14 IV）。

對監護宣告裁定提起抗告，經抗告法院廢棄該監護宣告確定前，監護人所為的行為，不失其效力（家事事件法170 I）；監護宣告裁定經廢棄

確定前，受監護宣告之人所為的行為，不得本於宣告監護的裁定而主張無效（家事事件法170 II）。此所謂監護宣告裁定經廢棄，依家事事件法第170條立法理由，係指裁定尚未確定而經提起抗告後，經上級法院裁定廢棄。

　　至於宣告監護裁定確定後的救濟，依家事事件法第96條規定準用民訴法再審程序規定，得聲請再審。

（四）輔助宣告

1.要件（民法15之1 I）

(1)因精神障礙或其他心智缺陷，致其為意思表示或受意思表示，或辨識其意思表示效果之能力，顯有不足

　　因精神障礙或其他心智缺陷，致其為意思表示或受意思表示，或辨識其意思表示效果的能力，尚未達到完全欠缺的程度，而僅是顯然有所不足，即其意思能力或判斷能力（辨識能力）顯然不足，得宣告輔助以為保護。

(2)特定人的聲請

　　對於具有法定之宣告輔助的原因者，法院得因本人、配偶、四親等內之親屬、最近一年有同居事實的其他親屬、檢察官、主管機關或社會福利機構之聲請，為輔助的宣告（民法15之1 I）。

(3)法院以裁定宣告輔助

　　法院認為輔助宣告的聲請有理由，應以裁定為輔助宣告。輔助宣告的裁定，應同時選定輔助人及指定會同開具財產清冊之人，並附理由（家事事件法178 II準用168）。

　　如法院對於監護的聲請，認為被聲請人未達民法第14條第1項規定的程度，得依民法第15條之1第1項規定，為輔助的宣告（民法14 III）。相對地，受輔助宣告之人有受監護的必要者，法院得依民法第14條第1項規定，以裁定變更為監護的宣告（民法15之1 III）。

2.效力

輔助宣告的裁定，於裁定送達或當庭告知受輔助宣告之人時發生效力（家事事件法178 I）。

(1) 絕對的效力

輔助宣告，對任何人均有效力。

(2) 創設的效力

被宣告輔助的人，因宣告而成為**限制行為能力**，應置輔助人（民法1113之1）以為輔助。

受輔助宣告之人為下列行為時，應經**輔助人同意**。但**純獲法律上利益，或依其年齡及身分、日常生活所必需者**，不在此限（民法15之2 I）：

一、為獨資、合夥營業或為法人之負責人。

二、為消費借貸、消費寄託、保證、贈與或信託。

三、為訴訟行為。

四、為和解、調解、調處或簽訂仲裁契約。

五、為不動產、船舶、航空器、汽車或其他重要財產之處分、設定負擔、買賣、租賃或借貸。

六、為遺產分割、遺贈、拋棄繼承權或其他相關權利。

七、法院依前條聲請權人或輔助人之聲請，所指定之其他行為。

於未依民法第15條之2第1項規定得輔助人同意的情形，準用**民法第78條至第83條**規定（民法15之2 II）；於輔助人同意受輔助宣告之人為民法第15條之2第1項第1款「為獨資、合夥營業或為法人之負責人」的行為時，準用民法第85條規定（民法15之2 III）。

民法第15條之2第1項所列應經同意的行為，無損害受輔助宣告之人利益之虞，而輔助人仍不為同意時，受輔助宣告之人得逕行聲請法院許可後為之（民法15之2 IV）。

應注意的是，受輔助人與**未成年的限制行為能力人**有別，僅於為民法第15條之2第1項列舉的行為，才應經輔助人的同意。

3.撤銷

　　輔助宣告的撤銷，可能基於二種原因而被撤銷，一為輔助原因嗣後消滅，另一為輔助原因自始不存在，亦即法院的裁定錯誤，應尋求抗告或聲請再審救濟。

　　受輔助的原因消滅時，法院應依民法第15條之1第1項聲請權人的聲請，撤銷其宣告（民法15之1 II）。撤銷輔助宣告的裁定，於其對聲請人、受輔助宣告之人及輔助人確定時發生效力（家事事件法180 VI準用172 I）。

　　雖家事事件法第178條第2項規定，準用同法第170條規定，然因受輔助宣告之人不同於受監護宣告之人，受輔助人為法律行為並非無效，準用同法第170條第2項的情形，係不得本於宣告輔助之裁定而主張不生效力。

　　至於宣告監護或輔助裁定確定後的救濟，依家事事件法第96條規定準用民訴法再審程序規定，得聲請再審。

第九節　住所

一、概念

　　住所（Wohnsitz），乃個人生活上私法法律關係的中心點（準據點）。

二、種類

（一）意定住所

1.概念

　　意定住所，指基於個人意思所設定的住所。

2.設定

　　意定住所的設定，必須具備二要件（民法20 I）：

(1) 主觀要件：當事人主觀上須有久住意思。

(2) 客觀要件：當事人客觀上須有久住事實。所謂「一定事實」，例如戶籍登記、居住情形、家屬概況及是否在當地工作等事實。

　　最高法院指出：「依民法第二十條第一項之規定，依一定事實足認以久住之意思，住於一定之地域者，即為設定其住所於該地。顯見我國民法關於住所之設定，兼採**主觀主義**及**客觀主義**之精神，必須主觀上有久住一定地域之意思，客觀上有住於一定地域之事實，該一定之地域始為住所，故住所並不以登記為要件，**戶籍登記**之處所固得資為推定住所之依據，惟倘有客觀之事證，足認當事人已久無居住該原登記戶籍之地域，並已變更意思以其他地域為住所者，即不得僅憑原戶籍登記之資料，一律解為其住所。」[42]

3. 廢止

　　意定住所，亦得由當事人意思予以廢止（民法24），當事人主觀上有廢止住所意思，而客觀上有離去住所的事實，即得廢止其住所。故當事人雖離去其住所，如出國留學、出外就業、在營服役、在監服刑、離家避債、逃匿等，但其有歸返的意思時，尚不得遽認廢止其住所。[43]

（二）法定住所

　　法定住所，是法律直接對當事人規定的住所，又可分為二類：

1. 一般法定住所

　　民法第21條規定，無行為能力人及限制行為能力人，以其法定代理人之住所為住所。至於其法定代理人的決定，依民法第1060條、第1091條、第1098條、第1113條、第1086條等規定。

---

[42] 最高法院97年度台抗字第118號裁定。同旨，最高法院93年度台抗字第393號裁定。

[43] 最高法院102年度台抗字第201號裁定。

2.擬制住所

於特定情形，法律將當事人的居所視為住所，稱擬制住所。其情形有二：

(1) 居所：無久住的意思，所居住特定的地域，為居所。遇有下列情形之一者，其居所視為住所：(a)住所無可考者；(b)在我國無住所者，惟依法須依住所地法者，不在此限（民法22）。

涉外民事法律適用法第3條

依本法應適用當事人本國法，而當事人無國籍時，適用其**住所地法**。

涉外民事法律適用法第4條

依本法應適用當事人之**住所地法**，而當事人有多數住所時，適用其關係最切之住所地法。

當事人住所不明時，適用其**居所地法**。

當事人有多數居所時，適用其關係最切之居所地法；居所不明者，適用**現在地法**。

---

(2) 選定居所：因特定行為（例如僱傭契約）選定居所者，關於其行為，視為住所（民法23）。

三、效力

住所，為決定某些特定法律關係的基礎，例如：

（一）決定失蹤的中心地

民法第8條：「失蹤人失蹤滿七年後，法院得因利害關係人或檢察官之聲請，為死亡之宣告。失蹤人為八十歲以上者，得於失蹤滿三年後，為死亡之宣告。失蹤人為遭遇特別災難者，得於特別災難終了滿一年後，為

死亡之宣告。」此所謂失蹤，原則上指離去其**住所**（或居所）而生死不明。

（二）決定債務清償地

民法第314條：「清償地，除法律另有規定或契約另有訂定，或另有習慣，或得依債之性質或其他情形決定者外，應依左（下）列各款之規定：

一、以給付特定物為標的者，於訂約時，其物所在地為之。

二、其他之債，於債權人之住所地為之。」

（三）決定法院管轄

民訴法第1條第1項：「訴訟，由被告**住所**地之法院管轄。被告住所地之法院不能行使職權者，由其居所地之法院管轄。訴之原因事實發生於被告居所地者，亦得由其居所地之法院管轄。」

家事事件法第52條：「確認婚姻無效、撤銷婚姻、離婚、確認婚姻關係存在或不存在事件，專屬下列法院管轄：

一、夫妻之**住所**地法院。

二、夫妻經常共同居所地法院。

三、訴之原因事實發生之夫或妻居所地法院。

當事人得以書面合意定管轄法院，不受前項規定之限制。

第一項事件夫或妻死亡者，專屬於夫或妻死亡時**住所**地之法院管轄。

不能依前三項規定定法院管轄者，由被告住、居所地之法院管轄。被告之住、居所不明者，由中央政府所在地之法院管轄。」

「確認婚姻無效、撤銷婚姻、離婚、確認婚姻關係存在或不存在事件，專屬下列法院管轄：**一、夫妻之住所地法院。**二、夫妻經常共同居所地法院。三、訴之原因事實發生之夫或妻居所地法院。」家事事件法第52條第1項定有明文。該條項第1款所稱之夫妻住所地，依民法第1002條規定係指：「夫妻之住所，由雙方共同協議之；未為協議或協議不成時，得聲請法院定之。法院為前項裁定前，以夫妻共同戶籍地推定為其住所。」因此婚姻住所，應視夫妻雙方有無協議，若無協議，則視法院有無裁定定之。至於雙方戶籍所在地，則僅生推定之效果，若夫妻雙方確有協議或經法院裁定，自不得再以戶籍地為住所地之推定。至於夫妻協議住所，其協議並不以明示**協議**為之，即**默示**亦可（參酌最高法院87年台上字第2137號判決意旨、臺灣高等法院88年度法律座談會結論）。因此**若夫妻婚後並未明示約定婚姻住所，但確實同居共同生活在某特定地點，且持續一段期間，應認為夫妻已經協議以該同居共同生活之住所為婚姻住所。**至若該住所之協議與戶籍登記不在同一地點時，因戶籍法為戶籍登記之行政管理規定，戶籍地址乃係依戶籍法所為登記之事項，戶籍地址並非為認定住所之唯一標準（最高法院93年度台抗字第393號判決參照），自應以協議住所為婚姻住所。[44]

家事事件法第61條：「親子關係事件，專屬下列法院管轄：

一、子女或養子女住所地之法院。

二、父、母、養父或養母住所地之法院。

前項事件，有未成年子女或養子女為被告時，由其**住所**地之法院專屬管轄。」

家事事件法第142條第1項：「關於失蹤人之財產管理事件，專屬其**住所**地之法院管轄。」

---

[44] 台灣高等法院花蓮分院103年度家抗字第1號裁定。

　　刑訴法第5條第1項：「案件由犯罪地或被告之**住所**、居所或所在地之法院管轄。」

（四）決定送達處所

　　民訴法第136條第1項：「送達於應受送達人之**住居所**、事務所或營業所行之。但在他處會晤應受送達人時，得於會晤處所行之。」

　　刑訴法第55條第1項：「被告、自訴人、告訴人、附帶民事訴訟當事人、代理人、辯護人、輔佐人或被害人為接受文書之送達，應將其**住所**、居所或事務所向法院或檢察官陳明。被害人死亡者，由其配偶、子女或父母陳明之。如在法院所在地無住所、居所或事務所者，應陳明以在該地有住所、居所或事務所之人為送達代收人。」

（五）決定法律關係的準據法

　　涉外民事法律適用法第11條：「凡在中華民國有**住所**或居所之外國人失蹤時，就其在中華民國之財產或應依中華民國法律而定之法律關係，得依中華民國法律為死亡之宣告。前項失蹤之外國人，其配偶或直系血親為中華民國國民，而現在中華民國有住所或居所者，得因其聲請依中華民國法律為死亡之宣告，不受前項之限制。」

　　涉外民事法律適用法第12條：「凡在中華民國有**住所**或居所之外國人，依其本國及中華民國法律同有受監護、輔助宣告之原因者，得為監護、輔助宣告。」

第十節　外國人與中國大陸人

一、外國人

（一）概念

外國人（foreigner; Ausländer），指不具我國國籍的自然人，包括只有外國國籍的人或無國籍的人。

（二）法律地位

外國人在內國的法律上地位，國際間法律制度由最早的排外主義，經互惠主義，到今日的平等主義。

1.權利能力

外國人的權利能力，在採**本國法主義**的我國，原則上應依其本國法。雖民總施行法第2條規定「外國人於法令限制內有權利能力」，但合理的解釋應係我國法律得（例外地）限制外國人在國內取得特定權利或負擔特定義務，非謂以我國法律（民法）為決定外國人權利有無的準據法。另公司法第108條第2項、第208條第5項、海商法第36條、土地法第17條及第18條，亦應以作相同的解釋。

2010年修正的涉外民事法律適用法第9條規定：「人之權利能力，依其本國法。」即外國人的權利能力，以其**本國法**為準據法。

2.行為能力

關於外國人的行為能力之準據法，2010年修正的涉外民事法律適用法第10條第1項規定：「人之行為能力，依其本國法。」同於修正前採本**國法主義**，原則上依該外國人的**本國法**。

二、中國大陸人

（一）概念

　　為解決台灣與中國大陸兩地人民間的往來及所生法律關係，台灣制定「臺灣地區與大陸地區人民關係條例」（以下簡稱**兩岸條例**）。兩岸條例所稱的「大陸地區人民」，指在中國大陸地區設有戶籍的人民；另外，兩岸條例關於「大陸地區人民」的規定，亦適用於自中國大陸而旅居國外的人民。因而此所謂的中國大陸人，包括在中國大陸地區設有戶籍的人民，以及自中國大陸而旅居國外的人民。

（二）法律地位

1.權利能力

　　對於中國大陸人的權利能力的準據法，兩岸條例中未設規定，應是立法時的舊「涉外民事法律適用法」對於外國人權利能力的準據法漏未規定，是以同樣遺漏。目前可類推適用「兩岸條例」第46條第1項關於行為能力準據法的規定，即適用中國大陸的法律；未來則宜設明文規定。

　　對於中國大陸人**繼承**在台灣的遺產，兩岸條例第67條第1項設有限制規定：「被繼承人在臺灣地區之遺產，由大陸地區人民依法繼承者，其所得財產總額，每人不得逾新臺幣二百萬元。超過部分，歸屬臺灣地區同為繼承之人；臺灣地區無同為繼承之人者，歸屬臺灣地區後順序之繼承人；臺灣地區無繼承人者，歸屬國庫。」

2.行為能力

　　依「兩岸條例」第46條第1項規定，中國大陸人的行為能力，適用中國大陸的法律；惟未成年人但已結婚之中國大陸人，就其在臺灣的法律行為，視為有行為能力（按依中國民法典規定，男滿22周歲、女滿20周歲，始得結婚；民族自治區得制定變通條例）。

第十一節　法人概說

一、概念

法人（juristische Personen），指自然人以外，由法律所創設，享有法律上人格（權利能力）的組織體。法人制度的創建，目的在於便於組織的活動，以適應現代社會經濟生活的需要。

二、本質

（一）法人否認說

法人否認說否認法人的法律上人格，其謂法人僅是假設的主體。

（二）法人擬制說

法人擬制說（Fiktionstheorie）認為，法人非實際存在的人，是性質上擬制的人，而得為財產權的主體。

（三）目的財產說

目的財產說或特別財產說（Theorie des Sondervermögens）謂法人是一定目的而組成的財產，享有法人財產利益的多數人，才是實質的主體，法人為假設的主體，乃是為了使多數主體法律關係單一化的一種技術設計。因此，否認法人有獨立的人格。

（四）法人實在說[45]

依國內一致見解，我民法係採**法人實在說**（Realitätstheorie），[46] 依此說法人並非由政府權力所創設或擬制，而是獨立性的社會實體。

德國學者*Otto von Gierke*表示，自然人為自然的有機體，有個人意思，而法人為社會的有機體，有團體意思，此為**有機體說**。另外，法國學者*L. Michoud*、*R. Saleilles*主張，法人係視為權利主體的法律上組織體，此為**組織體說**；即社會上實體，而能保護並實現一定利益的意思團體。

三、分類

◇法人的分類

法人	私法人	社團	營利法人：公司、某些銀行
			中間法人：某些同鄉會、○○研究社、文藝協會
			公益法人：大里區農會
		財團	公益法人：消費者文教基金會、鎮瀾宮、東海大學等財團法人
	公法人		國家、地方自治團體[47]（直轄市、縣、市、鄉、鎮）、2020年9月30日前各地區的農田水利會[48]

法人依不同標準，得為下列區分：

---

[45] 關於此說的簡介，鄭玉波、黃宗樂，民法總則，2008年9月，143-144頁；施啓揚，民法總則，2009年8月，154-155頁。

[46] 最高法院93年度台上字第1154號判決；鄭玉波、黃宗樂，民法總則，2008年9月，144頁；施啓揚，民法總則，2009年8月，155頁。

[47] 地方制度法第2條第1款、第14條。

[48] 舊農田水利會組織通則第1條第2項。依2020年7月3日立法院三讀通過的「農田水利法」規定，過去農田水利會業務將自同年10月1日起改由農委會的「農田水利處」（公務機關）負責。

（一）公法人與私法人

依所據以設立的法律之性質為公法或私法，區分為公法人與私法人。公法人依據公法設立，而私法人則是依據私法所設立，例如依民法、公司法。

（二）社團與財團

以人（社員）為設立基礎的法人為**社團**，而以財產為設立基礎的法人為**財團**。

（三）公益、營利與中間法人

法人得依其目的事業是否為營利性質，區分為公益、營利與中間法人。

就我民法而言，是否在公益、營利法人外，亦承認所謂的「中間法人」，學說上有爭議。自民法第46條、第48條第1項第6款、第53條第2項規定觀之，應容許不需設立**許可**亦得成立的非營利社團存在，中間法人即得不需許可而設立；否則，若將中間性質的社團劃歸公益法人，致其成立需**特別許可**（民法46），增加其設立上煩難，[49]與憲法第14條保障結社自由的精神相違。

四、設立

（一）立法主義

1.特許主義

對於法人的特許，又分立法特許，例如中央銀行（中央銀行法1）、

---

[49] 鄭玉波、黃宗樂，民法總則，2008年9月，139-140頁。

合併前的中央信託局[50]（1947年中央信託局條例1）等的設立，以及行政特許，惟此仍應遵守民法第25條規定。

2. 許可主義

行政機關的一般許可，通常適用於公益法人，包括財團（民法59）及公益社團（民法46），例如商業同業公會（商業團體法10）。

3. 自由主義

任由法人自由設立，於放任主義時期所採行，今已少見，例如瑞士民法典第60條（Art. 60 ZGB）對非營利性（nicht wirtschaftlich）的社團。

4. 準則主義

準則主義下，法律規定一定的要件，符合要件即可成立法人，在我國通常對營利法人（公司法1、2）或中間法人，採此主義。

5. 強制主義

在此主義下，凡符合法定條件者，須依法律規定組織法人，例如律師公會（律師法11 II）、商業同業公會（商業團體法8）等。

民法第25條：「法人非依本法或其他法律之規定，不得成立。」依此，在我國法人的成立，必須有法律上的依據，例如民法、公司法、銀行法、祭祀公業條例等。

（二）登記

所謂登記，是將法定事項記載於法人登記簿上，使產生一定的效力。

1. 程序

法人登記，由全體董事備齊規定文件，向主事務所或（及）其分事務所所在地的主管機關辦理（民法48 II、61 II）。依民法總則規定法人的登記，其主管機關為該法人事務所所在地的**地方法院**（民總施行法10 I、非

---

[50] 2007年7月1日為台灣銀行所吸收合併而消滅。

訟事件法82-84、法人及夫妻財產制契約登記規則15-30）。目前地方法院僅負責公益法人的登記；其他營利法人，特別是公司，則由經濟部或地方主管機關登記（公司法5、387）。

法院對於已登記的事項，應速行公告，並許第三人抄錄或閱覽（民總施行10 II）。

2.效力

(1) 創設效力：民法第30條規定就法人的成立，採**登記要件主義**，設立登記有創設效力；公司法第6條就公司的設立，亦以登記為要件。

(2) 對抗效力：民法第31條規定就法人其他應登記事項，採**登記對抗主義**。例如法人的變更、解散、清算人的任免或變更、清算終結四種登記，有對抗效力。所謂不得對抗第三人，是否限於「善意」的第三人，對此本書持否定見解，蓋不論從此條文本身及立法理由，均與民法第27條第3項規定限於善意第三人不同，二規定應有所區別，使第31條規定能達經濟簡便的效果，否則就與民法第27條第3項不必登記的代表權限制無異了。

例：A財團法人改選董事長，由乙取代已登記的甲，惟尚未辦理變更登記（民法61 I ⑥、31）。甲仍以A財團的董事長名義，代表A財團法人與B公司簽訂一買賣契約，價金100萬元。當B向A財團請求履行該買賣契約時（民法348、367），乙以董事長名義表示該買賣契約對A不生效力，拒絕履行。乙不得以該表示對抗B（民法31）。

（三）住所

所謂法人的住所，乃法人法律關係的中心地，以主事務所的所在地（Hauptsitz）為住所（民法29）；主事務所及分事務所均應登記（民法48 I ③、61 I ③）。

例：承上例，設如果A法人的主事務所登記為台北市士林區（民法61
I③），則B公司向士林地方法院起訴A法人，請求履行該買賣契
約，士林地方法院有地域管轄權（民訴2 II）。

五、能力

（一）權利能力

法人的權利能力，始於登記並發給證書，[51] 終於解散登記完畢。其權
利能力的範圍，原則上與自然人同。法人的權利能力，例外受有限制情形
如下（民法26）：

1.法令上限制

民法第26條本文規定：「法人於法令限制內，有享受權利負擔義務
之能力。」限制法人權利能力的法令，例如公司法第13條、第15條規定；
另公司法第16條第1項限制公司為保證人，如公司違反保證限制規定，公
司負責人應自負保證責任（公司法16 II）。

2.性質上限制（民法26但書）

民法第26條但書規定：「但專屬於自然人之權利義務，不在此
限。」專屬自然人的權利、義務，限制法人不能享受或負擔，例如身體
權、健康權、貞操權、非財產上的損害賠償請求權、扶養請求權及扶養義
務。

3.目的上限制

法人的權利能力有無目的上限制，有爭議，例如公益法人為營利行

---

[51] 惟就發給證書此一要件而言，在網路發達後，政府機關登記事項可藉由網站公告，
證書逐漸喪失其原有功能，例如公司法於2001年即已經廢止證書發給制度（公司法
6）。

為，則效力如何？通說為保護交易的安全，主張該行為仍得為有效；另公司有貸與資金的限制，其縱有違反行為，亦得為有效（公司法15）。

（二）行為能力

國內通說基於「法人實在說」，認為法人有行為能力，但由自然人（代表機關）代為法律行為。[52] 實務上認為法人僅於有權利能力的範圍內，才有行為能力。[53]

（三）侵權行為能力（責任能力）

由民法第28條的規定「法人對於其董事或其他有代表權之人因執行職務所加於他人之損害，與該行為人連帶負賠償之責任」得知，我國民法對於法人採**法人實在說**，認法人有侵權行為之能力，自得為侵權行為損害賠償之債之義務人。[54] 依法人實在說，法人董事（代表機關）的侵權行為，就是法人的侵權行為（**機關說**Organtheorie）（民法28、公司法23 I），因而法人有侵權行為能力，亦可謂法人有責任能力。[55]

例：A公司所屬的C俱樂部理事會，是由A公司董事會遴選的理事所成立，該等理事明知俱樂部會員B公司並無任何違反雙方特約條款及俱樂部會則情事，卻決議開除會員B公司資格，並拒絕B及其使用人以團體會員資格使用俱樂部高爾夫球場及附屬設施。因A公司屬於法人，其董事會遴選的理事為有代表權人，於執行職務時，故意

---

[52] 詳閱史尚寬，民法總則，1970年11月，139頁。

[53] 最高法院44年台上字第1566號判例（舊）：「公司董事長以公司名義所為的保證，係董事長個人行為，僅由董事長負損害賠償責任。」

[54] 最高法院93年度台上字第1154號判決。

[55] 按責任能力，指為侵權行為或債務不履行而負民事責任的能力，民法第28條僅就侵權行為能力為規定。

以不法的方法加損害於B（民法184 I），A公司除違反與B的契約外，同時構成侵權行為（民法28、184 I），「其契約責任與侵權行為責任，為請求權競合」，B得依債務不履行或侵權行為的之法律關係，擇一向A請求損害賠償。[56]

1. 侵權行為要件（民法28）[57]

(1) 有代表權人：通常為董事、監察人；另外，例如清算人（民法40），亦屬此有代表權人。民法第188條的適用，僱用人若為法人時，其「受僱人」須為無代表權人；如其為代表權人，應適用民法第28條的規定。民法第28條規定所稱法人董事或其他有代表權之人，依實務見解包括雖未經登記為董事，但實際為該法人的負責人即有權代表法人的**實質董事**在內。[58]

(2) 因執行職務加害他人：所謂執行職務，實務採**內在關連說**（或**內在關連性理論**），凡在外觀上足認為機關的職務行為，[59] 以及在社會觀念上，與職務行為**有適當牽連關係**的行為，均屬之。[60] 而且，因執行職務所加於他人的損害，不以因積極執行職務行為而生的損害為限，如依法律規定，有代表權人（董事）負執行該職務的義務，而**怠於執行**（消極不執行職務）時所加於他人的損害，亦包括在內，例如董事不按規定為職員辦理加入勞工保險手續，致職員執行職務時死亡，卻不能依勞工保險條例受領喪葬費及遺族津貼，因此遭受的損害。[61]

[56] 最高法院93年度台上字第1154號判決。

[57] 參閱最高法院90年度台上字第16號判決。

[58] 參閱最高法院101年度台抗字第861號裁定。

[59] 此為客觀說的判斷標準。

[60] 最高法院87年度台上字第2259號判決、91年度台上字第2221號判決。

[61] 最高法院64年台上字第2236號判例（舊）。

> 例：被告乙為A公司之董監事，原告甲之被繼承人丙自民國55年2月起
> 任職為A公司之外務員後，乙迄不按規定為丙辦理加入勞工保險手
> 續，致丙於60年12月21日在外執行職務時，被殺傷死亡，甲不能依
> 勞工保險條例受領喪葬費及遺族津貼共6萬8,000元等情。依民法第
> 28條規定，被告乙應連帶賠償該款及法定利息。[62]

　　民法第28條所加於法人的連帶賠償責任，以該法人的董事或其他有
代表權的人，因執行職務所加於他人的損害者為限。實務上認為，法人的
董事或其他有代表權的人因**個人的犯罪行為**而害及他人的權利者，即與該
條規定的責任要件不符，該他人無據以請求連帶賠償的餘地。[63]

> 例：原告甲以販賣食米為業，曾持軍眷配米證券向代辦軍眷米之被告A
> 農會取米，因A農會無米可付，乃簽發貨品交付通知單貳紙（一紙
> 記米43公斤、一紙記米3,756公斤）與甲，以為將來領米的憑據，
> 嗣僅付米500公斤，尚欠3,299公斤，迭催不理，是以訴請判命清
> 償。被告A農會人則以貨品交付通知單，未蓋A農會大印，亦未由
> 法定代理人簽名或蓋章，依法殊難強令A農會負責。查A農會對外
> 所簽發的貨品交付通知單均蓋有大印及編號，有卷附經A農會簽發
> 付清收回之通知單十六張足資佐證，反之，甲提出的系爭貨品交付
> 通知單二張，則係出自邱清岱、溫文德私人所簽發，他如農會大印
> 及編號等手續均付闕如，縱該邱、溫二人乃A農會的職員，然其利
> 用空白通知單向甲不法詐取配米證券，顯亦為該職員個人的犯罪行
> 為，不得依表見代理法則使A農會負授權人之責，亦不得謂該職員
> 的犯罪行為等於執行職務，援引民法第28條之規定強令A農會連帶
> 負責賠償。[64]

---

[62] 最高法院64年台上字第2236號判例（舊）。
[63] 最高法院48年台上字第1501號判例（舊）。
[64] 最高法院48年台上字第1501號判例（舊）。

(3) 有代表權人具備侵權行為的一般要件：此侵權行為的一般要件，規定於民法第184條至第191條之3。民法第28條規定的法人侵權賠償責任，係專以保護私權為目的，其得為侵權行為客體的權利，是所有的**私權**；至於政府向人民徵稅，乃本於行政權的作用，屬於公權範圍，納稅義務人縱有違反稅法逃漏稅款，致政府受有損害，仍不成立民法上的侵權行為，不得依侵權行為規定請求賠償。[65]

> 例：A（股）公司董事長甲、總經理乙共同違法經營收受存款業務的行為，乃非法吸金行為，屬違法行為（銀行法29、125 I），因此使人受有損害，即應負侵權行為的損害賠償責任。A公司（法人）對於其董事或其他有代表權之人，因執行職務所加於他人之損害，應與行為人連帶負損害賠償責任（民法28）。[66]

> 例：A公司於民國70年及84年間即已取得指定使用於電子鍋、熱水瓶、保暖器等商品的商標圖樣「ELEPHANT及圖」、「ZOJIRUSHI 及象圖」之商標專用權（下稱象圖商標）；其另於78年及82年間，向三宅敏夫購買其創作已取得著作權的「蘭花圖」、「海芋圖」美術著作，使用於電子鍋、熱水瓶外觀上。B公司未經A同意或授權，於92年8月起至94年8月間，擅自結合使用近似於上列商標之「象頭圖樣」、「ZOUESHOAI」字樣及重製「蘭花圖」、「海芋圖」美術著作，生產電子鍋等產品中販售獲利，侵害A的商標權及著作財產權，A依商標法第61條、第63條、著作權法第88條、公平交易法第31條規定，得請求該B公司賠償500萬元；乙為B公司負責人（代表人、法定代理人），依民法第28條規定，應負連帶賠償責任。[67]

---

[65] 最高法院62年台上字第2號判例（舊）。

[66] 最高法院91年度台上字第2221號判決。

[67] 最高法院98年度台上字第1845號判決。按此最高法院判決的法律適用有錯誤，民法第28條規定的是法人的連帶賠償責任，而非法人代表人的連帶賠償責任。

2.責任

法人與為侵權行為的法人代表人負連帶賠償責任，即對被害人負連帶賠償債務。被害人（連帶債務的債權人）得對於法人及該代表人（債務人）中的一人或其全體，同時或先後請求全部或一部的給付（民法273）。

3.公法人的侵權賠償責任

(1) 如其公務員因執行職務而行使公權力：適用國家賠償法。

(2) 如其公務員執行職務，但不行使公權力：適用民法第28條或第188條規定。[68]

4.非法人團體的侵權責任能力

最高法院偶在法人責任能力外，更進一步肯定非法人團體的侵權（行為）責任能力，而有如下表示：「非法人之團體雖無權利能力，然日常用其團體之名義為交易者比比皆是，民事訴訟法第四十條第三項為應此實際上之需要，特規定此等團體設有代表人或管理人者，亦有當事人能力。所謂有當事人能力，自係指其於民事訴訟得為確定私權之請求人，及其相對人而言。是非法人之團體因上開相同情事侵害他人權利時，除法律明文排除外，自應認其有侵權行為能力，庶免權利義務失衡。」[69]此或將增加被害人求償可能，但卻使法律原則及法律安定受到破壞，本書不贊同此見解。

六、組織（機關）

法人的組織（機關），應於設立章程或捐助章程中規定。其基本組織，包括（社團）三或（財團）二個機關。

---

[68] 參閱最高法院98年度台上字第1803號判決。
[69] 最高法院103年度台上字第115號判決。

（一）社員總會

社員總會是社團的最高意思機關，由全體社員組成。

（二）董事

董事為法人的必設機關（民法27 I前段），對外代表法人（民法27 II）及對內執行法人事務（民法27 I後段）。

1.資格

董事的資格，不論積極或消極資格，除特別法規定外，例如公司法第108條第4項及第192條第5項準用第30條規定，[70] 民法無特別限制，通常由章程為規定。

2.任免

董事的任免，於社團應經社員總會的決議（民法50 II ②），於財團則由捐助人決定（民法62）；至於其方式，在社團的設立章程（民法47 ③）或財團的捐助章程中規定（民法62）。

3.職權

董事就法人一切事務，對外代表法人，對內負責執行。董事的姓名及

---

[70] 公司法第30條規定：「有下列情事之一者，不得充經理人，其已充任者，當然解任：

一、曾犯組織犯罪防制條例規定之罪，經有罪判決確定，尚未執行、尚未執行完畢，或執行完畢、緩刑期滿或赦免後未逾五年。

二、曾犯詐欺、背信、侵占罪經宣告有期徒刑一年以上之刑確定，尚未執行、尚未執行完畢，或執行完畢、緩刑期滿或赦免後未逾二年。

三、曾犯貪污治罪條例之罪，經判決有罪確定，尚未執行、尚未執行完畢，或執行完畢、緩刑期滿或赦免後未逾二年。

四、受破產之宣告或經法院裁定開始清算程序，尚未復權。

五、使用票據經拒絕往來尚未期滿。

六、無行為能力或限制行為能力。

七、受輔助宣告尚未撤銷。」

此對公司經理人的消極資格規定，準用於有限公司的董事（公司法108 IV）及股份有限公司的董事（公司法192 V）。

住所，為**應登記事項**，未登記則不得對抗第三人（民法48 I ④、61 I ⑥、31）。

(1) 代表權：除章程另有規定外，在目的事業範圍內，董事均得單獨代表法人（民法27 II）。其例外：

(a) 章程剝奪：章程訂定對外有代表權的董事（民法27 II後段），此為**應登記事項**，未登記則不得對抗第三人（民法48 I ⑧、61 I ⑦、31）。

(b) 章程或總會決議限制：方式有「共同代表」或「部分代表」，代表權的限制不屬於應登記事項，而只是法人不得以其限制對抗善意第三人（民法27 III）。

(c) 利益衝突：董事與法人利益相反事項，應不得代表法人（類推適用民法52 IV），如無其他可代表法人的董事（或監察人），得聲請法院選任之（民法62）。如法人的董事無代表權或逾越其代表權，而代表法人為法律行為（**無權代表**），其效力如何？依最高法院見解：「代表與代理固不相同，惟關於公司機關之代表行為，解釋上**應類推適用關於代理之規定**，故無代表權人代表公司所為之法律行為，若經公司承認，即對於公司發生效力。」[71] 類推適用關於（無權）代理的規定，即為效力未定，經法人（有代表權之人）的承認，始生效力（類推適用民法170）。

有限公司應至少置董事一人執行業務並代表公司，最多置董事三人，應經三分之二以上股東之同意，就有行為能力之股東中選任之；董事有數人時，得以章程特定一人為董事長，對外代表公司（公司法108 I）。又董事就法人一切事務，對外代表法人；董事有數人者，除章程另有規定外，各董事均得代表法人（民法27 II）。是以有限公司經以章程特定一董事為董事長，對外代表公司者，如該董

---

[71] 最高法院74年台上字第2014號判例（舊）。

事長為自己與公司訴訟時，既不得同時為公司的代表，自應由其餘的董事代表公司。[72]

私立學校應設董事及董事會，向學校所在地的地方法院為財團法人的登記（私立學校法15、13 I）；董事就法人的一切事務，對外代表法人（民法27 II）。如私立學校已為財團法人的登記，即取得法人的資格，而有當事人能力。其因私權爭執涉訟，自應由董事長代表學校起訴或被訴。校長依據法令綜理校務，執行董事會的決議；校長在私法上的地位，與民法第554條規定的經理人相當，僅於**職務範圍**內事項發生私權爭執而涉訟時，始有代表學校起訴或被訴的權限（私校法41 II）。[73]

出售學校土地，則專屬董事會的職權，校長出售土地，自須經董事會的特別授權始得為之。[74]

(2) 執行權：目的事務執行，除章程特別規定或總會特別決議外，原則上取決於全體董事過半數的同意（民法27 I）。董事應盡善良管理人的注意義務。主要事務，例如推展法人目的事業、聲請登記（民法48 II、61 II、民總施行法7）、編制財產目錄及社員名簿（民總施行法8）、召集社員總會。

---

[72] 最高法院95年度台上字第2888號判決。
[73] 最高法院87年度台上字第2533號判決。
[74] 最高法院80年度台上字第2807號判決。

例：A法人的甲、乙、丙三位董事再次連任，但依新修正章程對董事代
　　表權做部分調整，甲董事的代表權無限制，乙董事僅得代表為價額
　　100萬元以下的交易（民法27 II-III、31），丙董事則無代表權。惟
　　在完成變更登記前（民法48 I或61 I、31），甲即代表A與丁簽訂一
　　份承攬契約，有效；乙私自代表A與戊簽訂L地的買賣契約，價金
　　200萬元，A不得以乙的代表權受限制對抗善意的第三人（戊）；
　　丙亦私自代表A與B公司訂立一份價額50萬元的公務車買賣契約，A
　　不得對抗第三人（B）。

（三）監察人

監察人，除特別法規定例如公司法第216條至第227條外，為民法上
法人之任意的監察機關，除章程另有規定外，單獨行使監察權（民法27
IV）；召集總會（民法51 I）。

監察人與董事各為監察與執行機關，功能上有**不相容性**
（Inkompatibilität），所以不能相互兼任。

六、監督

（一）法人業務監督

受設立許可的法人，其業務屬於主管機關監督，主管機關得檢查其財
產狀況及其有無違反許可條件與其他法律之規定（民法32）。法人如違反
設立許可的條件，主管機關得撤銷其許可（民法34），設立許可的撤銷，
屬於行政處分，法人得依訴願及行政訴訟尋求救濟。[75]

---

[75] 史尚寬，民法總則，1970年11月，168頁。

（二）妨礙監督權行使的處罰

受設立許可法人的董事或監察人，不遵主管機關監督的命令，或妨礙其檢查，得處以5,000元以下的罰鍰（民法33 I）。[76]

受設立許可法人的董事或監察人違反法令或章程，足以危害公益或法人的利益，主管機關得請求法院解除其職務，並為其他必要的處置（民法33 II）。

七、消滅

法人人格（權利能力）的消滅，應經解散與清算。

（一）解散

法人的解散，指因不能存續事由而停止活動，並開始處理未了事務。其事由如下：

1. **社團與財團共同事由**：章程規定（民法48 I ⑨、61 I ⑧）、登記或許可的撤銷（民法34、公司法9）、宣告破產（民法35）、宣告解散（民法36）。
2. **社團特有事由**：解散決議（民法57）、事務無從進行（民法58）。另依多數說，社團僅剩一社員時亦應解散；[77] 惟特別法已有容許單一社員的社團之規定，例如公司法第2條准許一人股東公司、合作社法第8條規定七人以上。
3. **財團特有事由**：不能達到目的之情事變更（民法65）。

---

[76] 現行法規所定貨幣單位折算新臺幣條例第2條：「現行法規所定金額之貨幣單位為圓、銀元或元者，以新臺幣元之三倍折算之。」
[77] 施啟揚，民法總則，2009年8月，189頁。

（二）清算

　　所謂清算，指了結法人解散後一切善後事務的程序。依同一法人說，清算中法人於清算的必要範圍內，視為存續（民法40 II），故與解散前法人具有同一性。由清算人進行清算程序，並對外代表法人（民法37-40）。

1. **清算人**：法人解散後，由董事為其財產的清算；但其章程有特別規定，或總會另有決議者，不在此限（民法37）。不能依民法第37條規定，定其清算人時，法院得因主管機關、檢察官或利害關係人的聲請，或依職權，選任清算人（民法38）。法院認為有必要時，得解除清算人的任務（民法39）。

2. **清算人的職務**：(1)了結現務；(2)收取債權，清償債務；(3)移交賸餘財產於應得者（民法40 I）。

3. **清算的程序**：清算的程序，除民法的法人通則有規定外，準用股份有限公司清算的規定（民法41）。

4. **清算的監督**：法人的清算，屬於法院監督；法院得隨時為監督上必要之檢查及處分（民法42 I）。法人經主管機關撤銷許可或命令解散者，主管機關應同時通知法院（民法42 II）。法人經依章程規定或總會決議解散者，董事應於15日內報告法院（民法42 III）。清算人不遵法院監督命令，或妨礙檢查者，得處以5,000元以下之罰鍰；董事違反民法第42條第3項的規定者，亦同（民法43）。[78]

5. **賸餘財產**：法人解散後，除法律另有規定外，於清償債務後，其賸餘財產之歸屬，應依其章程之規定，或總會之決議；但以公益為目的之法人解散時，其賸餘財產不得歸屬於自然人或以營利為目的之團體（民法44 I）。如無前項法律或章程的規定或總會的決議時，其賸餘財產歸屬於法人住所所在地的地方自治團體（民法44 II）。

---

[78] 現行法規所定貨幣單位折算新臺幣條例第2條：「現行法規所定金額之貨幣單位為圓、銀元或元者，以新臺幣元之三倍折算之。」

八、外國法人與中國大陸的法人

（一）外國法人

　　部分學者依民總施行法第12條第1項規定，經認許的外國法人，於法令限制範圍內，與同種類的我國法人有同一的權利能力，而認為依外國法律所設立的法人（準據法說），在我國須經主管機關的**認許**，才有權利能力。此見解有誤，蓋外國法人的能力，應屬**國際私法**（涉外民事法律適用法）規範對象；至於我國民法及公司法，通常非外國法人各種實體法上關係的準據法。

　　2010年修正的涉外民事法律適用法第13條規定：「法人，以**其據以設立之法律**為其**本國法**。」同法第14條規定：「外國法人之下列內部事項，依其**本國法**：

　　一、法人之設立、性質、權利能力及行為能力。

　　二、社團法人社員之入社及退社。

　　三、社團法人社員之權利義務。

　　四、法人之機關及其組織。

　　五、法人之代表人及代表權之限制。

　　六、法人及其機關對第三人責任之內部分擔。

　　七、章程之變更。

　　八、法人之解散及清算。

　　九、法人之其他內部事項。」

（二）中國大陸的法人

　　依「兩岸條例」第46條第2項規定，大陸地區的法人、團體或其他機構，其權利能力及行為能力，依大陸地區的規定。

　　大陸地區法人、團體或其他機構，在台灣須經主管機關的「**許**

可[79]」；未經許可的大陸地區法人、團體或其他機構，以其名義在台灣地區與他人為法律行為者，其行為人就該法律行為，應與該大陸地區法人、團體或其他機構，負連帶責任（兩岸條例71）。

第十二節　社團

一、成立

社團（Verein）的組織基礎為社員，除特別法規定外，例如公司法第2條、合作社法第8條，應有二人以上，共同訂立章程，依法定程序完成登記（民法30、45-48）。以公益為目的之社團，於登記前，應得主管機關的許可（民法46）。

（一）章程記載事項

1.必要記載事項

社團章程應記載下列事項（民法47）：

(1) 目的。

(2) 名稱。

(3) 董事之人數、任期及任免。設有監察人者，其人數、任期及任免。

(4) 總會召集之條件、程序及其決議證明之方法。

(5) 社員之出資。

(6) 社員資格之取得與喪失。

(7) 訂定章程之年、月、日。

---

[79] 按對於外國法人，民總施行法第11條、第12條採「認許制」，對中國大陸的法人，兩岸條例第71條至第73條則採「許可制」，用語不同，目的僅在於區別中國大陸的法人與外國法人。「認許」與「許可」均屬承認法人人格的行政行為，本質上並無差別。惟從國際私法制度與法理觀察，現行的「認許制」、「許可制」，皆是立法上錯誤。

2. 任意記載事項

社團的組織及社團與社員間的法律關係，以不違反民法第50條至第58條的規定為限，得以章程訂定（民法49）。

（二）登記

1. 登記事項

社團設立時，應登記下列事項（民法48 I）：

(1) 目的。

(2) 名稱。

(3) 主事務所及分事務所。

(4) 董事之姓名及住所。設有監察人者，其姓名及住所。

(5) 財產之總額。

(6) 應受設立許可者，其許可之年、月、日。

(7) 定有出資方法者，其方法。

(8) 定有代表法人之董事者，其姓名。

(9) 定有存立時期者，其時期。

2. 登記機關

社團的登記，由董事向其主事務所及分事務所所在地的主管機關進行，並應附具章程備案（民法48 II）。依民法總則規定的法人，其登記的主管機關為該法人事務所所在地的地方法院（民總施行10 I）。法院對於已登記的事項，應速行公告，並許第三人抄錄或閱覽（民總施行10 II）。

社團設立過程所生的費用及相關債務，原由設立人負連帶責任；於社團完成設立後，社團與該設立人負連帶責任（類推適用公司法155 II）。[80]

社團設立後，基於人格同一性，設立中（暫時）以設立人名義取得的

---

[80] 結論相同，史尚寬，民法總論，1980年1月，140頁。

權利，當然由該社團法人取得；如其權利取得應經登記，對於該社團法人而言僅為更名登記，而不是移轉登記。[81]

二、社員

社團基本的組成分子，其因社員身分而擁有的法律地位稱社員資格或社員權；基於**平權與平等待遇原則**（Prinzip der Gleichberechtigung und Gleichbehandlung），社員原則上同等權利與義務，如民法第52條第2項規定，社員有平等的表決權。[82]

（一）社員權性質

社員權，係以社員身分為基礎的權利，兼具身分權與財產權的雙重性質。

1. 自益權

自益權為享受財產利益的權利，例如設備利用請求權、利益分配請求權、剩餘財產分配請求權。

2. 共益權

共益權為參與社團事務的權利，例如少數社員權（民法51）、出席與表決權（民法52、53）、總會決議撤銷權（民法56）。

(1) 少數社員權：如有全體社員十分之一以上的請求，表明會議目的及召

---

[81] 王澤鑑，民法總則，2014年2月，210-211頁。
[82] 公司法第179條：「公司各股東，除有第一百五十七條第三款（按：特別股之股東行使表決權之順序、限制或無表決權）情形外，每股有一表決權。
有左列情形之一者，其股份無表決權：
一、公司依法持有自己之股份。
二、被持有已發行有表決權之股份總數或資本總額超過半數之從屬公司，所持有控制公司之股份。
三、控制公司及其從屬公司直接或間接持有他公司已發行有表決權之股份總數或資本總額合計超過半數之他公司，所持有控制公司及其從屬公司之股份。」

集理由，請求召集社員總會時，董事應為召集；董事受前項請求後，一個月內不為召集，得由請求的社員，經法院的許可為召集（民法51 II-III）。

(2) 表決權：社員有平等的表決權（民法52 II）。其表決權的行使，除章程另有限制外，得以書面授權他人代理為之；但一人僅得代理社員一人（民法52 III）。社員對於總會決議事項，因自身利害關係而有損害社團利益之虞時，該社員不得加入表決，亦不得代理他人行使表決權（民法52 IV）。民法第52條關於表決權行使的規定為強制規定，違反者該表決權為無效。[83]

(3) 總會決議撤銷權：總會的召集程序或決議方法，違反法令或章程時，社員得於決議後三個月內請求法院撤銷其決議；但出席社員，對召集程序或決議方法，未當場表示異議者，不在此限（民法56 I）。

（二）社員權的取得與喪失

1.取得

社員權的取得，依章程規定（民法47 ⑥）。原因有二：

(1) 參與設立：於社團成立前參加而同為設立人。

(2) 入社：於社團成立後參加而成為社員，方式上得透過該社員與社團的**入社契約**，或亦得依章程規定經由以社員**單方的入社表示**。[84]

2.喪失

社員權的喪失，有下列原因：

(1) 死亡

自然人死亡即喪失權利能力，因而亦不能繼續享有社員權。在營利性社團，社員權得由繼承人繼承。

---

[83] 參閱王澤鑑，民法總則，2014年2月，218-219頁。

[84] 台灣高等法院102年度抗字第1176號裁定謂「黨員加入政黨之行為，係屬私法上之共同行為」，有所誤解。

(2) 退社

社員原則上得隨時自由退出社團；惟章程限定於事務年度終，或經過**預告期間**後，始准退社，應依該章程限定（民法54 I）；前指預告期間，不得超過六個月（民法54 II）。社員因退出社團而喪失社員權。

例：A社團於2014年10月9日修改章程，規定社員退社應於一年前預告。社員乙於2021年12月20日書面通知A社團及董事甲，其於2022年6月30日12：00退出A社團。乙是否已經於何時退出A社團？

乙已經於2022年6月30日下午12：00時退出A社團（民法54 II）。

---

(3) 開除

社員總會有正當理由時，得以決議開除社員（民法50 II ④）。

(4) 社團消滅

社團因**解散**並清算完畢而消滅，所有社員同時喪失社員權。

社員於**退社**前或**開除**前，應分擔的出資或所負債務，仍須清償（民法55 II、公司法69）。已退社或開除的社員，對於社團的財產無請求權；惟非公益法人，其章程另有規定者，不在此限（民法55 I）。

三、社員總會

社員總會，是由社員所組成之社團的最高意思機關（民法50 I），在股份有限公司，則稱股東會（公司法170）。因社團的管理，是依照由社員總會決議的**章程**或依社員總會的**決議**，故社團性質上為**自律的**（autonom）法人。

（一）組成

社員總會由全體社員組成，以決議方式表示其意思。

（二）召集

　　社員總會，原則上由**董事**依章程規定（民法47 ④）召集，於30日前對各社員發出通知（民法51 I、IV），此通知採**發信主義**，合法發出通知即可發生效力。[85]

（三）權限

　　社員總會有下列四項專屬權限（民法50 II），及其他依章程所規定的權限：

1. **變更章程**：社團變更章程的決議，應有全體社員過半數的出席，出席社員四分之三以上的同意，或有全體社員三分之二以上書面的同意（民法53 I）。受設立許可之社團，變更章程時，並應得主管機關的許可（民法53 II）。
2. **任免董事及監察人。**
3. **監督董事及監察人職務之執行。**
4. **開除社員**：此以有正當理由時為限。

　　民法第50條第2項關於社員總會的權限規定，屬於強行規定，不得透過章程或決議予以剝奪。

（四）決議

　　社員總會的決議，是由社員以表決方式（共同行為），多數決所作成的意思表示。各社員原則上有平等的表決權。

1. 方法

(1) 普通決議：總會決議，除有特別規定外，以出席社員過半數決定（民法52 I）。對於此「出席社員過半數」，國內通說純作文義解釋，以出席社員總數為計算的分母，而不論該出席社員有無投（有效）票

---

[85] 比較公司法第172條規定。

（絕對的多數決）。就德國民法典第32條第1項第3句相同出席社員的多數（Mehrheit der erschienenen Mitglieder, § 32 I 3 BGB a.F.）規定，德國聯邦最高法院（BGH）認為如果將未投票社員計入，則實質上發生反對票的效果而不合理，其（分母）應僅計入有效的同意票及反對票（相對的多數決）。[86] 此德國聯邦最高法院的見解值得贊同。2009年德國民法典修正，其第32條第1項第3句已經修正為已投票數的多數（Mehrheit der abgegebenen Stimmen, § 32 I 3 BGB），德國聯邦最高法院的見解完全貫徹。

社員有平等的表決權（民法52 II）。其表決權的行使，除章程另有限制外，得以書面授權他人代理為之；但一人僅得代理社員一人（民法52 III）；社員對於總會決議事項，因自身利害關係而有損害社團利益之虞時，該社員不得加入表決，亦不得代理他人行使表決權（民法52 IV）。民法第52條關於表決權行使的規定為強制規定。

民法第52條第4項有關社員表決權行使迴避的規定，是為避免社員因自身利害與社團利益相背，杜絕該社團總會為少數人所操縱，並防止有利害關係而無表決權的社員與其他社員勾串，以代理人名義行使表決權，而參考公司法第178條及德、日等國民法的立法例而增訂，明文**禁止該社員加入表決**，且不得代理他人行使表決權。又民法第52條第3項既僅規定，社員表決權的行使，除章程另有限制外，得以書面授權他人代理為之，對於**代理人資格**的限制，並未明文規定以社員為限。依最高法院見解，於非社員而與總會決議有利害關係，且與社團利益相衝突時，為避免損及社團的共同利益，並貫徹該條項增設社員**表決權行使迴避**規定的旨趣，仍不得代理該社團的社員而為表決。[87]

(2) 特別決議：民法中規定社團的特別決議有二種情形，一為**社團變更章程**的決議，應有全體社員過半數的出席，出席社員四分之三以上的同

---

[86] BGHZ 83, 35: Bei der Beschlußfassung im Verein ist die Mehrheit nur nach der Zahl der abgegebenen Ja- und Nein-Stimmen zu berechnen, Enthaltungen sind nicht mitzuzählen.

[87] 最高法院99年度台上字第634號判決。

意，或有全體社員三分之二以上書面的同意（民法53 I）；另一為**社團解散**的決議，以全體社員三分之二以上為可決（民法57）。

2.效力

社員總會的決議，有拘束全體社員的效力。民法第56條規定二種有瑕疵的決議：

(1) 程序違法：總會的召集程序或決議方法，違反法令或章程時，社員得於決議後三個月內請求法院撤銷其決議；但是出席的社員，若對召集程序或決議方法，未當場表示異議，則不得請求法院撤銷（民法56 I）。[88]

> 例：V社團於舉行社員總會前，董事長甲未依章程規定通知社員乙、丙、丁三人，在社員乙、丙、丁三人因不知會期而未出席的情形下作成決議，將乙開除。此為總會的召集程序違法。

過去最高法院曾認為，如出席的社員不足法令或章程所定之額數，屬於決議方法的違法。[89] 惟2014年最高法院針對股份有限公司股東會的法定出席股東數，所作決議則改採**成立要件說**，其謂：「股東會之決議，乃多數股東基於平行與協同之意思表示相互合致而成立之法律行為，如法律規定其決議必須有一定數額以上股份之股東出席，此一定數額以上股份之股東出席，為該法律行為**成立之要件**。欠缺此項要件，股東會決議即屬**不成立**，尚非單純之決議方法違法問題。」[90]

依平均地權條例第58條及獎勵土地所有權人辦理市地重劃辦法第3條自行組織成立**重劃會**而辦理市地重劃，就重劃區內土地所作成的分

---

[88] 比較公司法第189條規定。

[89] 最高法院96年度台上字第235號判決。

[90] 最高法院103年度第11次民事庭會議決議（二），2014年8月5日。

配,因涉及參與重劃土地所有人的權益,須經**重劃會會員大會**的決議認可,具有高度的自治性,該會員大會係參與重劃土地所有人的意思機關及最高權利機關,所為的決議性質上可與社團總會的決議同視。**倘重劃會會員大會的召集程序或決議方法違反法令或章程時**,為使重劃區的土地所有人達地盡其利,促進地方快速發展之目的,重劃會之會員自得**類推適用民法第56條第1項規定**,於決議三個月內請求法院撤銷其決議,初不因該重劃會僅係一非法人團體而受影響。[91]

(2) **實質違法**:總會決議的內容如違反法令或章程,當然無效(民法56 II)。[92]

四、解散

社團因**解散**並**清算**完畢而消滅。社團得隨時以**全體社員三分之二以上**的可決而解散(民法57);此外,社團的事務,無從依章程所定進行時,**法院**得因主管機關、檢察官或利害關係人的聲請,予以解散(民法58)。

第十三節　財團

一、概念

財團法人,指以從事公益為目的,由捐助人捐助一定財產,經主管機關許可,並向法院登記的私法人。

財團法人的許可設立、組織、運作及監督管理,除其他法律有特別規定者外,原則上應優先適用2018年公布施行的財團法人法;僅於財團法人法未規定情形,始適用民法規定(財團法人法1 II)。

---

[91] 最高法院99年度台上字第634號判決。
[92] 比較公司法第191條規定。

二、設立

（一）捐助財產

財團（Stiftung）係以一定的財產為基礎，因此必須有人捐助一定的財產；財團法人法依其捐助人性質，區分為政府捐助之財團法人與民間捐助之財團法人（財團法人法2 II、IV）。

財團法人設立時，其捐助財產總額，應足以達成設立目的；其最低總額，由主管機關依所掌業務性質定之；但地方性財團法人，主管機關所定最低總額，不得逾全國性財團法人的最低總額（財團法人法9 I）。前項捐助財產，除現金外，得以其他動產、不動產或有價證券代之；主管機關得依所掌業務性質，訂定現金總額的比率（財團法人法9 II）。

（二）訂立章程

除以遺囑捐助外，設立財團必須訂立捐助章程（民法60 I），訂明法人目的及所捐財產（民法60 II）。

1.捐助章程記載事項

財團法人法第8條第1項規定，捐助章程應記載下列各款事項：

一、目的、名稱及主事務所；設有分事務所者，其分事務所。

二、捐助財產之種類、總額及保管運用方法。

三、業務項目。

四、董事及設有監察人者，其名額、資格、產生方式、任期及選（解）任事項。

五、董事會之組織、職權及決議方法。

六、定有存立期間者，其期間。

七、得與其他財團法人合併者，其合併事項。

八、訂定捐助章程之年、月、日。

2.以遺囑捐助設立

以遺囑捐助設立財團法人，由遺囑執行人執行該捐助設立程序；如果無遺囑執行人時，則由法院依主管機關、檢察官或利害關係人的聲請，而為指定（民法60 III）。

如以遺囑捐助設立財團法人，而其遺囑未載明財團法人法第8條第1項規定的應記載事項時，由遺囑執行人訂定捐助章程（財團法人法8 II），並載明應記載事項。

（三）主管機關許可

財團於登記前，應得目的事業主管機關的許可（民法59），例如私立學校、消費者文教基金會的主管機關為教育部，善牧、勵馨等基金會的主管機關為內政部，更生保護、犯罪被害人保護等協會的主管機關為法務部。

（四）完成登記

財團設立，應由董事向其主事務所及分事務所所在地的主管機關為登記；並應附具捐助章程或遺囑備案（民法61 II）。

依民法總則規定法人的登記，其主管機關為該法人事務所所在地的（地方）法院（民總施行10 I）。法院對於已登記的事項，應速行公告，並許第三人抄錄或閱覽（民總施行10 II）。

依民法第61條規定，財團應將下列法定事項登記法人登記簿，並附具捐助章程或遺囑備案：

1. 目的。
2. 名稱。
3. 主事務所及分事務所。
4. 財產之總額。
5. 受許可之年、月、日。

6. 董事之姓名及住所。設有監察人者，其姓名及住所。

7. 定有**代表法人之董事**者，其姓名。

8. 定有存立時期者，其時期。

三、組織與管理

（一）組織及管理方法

　　財團的組織及其管理方法，由捐助人以**捐助章程**或**遺囑**訂定，因此財團性質上為**他律的**（**heteronom**）**法人**。捐助章程或遺囑所定的組織不完全，或重要的管理方法不具備時，法院得因主管機關、檢察官或利害關係人的聲請，為必要的處分（民法62），而不得由董事會以決議方式變更，捐助人亦不得自行補充，捐助章程亦不得訂定董事會有修改章程的權限。[93]

（二）變更組織、解散

　　為維持財團之目的或保存其財產，法院得因捐助人、董事、主管機關、檢察官或利害關係人的聲請，變更其組織（民法63）。

　　因情事變更，致財團之目的不能達到時，主管機關得斟酌捐助人的意思，變更其目的及其必要的組織，或予以解散（民法65）。

（三）違反捐助章程行為的無效

　　財團的董事有違反捐助章程的行為時，法院得因主管機關、檢察官或利害關係人的聲請，宣告其行為為無效（民法64），在經法院宣告無效前，其違反章程的行為，仍為有效。[94]

---

[93] 司法院（70）院台廳一字第04290號函，1981年7月29日；施啟揚，民法總則，2009年8月，210頁。

[94] 施啟揚，民法總則，2009年8月，211頁。

　　主管機關、檢察官或利害關係人依民法第64條，聲請法院宣告財團法人董事行為為無效，應依民事訴訟程序提起**形成之訴**。董事會的決議為董事的行為，財團法人的主管機關、檢察官或利害關係人，自得為此項訴訟適格的原告，以決議行為的董事為被告，提起宣告該董事決議行為為無效之訴，為具公益性質之形成之訴。該形成判決勝訴的形成力，具有對世效力，原則上對於當事人以外之第三人亦有既判力，自無欠缺權利保護必要之問題。[95]

---

[95] 最高法院101年度台上字第1649號判決。

第三章

權利客體

第十四節　權利客體的概念及種類

例：牙醫甲依老人乙的要求，在乙的上牙床裝一排活動假牙P，並在左下臼齒安裝一個金牙套G。甲同意乙的請求，約定裝假牙及牙套的費用共8萬元，於4月10日前支付。4月10日乙表示無力支付，甲要求乙將P及G返還。

一、權利客體

權利客體（Rechtsobjekt）又稱**權利標的**（Rechtsgegenstand），指受權利主體的法律上**支配力**（rechtliche Herrschaftsmacht）所及的各種**利益**（Gut），包括有體及無體標的物（權利）。權利客體是供權利主體所用，二者為對立的概念（相反詞），沒有交集，不存在同時具備權利主體與權利客體雙重性質者。因此，人僅得是權利主體，不可能為權利客體。[1]

二、種類

權利的客體有三種：**物、智慧財產及權利。**[2]

（一）物

所謂「物」（Sache），係指除**人的身體**外，凡能為人力所**支配**，並滿足人類**社會生活需要的有體物**及**自然力**（無體物）。

---

[1] *Brox/Walker*, Allgemeiner Teil des BGB, 2019, Rn. 779-780; *Köhler,* BGB Allgemeiner Teil, 2019, § 22 Rn. 5.

[2] *Jauernig/Mansel*, BGB, 2021, vor § 90 Rn. 1分為「有體標的」（körperliche Gegenstände）與「無體標的」（unkörperliche Gegenstände）二種。

物可依不同的標準，再作分類，例如分為動產及不動產，或主物與從物二類。

（二）智慧財產

「人類運用精神力之創作成果與相關勞動成果」，亦即為人類精神智能的產物，因普遍受到法律的保護，並得具有一定的財產價值，通稱為**智慧財產**（或無體財產），而得為權利的客體，例如著作、商標、專利、軟體等。以此等人類精神產物作為客體的權利，為**智慧財產權**或**無體財產權**。廣義的智慧財產權，兼指是法律對於「人類運用精神力之創作成果與相關勞動成果」的保護，以及對於「產業正當競爭秩序」的保障。[3]

基於智慧財產權，權利人對於該權利標的之智慧財產，享有專屬的**使用、收益權**（Nutzungs- und Verwertungsrecht）。

（三）權利

權利亦得作為權利的客體，但僅限於**財產權**，才能為法律支配力的客體，如抵押權以地上權、農育權及典權為標的物（民法882），權利質權以可讓與的債權或其他權利為標的物（民法900），例如公司的股東權及上述的智慧財產權；至於**人格權**與**身分權**，具有專屬性，非交易的客體。

另有少數學者謂，一定的**給付或不作為**，亦得為權利客體。[4] 雖然某些權利（尤其是債權）的內容（或作用），得請求特定人為一定行為；惟其既非以該被請求的人，亦非以此人的**行為**作為支配力的客體（支配對象）；僅該債權或請求權屬於權利客體，因其為**權利**。[5] 人是權利主體，不論人的本身或其行為，均不應淪為權利的直接支配對象，否則人的法律

---

[3] 謝銘洋，智慧財產權法，2011年9月二版，6頁。

[4] 鄭玉波、黃宗樂，民法總則，2008年9月，217頁。

[5] Köhler, BGB Allgemeiner Teil, 2019, § 22 Rn. 5-7；王澤鑑，債法原理（一），2005年9月，8-9頁；王澤鑑，民法總則，2014年2月，232頁。

地位將與**物**同等，顯然極為不當，因此不能謂特定人的**行為**亦屬權利客體。[6]

三、集合物

集合物（Sachgesamtheit），是為物的集合體，即為達成經濟上的共同目的，由多數的**單一物**（例如豬、雞、蛋）或**結合物**（或稱**合成物**，例如汽車、船舶）集合而成為一個整體之多數物，如圖書館的全部藏書、工廠內的機器、材料及產品、貨倉內的貨物、農場內工具及牲畜、一商店的全部商品等，在法律上為多數的物。

四、集合權利

集合權利（Rechtsgesamtheit），是為權利的集合體，在法律上為多數的權利，包括財產與企業。

（一）財產

特定人全部**財產權**的總合，即其具有金錢價值的權利所構成之集合體，稱為**財產**（Vermögen）；財產本身不是權利客體。[7]

（二）企業

企業（Unternehmen），乃為達到一定經濟目的之人與物的資產之組織上一體，包括各種權利、實際上的財產價值；企業本身亦非權利客體。[8]

---

[6] *Köhler,* BGB Allgemeiner Teil, 2019, § 22 Rn. 5-7.

[7] *Köhler,* BGB Allgemeiner Teil, 2019, § 22 Rn. 8；王澤鑑，民法總則，2014年2月，232、259頁。

[8] *Köhler,* BGB Allgemeiner Teil, 2019, § 22 Rn. 8；王澤鑑，民法總則，2014年2月，232、260頁。

第十五節　物

一、概念

（一）立法例

德國民法典（§ 90 BGB）、日本民法（第85條）以有體物為限；法國民法典（art. 516 c.c.）、瑞士民法典（Art. 713 ZGB）不限於有體物。

（二）我國規定

民法未明文規定，依通說，所謂「物」，係指除人的身體外，凡能為人力所支配，並滿足人類社會生活需要的有體物及無體物（自然力）。[9] 人的身體雖亦有體，但不屬法律上的物，且不以生理上生成為限，縱使義肢、假牙，只要與身體結合而成為身體的一部，即不屬於法律上的物。[10] 關於身體一部分分離或讓與的**債權契約**，不違反**公序良俗**的範圍內，得為有效。

人的**屍體**（Leichnam; Leiche）是否為法律上的物，有爭議，國內通說採肯定見解；[11] 基於人格保護及善良風俗，認為屍體不應作為權利的標的，而應被排除於民法上的物之範圍外。[12] 德國通說以屍體為非交易客體的**無主物**（dem Rechtsverkehr entzogene Sache）。[13]

---

[9] 參閱王澤鑑，民法總則，2014年2月，233-235頁列舉各學者之見解。鄭玉波、黃宗樂，民法總則，2008年9月，218頁雖謂「物，須有體物」，亦將自然力列入物的範圍，結論上並無不同。

[10] 鄭玉波、黃宗樂，民法總則，2008年9月，219頁；*Jauernig/Mansel*, BGB, 2021, vor § 90 Rn. 9。

[11] 史尚寬，民法總則，1970年11月，259頁；王澤鑑，民法總則，2014年2月，243頁；施啓揚，民法總則，2009年8月，219頁謂屍體為「不融通物」且受保護與限制。

[12] *Brox/Walker*, Allgemeiner Teil des BGB, 2019, § 35 Rn. 6.

[13] *Zimmermann*, Gesellschaft, Tod und medizinische Erkenntnis, NJW 1979, 569, 570 f.; *Jauernig/Mansel*, BGB, 2021, vor § 90 Rn. 9; a.A. MünchKommBGB/*Stresemann*, 2021, §

近來有國內法院認為，比特幣（Bitcoins）為權利所依附之客體，其性質應屬「物」，且屬代替物。[14] 德國學說上則認為比特幣非物理上存在，而僅是以電子資料的形式虛擬地存在，故不屬於物（Bitcoins existieren nicht physisch, sondern nur virtuell in Form elektronischer Daten und sind daher keine Sache.）。[15]

二、分類

（一）動產與不動產

1.概念

(1) 不動產

稱不動產者，謂土地及其定著物（民法66），即包括土地、土地上的定著物二者。

所謂**定著物**，係指非土地構成部分，繼續附著於土地，而達一定經濟上目的，不易移動其所在之物而言。[16] 故定著物有二要件：密切附著於土地，且非臨時性。

依實務見解：「民法第六十六條第一項所謂**定著物**，係指非土地之構成部分，**繼續附著於土地，而達一定經濟上目的，不易移動其所在之物而言**。凡屋頂尚未完全完工之房屋，其已足避風雨，可達**經濟上使用之目的**者，即屬土地之定著物，買受此種房屋之人，乃係基於法律行為，自須辦理移轉登記，始能取得所有權。如買受人係基於變更建築執照起造人名義之方法，而完成**保存登記**時，在未有正當權利人表示異議，訴經塗銷登記前，買受人登記為該房屋之所有權人，應受法律之保護，但**僅變更起造人名義**，而未辦理保存或移轉登記時，當不能因此項行政上之權宜措施，而

---

90 Rn. 29: Rest der Persönlichkeit.

[14] 台灣高等法院台南分院108年度抗字第123號裁定。

[15] MünchKommBGB/*Stresemann*, 2021, § 90 Rn. 21.

[16] 最高法院74年度台上字第1833號判決、76年度台上字第1969號判決。

變更原起造人建築之事實，遽認該買受人為原始所有權人。」[17]

　　橋樑的結構有固定性、永久性，且費資甚鉅，在社會觀念上有獨立供人行走之經濟效益，性質上應屬不動產。[18] 台電公司所設置的**電線桿**，實務上以其經濟目的而認定為不動產。[19]

例：甲利用A鐵架、B石棉瓦棚等築造屋頂、天花板、墻壁，而完成H房屋，已足避風雨，而達經濟上使用的目的，即屬土地的定著物。因甲為H房屋的出資建造人，即取得其所有權。原A鐵架、B石棉瓦等已因附合而成為H房屋的**重要成分**，即無單獨所有權的存在（民法811）。[20]

例：非臨時敷設的輕便軌道；[21]（土地上所構築無頂蓋的）鋼筋混凝土造養魚池設備。[22]

　　不動產的**出產物**，尚未分離者，為**不動產的部分**（民法66 II），例如未與土地分離的樹木、花草、疏菜等，不得單獨為物權的標的物。[23]

(2) 動產

　　稱動產者，為民法第66條所稱不動產以外之物（民法67），例如書本、手機、（平板）電腦、汽車等。

---

[17] 最高法院63年度第6次民庭庭推總會決議（一），1974年12月3日。

[18] 最高法院90年度台上字第1178號判決；施啓揚，民法總則，2009年8月，222頁。不同見解，王澤鑑，民法總則，2014年2月，235頁主張假山、橋樑、隧道等，均為土地成分，而非獨立之物。後者觀點應是受德國民法觀念所影響，因土地上定著物依德國民法非獨立的不動產。

[19] 最高法院104年度台上字第2498號判決、106年度台上字第828號判決。

[20] 最高法院81年度台上字第1074號判決。

[21] 司法院釋字第93號。

[22] 最高法院76年度台上字第2345號判決、91年度台上字第815號判決。

[23] 最高法院32年上字第6232號判例（不再適用）。

例：花農甲向地主乙承租A地，埋種鬱金香種子，經過數週，種子發芽，並長出花苞；甲收割後，將收成的鬱金香售讓給盤商丙。

例：甲在乙的土地建築房屋未至完成為獨立的定著物以前，該**未完成的建物**非不動產，而建築房屋原即在土地之外，另創獨立之不動產標的物，故定著物在未完成以前亦非土地的重要成分，依民法第67條規定，仍應認為**動產**。[24]

2. 區別的重要性

相關物權種類不同，例如不動產有地上權、抵押權；物權變動要件不同，如不動產依民法第166條之1[25]、第758條至第759條之1、第1101條，動產依民法第761條；因不動產物權涉訟的法院專屬管轄（民訴法10 I）。

例：承攬人甲為地主乙在A地上蓋B屋一棟，乙居住一年後，為債權人丙在該B屋設定500萬元抵押權。

例：丁以分期付款向車商戊購買N車，除頭期款外，分為24期，繳清分期款前戊保留N車所有權。一年後，丁與朋友庚談妥，將該N車讓售給庚。

（二）主物與從物

1. 從物的要件

民法第68條第1項規定：「非主物之成分，常助主物之效用，而同屬

---

[24] 最高法院75年度台上字第116號判決。
[25] 此條文尚未施行。

於一人者,為從物。但交易上有特別習慣者,依其習慣。」依此,從物須具備下列要件:

(1) 非主物的成分:從物與主物是不同的二物;因主物的成分,與主物同為一物,不是獨立的權利客體,故不能是從物。例如**大樓的屋頂平台**為大樓建築的一部分,為建築物的存在及安全所必要而成為大樓之構成部分,並非獨立的物,自非屬於從物;[26] 主建物附加之**增建物**如無獨立出入口,不能為獨立使用者,應屬主建物之附屬物而為主建物之一部分。[27]

(2) 常助主物的效用:有輔助主物的經濟目的,與之相依為用,客觀上具有恆久的功能性關連,而居於從屬關係者。[28] 最高法院認為,**地下室**與其所屬樓房建物專有部分及其附屬物間,有功能上的關連性,並常輔助該建物專有部分及其附屬物的效用,即為該建物專有部分及其附屬物的從物。[29]

(3) 與主物同屬於一人:為避免法律關係複雜,使從物原則上與主物有同一的法律命運,故從物應與主物同屬於一人,不致主物所有權人的處分而影響他人的權利。[30]

例:甲承租乙所有的H屋,附設有T電視。甲自己在W窗上裝設窗簾C,並自己另外購買一個T電視的遙控器A。因A與T、C與H(W窗為H屋的成分)不屬於同一人,彼此間非從物與主物的關係。

---

[26] 最高法院93年度台上字第576號判決。

[27] 最高法院92年度台抗字第338號裁定。

[28] 最高法院81年度台上字第72號判決、81年度台上字第1370號判決。

[29] 最高法院100年度台上字第87號判決。

[30] 施啓揚,民法總則,2009年8月,230頁。

例：系爭建號3131號**地下一層建物**與其地上各層建物，同屬大樓之區分
　　所有建物，二者之間似無依附主從之關係，且系爭建號3131號建物
　　為再抗告人等六人所共有，而地上各層建物則分屬不同之區分所有
　　權人，權屬不盡相同，並非同屬一人所有，難認系爭建物為輔助地
　　上層建物使用之**從物**。[31]

(4) 交易上無特別習慣。縱使符合上述三項要件，但在交易有特別習慣
者，仍依該交易習慣，例如在1970年代之前的米與麻布米袋；現在
大賣場或成衣店的衣物與衣架、[32] 馬與馬鞍等，均因交易上的特別習
慣，各該二物彼此間非主物與從物的關係。

1. 主物與從物：汽車與備胎；鎖與鑰匙；電視機與遙控器；教室（房
屋）與課桌椅；住屋與屋側搭蓋的車庫；船舶與救生艇、救生圈；
房屋與窗簾；[33]眼鏡與眼鏡盒；電腦與滑鼠；圖書室與書架：數位
單眼相機與其非固定式電池；手機與其皮套；小船與槳。
2. 非主物與從物：大樓與（無獨立產權的）地下室；[34] 大樓與樓頂
平台；[35] DVD機與DVD或VCD片；房屋與家具、洗衣機、冷氣機
等；[36] 書與書架：工廠與機器。[37]

---

[31] 最高法院95年度台抗字第703號裁定。

[32] 鄭玉波、黃宗樂，民法總則，2008年9月，233頁謂「手錶之帶亦不視為從物，蓋購錶者仍須另購錶帶」，顯然異於社會交易觀念。本書認為，錶帶通常應是錶的成分（構成部分），同屬一物。

[33] 施啟揚，民法總則，2009年8月，230頁。

[34] 司法院（81）廳民一字第18871號函復台高院，1992年11月6日。比較最高法院95年度台抗字第703號判決、100年度台上字第87號判決。

[35] 最高法院93年度台上字第576號判決。

[36] 台灣高等法院99年度抗字第603號裁定。

[37] 不同見解，司法院25年院字第1514號解釋、院字第1533號解釋。

例：動產與不動產同屬一人所有，動產因**附合**而為不動產之**重要成分**者，雖無所有權歸屬之問題，惟該動產已失其獨立性，所有權消滅，不動產所有權範圍因而擴張。此項附合，須其結合具有**固定性、繼續性**，應依其**經濟目的、社會一般交易通念及其他客觀狀況**認定之，不能僅憑物理上之觀察為判斷依據。原審斟酌**系爭建物**係作為停車空間使用，設置**系爭機械停車設備**固定於系爭建物已歷二十餘年，以達其經濟目的；依社會一般交易狀況，買受停車位者，通常即包括其機械停車設備，如予分離，將減損其功能及價值，因認其結合具固定性及繼續性，已附合於系爭建物，要無不合。[38]

例：動產與不動產同屬一人所有，動產因附合而為不動產之重要成分者，雖無所有權歸屬之問題，惟該動產已失其獨立性，所有權消滅，不動產所有權範圍因而擴張。此項附合，須其結合具有固定性、繼續性，應依其經濟目的、社會一般交易通念及其他客觀狀況認定之，不能僅憑物理上之觀察為判斷依據（最高法院102年度台上字第2420號判決意旨參酌）。依題示情形，B屋為電梯透天厝，其電梯定置於該屋中，以達B屋各樓層通行使用之經濟目的；又依社會一般交易狀況，買受電梯透天厝，除有特別約定外，當然包括電梯，否則與名為電梯透天厝之目的相違，如予分離，將減損其功能及價值，應認其結合具固定性及繼續性，電梯已失其獨立性而附合於B屋，自為B屋之查封效力所及。[39]

---

[38] 最高法院102年度台上字第2420號判決。

[39] 台灣高等法院暨所屬法院108年法律座談會民執類提案第9號研討結果。

例：建物A及地下室B係李錫明與訴外人朱金墻共同起造，該二人雖取
　　得A建物地上各層區分所有建物之所有權及B地下室之共有權，惟
　　A建物於五十九年建造時，B地下室之用途為附建之防空避難設
　　備，且該地下室有A建物整棟所必須共用之污水處理設備，參以A
　　建物56號、58號一樓間，正面設有通達地上各層及B地下室之公用
　　樓梯，樓梯出口經由A建物登記之附屬建物平台，通往市○○道○
　　段，另B地下室之後面設有一樓梯，經由A建物之法定空地出入防
　　火巷等情，可見B地下室與A建物專有部分及其附屬物間，有功能
　　上之關連性，並常輔助A建物專有部分及其附屬物之效用，應認其
　　為A建物專有部分及其附屬物之**從物**，故李錫明、朱金墻嗣後陸續
　　將A建物各層區分所有物出售第三人，甲輾轉買受，縱於買賣時未
　　約定一併移轉B地下室之共有權，然依民法第68條第2項規定，各該
　　處分效力亦均及於B地下室之共有權。[40]

2. 法律效果

　　主物的處分，除當事人有特別約定外，效力及於從物。此所謂**處
分**，應解釋為法律上處分，包括**債權行為**與**物權行為**。[41] 依實務見解，於
強制執行程序，在查封時已成為不動產之從物者，該從物亦在拍賣範圍
內，由拍定人取得該從物所有權，執行法院應予一併點交。[42]

　　民法第68條第2項屬於任意規定，當事人得以特約排除其適用。

　　民法第68條第2項主物處分效力及於從物的規定，可類推適用於**主物
（主權利）與從權利**之間，例如房屋「建築基地（所有權）」與同宗建築
基地所依法留設的法定保留空地及退縮地之「使用權」。[43]

---

[40] 最高法院100年度台上字第2214號判決。

[41] 通說，最高法院92年度台上字第2775號判決；施啓揚，民法總則，2009年8月，226
　　頁；王澤鑑，民法總則，2014年2月，250-251頁。

[42] 最高法院92年度台抗字第338號裁定。

[43] 比較最高法院92度台上字第2775號判決；施啓揚，民法總則，2009年8月，227頁。

例：所有人於原有建築物之外另行增建者，如增建部分與原有建築物無任何可資區別之標識存在，而與之作為一體使用者，因不具構造上及使用上之獨立性，自不得獨立為物權之客體，原有建築物所有權範圍因而擴張，以原有建築物為擔保之抵押權範圍亦因而擴張。倘增建部分於構造上及使用上已具獨立性，即為**獨立之建築物**。苟其常助原有建築物之效用，而交易上無特別習慣者，即屬**從物**，而為抵押權之效力所及。若增建部分已具**構造上之獨立性**，但未具**使用上之獨立性**而常助原有建築物之效用者，則為**附屬物**。其使用上既與原有建築物成為一體，其所有權應歸於消滅；被附屬之原有建築物所有權範圍因而擴張，抵押權之範圍亦同。是**從物**與**附屬物**雖均為抵押權之效力所及，惟兩者在概念上仍有不同。[44]

（三）原物與孳息

由原物所生的收益，稱為孳息。

1.天然孳息

(1)概念

果實、動物的產物，及其他**依物的用法**所收穫之出產物（民法69 I），例如植物的產物：果實、花卉；動物的產物：牛奶、小牛犢、羊毛、雞蛋、鹿茸；土地的出產物：金礦、煤礦、石油。

(2)歸屬

天然孳息與原物分離時，有**收取權**的人取得該孳息的所有權（民法70 I）。有收取權（使用、收益權）的人，不以原物之所有權人為限，[45]例如民法第421條（承租人）、第766條（所有權人）、第832條（地上權人）、（舊）第842條（永佃權人[46]）、第850條之1（農育權人）、第

---

[44] 最高法院88年度台上字第485號判決。

[45] 最高法院51年台上字第873號判例（舊）。

[46] 永佃權規定（舊民法第842條以下）已於2010年刪除。

863條（抵押權人）、第889條（質權人）、第911條（典權人）、第952條（善意占有人）、第1018條（夫或妻）、第1088條第2項（父母）、第1101條（監護人）等設有規定。

> 例：花農甲向地主乙承租L地，埋種鬱金香種子，經過數週，種子發芽，並長出花苞；甲挖取整株花株後，將全部的鬱金香花株售讓給盤商丙。

民法第70條第1項規定，有收取天然孳息權利的人，其權利存續期間內取得與原物分離的孳息，無收取天然孳息權利的人，雖與原物分離的孳息為其所培養，亦不能取得該孳息，耕作地的承租人依民法第421條第1項規定，固得行使出租人的收益權，而有收取天然孳息的權利，惟出租人無收益權時，承租人如非民法第952條所稱的善意占有人，雖於該耕作地培養孳息，亦無收取的權利。[47]

2. 法定孳息

(1) 概念

利息、租金及其他因法律關係所得的收益（民法69 II），例如借貸金錢所生的利息（含遲延利息）、租賃房屋的租金等。法定孳息不必以使用原物或原本（金錢）為限，使用權利如智慧財產權所取得的收益，也屬於法定孳息。[48]

(2) 歸屬

有收取權的人，按其權利存續期間的日數，取得該孳息（民法70 II）。

---

[47] 最高法院29年上字第403號判例（不再適用）。
[48] 施啓揚，民法總則，2009年8月，230頁。

（四）代替物與不代替物

1.代替物

代替物，謂在交易上得以種類、品質、數量相互代替的物，例如台灣啤酒1打、三好米5公斤、捷安特某型自行車1輛等。

2.不代替物

不代替物，謂在交易上不得以種類、品質、數量相互代替的物，在交易上注重該物的特性與特徵，例如某一位置的店面、某一間別墅、某一塊緊鄰公園的建地、某一輛舊款保時捷911跑車等。

3.區別的標準與實益

代替物與不代替物的區別，取決於社會交易的客觀標準。代替物為消費借貸（民法474）、消費寄託（民法602）、指示證券（民法710）等之標的；不代替物則為使用借貸（民法464）、租賃（民法421）等之標的。

（五）消費物與非消費物

1.消費物

消費物，謂依物的通常使用方法，僅能使用一次即歸消失或不能再以同一目的或方法使用之物，例如食米、蔬菜、酒、水果、果汁、醬油、貨幣等。消費物為消費借貸（民法474）及消費寄託（民法602）之標的。

2.非消費物

依物的通常使用方法，可多次再以同一目的或方法而使用之物，例如房屋、汽車、機車、衣服、眼鏡、桌椅等。

3.區別實益

消費物為消費借貸（民法474）及消費寄託（民法602）之標的；非消費物為租賃（民法421）、使用借貸（民法464）及一般寄託契約（民法589）等之標的。

（六）特定物與不特定物

1. 特定物

特定物，謂依當事人意思**具體指定**的物，例如某A皮包、某B書、某C汽車等。

2. 不特定物

不特定物，謂當事人僅以種類、品質、數量**抽象指定**的物，例如某牌皮包1個、某牌某款汽車2輛、某書新版3本等。

3. 區別的標準與實益

特定物與不特定物的區別，在於當事人的**主觀意思**，即主觀標準。當事人得將代替物指定為特定物，如指定此瓶啤酒為特定物；亦得將客觀上不代替物指定為不特定物，如約定給付某區別墅任何一棟。

特定物為「特定之債」的標的，不特定物為「種類之債」（民法200、364）之標的。

（七）可分物與不可分物

1. 可分物

可分物，乃不因分割而顯然變更其性質或重大減損其價值的物，例如黃金、砂糖、土地等。

2. 不可分物

不可分物，乃因分割而顯然變更其性質或重大減損其價值的物，例如鑽石、油畫、耳環、馬匹、書籍等。

3. 區別實益

在多數人的債（債權或債務），若其標的為可分物時，則為可分的債（民法271）；若其標的為不可分物時，則為不可分的債（民法292）。

給付標的物為可分物時，得為分期給付（民法318）；共有物的裁判分割，若其為可分物，得為原物分割，如為不可分物時，則須以變價分配為方法（民法824）。

（八）融通物與不融通物

1.融通物

融通物，謂得為私法上交易客體之物。物，原則上均為融通物，可作為買賣、借貸、租賃、贈與等交易的客體。

2.不融通物

不融通物，謂不得為私法上交易客體之物。不融通物因其特殊性質，基於公益上理由而完全或部分限制融通，即完全不能或僅得於限制範圍內成為交易的客體。不融通物雖不得作為交易的客體，有時亦得為私權的客體。[49]

（九）單一物、結合物與集合物

1.單一物

單一物，謂在外部型態上獨立**自成一體**的物，其兼指**自然的一體**，例如一顆鳳梨、一頭豬，以及**人為的一體**，例如一雙鞋、一件旗袍，此單一物的**構成部分**可能各不相同，但已喪失其個性而成為整體單一的物。

2.結合物

結合物，是由數個單一物結合而成的物，又稱為**合成物**，如一輛汽車、一棟房屋、一個吊鐘等。數個單一物結合成為一體，雖尚未喪失其個性，但已成為物的部分，為一物而非數物。

---

[49] 不融通物，傳統上分類如下：1.公務用物，為國家行政或財務等目的所使用之物，如行政機關的辦公廳、法院大廈、軍事設施等；2.公用物，為供一般大眾使用的物，如道路、公園、河川渠道、車站等；3.聖物、法物，乃供宗教上使用的物，如教堂、墓地、寺廟等；4.禁制物，為法律上禁止流通的物，其有相對禁止者，即僅禁止流通但不禁止私人所有及持有者，例如猥褻的文書、圖畫（刑法235）、偽造的貨幣（刑法196）；另有絕對禁止者，即禁止流通並禁止私人所有或持有者，例如鴉片（刑法256）、武器（刑法186）等。參閱施啟揚，民法總則，2009年8月，231頁。

3.集合物

集合物,係為達成經濟上的共同目的,由多數單一物或結合物集合而成的物,又稱為**聚合物**,例如集合多數機械設備成為工廠,集合多數牛羊及農舍成為牧場,或集合各類圖書資料成為圖書館等。

4.區別實益

單一物與結合物在法律上為單獨的物件,為一個單獨所有權。至於集合物並非一般意義的物,基於**物權(標的)特定原則**(Spezialitätsprinzip),物權僅得存在於個別的物上,而不能存在於物的集合或尚未個別化的物上(一物一權原則),故除非法律有特別規定,集合物不得成為一個**物權行為**的標的物;惟集合物仍得成為一個**債權行為**的標的。[50]

例:甲將自己所有的B書屋連同其內藏書5,000本,出售並移轉所有權予買受人乙。就此,甲、乙間成立一個買賣契約(負擔行為),1個書屋的及5,000個書的所有權移轉契約(處分行為)。

---

[50] 施啓揚,民法總則,2009年8月,234頁。

第四章

法律行為

　　法律關係的變動，即權利義務的發生、變更或消滅，有二個原因：法律行為與法律規定。

第十六節　法律行為理論

　　法律行為理論為民法總則及債的核心，其理解對於民法的認識與適用最為重要。以下將擇要介紹法律行為理論的基礎與基本概念。

一、私法自治原則

（一）概說

　　在私法領域內，原則上由當事人依其意思而自決地變動（創設、變更及消滅）法律關係，個人應可以**自我決定**（Selbstbestimmung）與**自負責任**（Selbstverantwortung），而形成其法律關係。

　　在私（人）的生活範圍，法律制度應賦予個人盡可能大的自由，應盡量不對之施以監護（Bevormundung），使其得自由決定與何人形成何種內容的法律關係。[1]

　　在私法自治的原則下，法律就私法上生活關係，原則上不預設當事人應該遵循的強制規範，而承認當事人本於自由意思所為的表示，具有約束力，並對基於此種表示所形成的私法上生活關係，賦予法律上的保護；[2]當事人得依其自由意思變動其私法上的法律關係。[3]

---

[1] *Köhler*, BGB Allgemeiner Teil, 2019, § 5 Rn. 1.

[2] 詹森林，私法自治原則之理論與實務——台灣法治發展之情形，民事法理與判決研究，1998年11月，2-3頁。

[3] 王澤鑑，民法總則，2014年2月，268頁；詹森林，私法自治原則之理論與實務——台灣法治發展之情形，民事法理與判決研究，1998年11月，2頁。

（二）契約自由

私法自治 ⟹ 契約自由 （Privatautonomie）（Vertragsfreiheit）	締約自由 （Abschlussfreiheit）	自由決定是否（ob）及與何人（mit wem）締結契約
	內容自由 （Inhaltsfreiheit）	自由決定締結的契約有何內容（Inhalt）
	方式自由 （Formfreiheit）	自由決定以何種方式（Form）締結契約

在私法自治基礎上的法律制度中，契約是個人滿足其需要之基本的塑造工具。因此，私法自治首先即意謂著契約自由，個人得自由決定是否及與何人，締結何內容的契約，並且決定以何種方式締結契約。[4]

在政治上的重要性，私法自治及契約自由尤其表現在給付與貨物交換的範圍，亦即在經濟領域。承認私法自治就表示，**經濟程序**的操控，原則上應該非透過**國家**，而是透過**競爭**（Wettbewerb），以作為個人自由決定之表示與總和。[5]

（三）私法自治的限制

然而，法律制度不能毫無限制地保障私法自治，而是必須使個人與團體間的不同利益得到平衡。只是關於私法自治的界限究竟在哪裡的觀念，卻是隨著時間的演進而改變。

我國民法採為立法例的德國民法典（BGB），是形成於一個對個人經濟活動自由之上層障礙廣泛被排除的時代：**職業自由**（Gewerbefreiheit）與**自由的工作場所選擇**（freie Arbeitsplatzwahl）受到保障、對於成立**商業會社**（公司）的官方許可制度被廢除，以及私所有權的**自由處分**受到確保。在當時，被認為在正義觀點下，也看不出有透過其民法予以限制的理由；當時德國人普遍相信，**競爭**本身將造成公平的利益

---

[4] *Köhler*, BGB Allgemeiner Teil, 2019, § 5 Rn. 1.

[5] *Köhler*, BGB Allgemeiner Teil, 2019, § 5 Rn. 1.

平衡及充分的貨物供給。個人應該照顧自己，故邏輯上僅有當其不具備自由意思的自我決定時，才為避免遭受交易的風險而受到保護，例如未擁有參與法律上交易之必要的成熟智識（§§ 104 ff. BGB[6]），或其表示受到意思瑕疵所影響（§§ 116 ff. BGB[7]）。就契約的內容，除有利於經濟上弱者的個別強制保護規定外，僅設有外在的限制（§§ 134, 138 BGB[8]）。[9]

　　然而隨著時間的演進，人們逐漸認清一個事實：在契約當事人一方有**經濟上優勢**的情形，**契約自由**及對自由成立的契約之**法律上認可**，能被改變功能而成為支配另一方的工具。人們體會到，唯有在接近**經濟平等**的地方，契約自由才能達到其真正目的，也就是人的**自我實現**（Selbstverwirklichung），以及唯有於事實上存在有**競爭與機會平等**（Wettbewerb und Chanchengleichheit）的地方，契約自由才能發揮其功能。正因如此，私法自治的進一步限制，今日已普遍被認為是必要的。[10]

1.締約自由的限制

　　民法中設有對法律行為及締契自由的限制規定，依其保護對象略述如下：

(1) 為保護行為人：例如民法第75條至第85條是為保護未成年人；民法第86條至第93條主要保護表意人的自決與意思自由；民法第73條、第166條、第166條之1、第756條之1第2項等規定，均在保護行為人的一方或雙方。

(2) 為保護第三人：為防止獨占壟斷所衍生的弊端，使每個人能獲取生活上所必需的貨物或服務，以矯正契約自由的流弊；如第三人依賴某人的給付，而其給付也是可期待的，此人之拒絕締約的自由（消極的締約自由）必須受到限制，其限制方式為**締約強制**

---

[6] 相當於我民法第75條以下規定。

[7] 相當於我民法第86條以下規定。

[8] 相當於我民法第71條、第72條及第74條規定。

[9] *Köhler*, BGB Allgemeiner Teil, 2019, § 5 Rn. 2.

[10] *Köhler*, BGB Allgemeiner Teil, 2019, § 5 Rn. 2.

（Kontrahierungszwang），且通常為**承諾**的強制，即個人或企業對於相對人締約的請求（要約），負有與之簽訂契約的義務，亦即有**承諾義務**。[11]

2. 內容自由的限制

除締契自由的限制規定外，民法中亦設有針對一定法律行為及契約內容的限制規定。

(1) 為保護契約相對人：為了保護契約相對人，通常為訂約能力上處於相對弱勢的一方，例如租賃、僱傭、旅遊等所設的保護規定；定型化條款的管制（民法247之1、消保法11以下），目的亦是在保護該定型化契約的相對人。

(2) 為保護第三人或社會大眾：為了保護第三人或社會大眾，民法對於法律行為或契約的內容設有限制規定（民法71、72、73）；公平交易法對限制競爭契約的禁止（公交法10、14），目的在於保護社會大眾能享受交易充分競爭的利益。

二、法律行為理論與信賴

私法法律關係的變動，或因法律規定，或因法律行為。個人透過法律行為，自決地形成法律關係，因而法律行為必須有法律上拘束力，這是法律行為與人類的其他行為方式之差別所在。行為人受到自己法律行為的表示所拘束；那些權利範圍受到該行為人的表示所影響的人，必須可以堅持該表示（主張該表示的效力），而行為人自己也可以主張該表示及其導致的法律效力（Rechtswirkung）。[12]

（一）法律行為理論

為何承認法律行為有法律上拘束力，學說上有二種主要的不同觀點：

---

[11] *Köhler*, BGB Allgemeiner Teil, 2019, § 5 Rn. 2 und § 8 Rn. 44 ff.

[12] *Köhler*, BGB Allgemeiner Teil, 2019, § 5 Rn. 3.

1. 信賴說

信賴說（Vertrauensgedanke）主張，承認法律行為有法律上拘束力，是因為周遭的人必須能夠信賴表意人的意思表示。

2. 自決說

自決說（Selbstbestimmung）認為，信賴觀點在普遍性上並不正確，簡單的例子如遺囑，即使除立遺囑人外，無他人知道該遺囑的存在，該遺囑仍然可以有效（民法1189、1190）。所以，自決意思才是國家承認法律行為有法律上拘束力的法源，即其拘束力的基礎在於行為人的自決。[13]

（二）法律行為理論的責任

縱使採自決說者也不認為，唯有客觀上得作為自決行動解讀的行為，亦出自於內心意思，才會有自決行為的存在。因為自決的可能性，包含自負責任在內；就此點而言，信賴觀點有其理由。不過，個人必須在什麼範圍承擔其有瑕疵自決的風險，是一個對立利益評價的問題；對此問題的回答，可能各個不同的私法制度有不同的答案。訂出得以什麼形式利用自決的可能性之法則，同樣也是各該法律制度的任務。法律行為理論（Rechtsgeschäftslehre）的基石為意思表示、法律行為及契約，而此理論的責任，則在闡述法律行為的各種**要件**及其**形式**。

（三）信賴保護與信賴責任理論

1. 信賴保護

如果一個人應該能夠作負責任的決定並能夠自己負責地塑造其法律與生活關係，則他必須盡量地能夠信賴別人的行為及由別人所造成的關係。否則，他的決定可能喪失基礎而失其意義。所以，信賴保護（Vertrauenschutz）如同責任原則（Verantwortungsprinzip），亦是倫理上

---

[13] *Köhler*, BGB Allgemeiner Teil, 2019, § 5 Rn. 3.

獨立人格的結果。[14]

　　保護對於一個意思表示存在的表象、一定文書及登記的信賴，並非如維護誠實信用（Treu und Glauben）的要求一樣，有法律倫理上的理由；其經常僅是提高法律行為交易安全的法律倫理上方法。由此點可看出，我國採為立法例的德國民法典努力促使各種貨物及給付的容易銷售之特質；其債務法創造廣泛的方式自由及有流通能力的有價證券，也是立於相同的基礎上。由此可證明，德國民法典為該時代的產物，盡量除去商業交易的阻礙。信賴保護是德國法律制度的基本原則之一，[15] 而繼受德國法律制度的我國，信賴保護也是民法上的一個重要原則。

2.信賴責任理論

　　基於信賴的保護，他人因自己的一定的行為舉動，而推論一定的法律關係存在，法律通常規定，行為人應為自己的行為負**擔保義務**（Einstandspflicht），此是私法自治的必要關連物，性質上是一種**信賴責任**。信賴責任理論的任務，在探究法律上重要舉動的各種形式，依據現存的成文法或習慣法的規定，並配合法律行為理論的基本價值，而塑造出一般原則。[16]

三、法律行為理論的基本概念

（一）法律行為概念

　　法律行為（Rechtsgeschäft），乃以**意思表示**（Willenserklärung）為要素，因意思表示而發生一定私法上效果的行為，其屬於**法律事實**的一種。

　　法律行為須至少含有一個意思表示，亦即將要發生一定私法上效果的

---

[14] *Larenz/Wolf*, Allgemeiner Teil des Bürgerlichen Rechts, 1997, § 2 Rn. 34.

[15] *Larenz/Wolf*, Allgemeiner Teil des Bürgerlichen Rechts, 1997, § 2 Rn. 36.

[16] *Köhler*, BGB Allgemeiner Teil, 2019, § 5 Rn. 4.

意思（所謂的法效意思）對外表達（Willensäußerung）。意思表示是法律行為的核心，但與法律行為並非同一；然而，民法中常有將法律行為與意思表示當作同一概念的情形，例如第114條規定。有時法律行為僅有一個意思表示，如撤銷表示、承認表示（民法116）、契約的解除表示（民法258）；法律行為常含有數個意思表示，例如契約、共同行為。

例：甲與乙訂立A車的買賣契約，此契約包括甲的意思表示及乙的意思表示。

　　法律行為，係私法自治最主要的方法或工具，藉由**法律行為**，當事人得自主地決定涉及自己的法律關係，而發生一定的權利與義務。

◇法律事實的種類

法律事實	行為	合法行為	表示行為	知的表示（觀念通知），例：承諾遲到通知（民法159）	準法律行為
				情的表示（感情表示），例：宥恕（民法1053、1145 II）	
			意的表示	意思通知，例：催告（民法80、229 II、254）[17]	
				意思表示，屬法律行為的一般成立要件（民法75-98）	
		事實行為	無因管理（民法172）；加工（民法814）；遺失物拾得（民法803）；埋藏物發現（民法808）		
		違法行為	侵權行為（民法184以下）		
			債務不履行（民法225以下、266以下）		
	非行為	自然事件	天然孳息的分離（民法70 I）；人的出生、死亡（民法6、1147）		
		自然狀態	物的混合（民法813）、成年（民法12）		

---

[17] 參閱最高法院85年度台上字第1516號判決（支付租金的催告）、88年度台上字第2476號判決（天然氣的繳費通知）；孫森焱，民法債編總論（下），2004年1月修訂版，545頁。

表示行為，是將人的心理狀態（知、情、意）對外表示的行為，其以行為人表示一定的法效意思為必要者，稱為法律行為；其不以行為人表示一定的法效意思者，稱為準法律行為或類似法律行為。

（二）準法律行為與事實行為

二種應與法律行為區別之在法律上重要的行為形式：準法律行為、事實行為。

1.準法律行為

準法律行為，又稱**類似法律行為**（geschäftsähnlichen Handlung），是法律賦予該表示人未必想要的法律效果之意思表達（Willensäußerungen）或通知（Mitteilungen），其無須表示人的法效意思。[18] 因準法律行為屬於表示行為，因此亦可解釋為人類除意思表示以外，其他一定的**心理狀態**之表示，而依其表達內容可分為知、情、意的三種表示行為。

(1)觀念通知

知的表示，又稱觀念通知，係表示人對一定事實的認識或觀念所為之表示，例如社員總會的召集通知（民法51）、義務人對請求權的承認（民法129 I ②）、[19] 在表見代理之由自己表示以代理權授與他人的行為（民法169）、債權讓與的通知（民法297）。[20]

(2)感情表示

情的表示，又稱感情表示或情感表示，係表示人為一定情感的表示，例如民法第1053條規定夫妻一方的宥恕、民法第1145條第2項規定被繼承人的宥恕。

(3)意思通知

意的表示，可再區分為意思表示及意思通知二者，前者為法律行為或

---

[18] *Brox/Walker*, Allgemeiner Teil des BGB, 2019, § 4 Rn. 27; *H. Köhler*, BGB Allgemeiner Teil, 2019, § 5 Rn. 7.

[19] 最高法院26年鄂上字第32號判例（不再適用）、61年台上字第615號判例（舊）。

[20] 最高法院28年上字第1284號判例（不再適用）。

法律行為的要素，後者則屬於準法律行為。

　　意思通知是表示人為一定期望的表示，例如催告（民法80、229 II、254）、請求權人對義務人的請求（民法129 I ①），或對要約的拒絕（民法155）。[21]

> 例：A公司於氣費收入通知單（即繳費通知單）上載明被甲使用天然氣的數量、應繳總金額及繳款期限等項，送交予甲，性質上屬於債務履行的「催告」，即請求甲給付的「**意思通知**」，並非構成法律行為要素的「**意思表示**」。該通知單記載的天然氣費金額較甲實際應繳者短少，僅該短載部分不發生催告（請求）的效力而已，甲就該短載部分所負的天然氣費債務，並不因而歸於消滅。[22]

　　準法律行為與法律行為的主要差別，在於其因**法律規定**而發生一定效果，不問當事人內心的法效意思。因準法律行為也是表示一定的心理狀態於外部，類似於法律行為，在法律對其方式或要件等未設規定的情形下，原則上應**準用**（類推適用：Analogie）法律行為的規定，例如由無行為能力人或於無意識狀態下所為的意思通知，無效（類推適用民法75）。[23] 因其與法律行為相類似，又原則上得準用關於法律行為的規定，而被稱為**準法律行為**或**類似法律行為**。[24]

---

[21] 施啟揚，民法總則，2009年8月，236頁；孫森焱，民法債編總論（下），2004年1月修訂版，545頁。

[22] 最高法院88年度台上字第2476號判決。

[23] *Brox/Walker*, Allgemeiner Teil des BGB, 2019, § 4 Rn. 27.

[24] 洪遜欣，中國民法總則，1981年9月修訂三版，235-237頁；王澤鑑，民法總則，2014年2月，282頁。

> 例：乙對甲負有給付A的債務卻遲未履行，甲催告乙為給付。如乙經催告仍未給付，自受催告時起負遲延責任（民法229 II），得請求因給付遲延所生損害的賠償。此一法律效果因該甲的催告（意思通知）而發生，至於甲於催告時知不知或要不要有此法律效果，無影響。

2. 事實行為

事實行為（Realakt），稱自然人之發生一定法律效果的事實上行為。因其非為表示行為，而與心理狀態無關，所以其法律效果亦不受行為人的意思及行為能力之影響，例如無因管理（民法172）、無主物的先占（民法802）、遺失物的拾得（民法803）、加工（民法814但書）。

> 例：6歲的甲撿到一個鑽石戒指R，將它交給父親乙，乙帶甲及R一起到附近警局P，將R交給值勤員警丙招領。甲雖無行為能力，但並不影響其因拾得遺失物而取得報酬請求權或其他相關權利（民法805 II、807）。

> 例：雕刻家甲看到工作室中一塊原木W，不知是所有人乙寄放的（市價2萬元），突生靈感將其雕刻成一尊栩栩如生的媽祖雕像，有100萬元的市價行情。甲因加工（事實行為）而取得該由W雕成的媽祖雕像之所有權（民法814但書）。

如果事實行為亦對於行為人產生法律上不利益，例如占有的拋棄（民法771、964），則行為人原則上必須有限制的行為能力及識別能力（判斷能力）。[25]

---

[25] *Köhler*, BGB Allgemeiner Teil, 2019, § 5 Rn. 7.

四、法律行為的分類

法律行為可依不同標準，作各種不同分類，以下擇要介紹。

（一）單方行為、多方行為

1.單方行為、多方行為

法律行為依其參與人，可區分為單方（一方）與多方行為（einseitige und mehrseitige Rechtsgeschäfte）；前者亦稱單獨行為，後者再依其多數意思表示彼此關係，又分為契約（Vertrag）與共同行為（德國學說再分為 Gesamtakt 及 Beschluss）。

2.單獨行為

單獨行為，乃基於當事人一方的（單一）意思表示而成立的法律行為，其僅實現一人的意思。例如撤銷（民法88、92）、承認（民法118）、授權行為（民法167）、物權的拋棄（民法764 I）、遺贈（民法1160）、[26] 立遺囑（民法1186）。懸賞廣告（民法164）性質上原屬於單獨行為，但因民法將其規定於債編通則的契約款中，因此國內通說將其劃歸為契約。

> 契約的合意終止為**契約行為**，法定或約定**終止權**（形成權）的行使則為**單獨行為**，後者發生效力與否，端視有無法定或約定終止的事由存在，既無待他方當事人的承諾，自不因他方當事人的同意或未為反對的意思表示而成為合意終止。

3.契約

契約或稱雙方行為，乃基於二個對立（wechselseitig）但一致的

---

[26] 最高法院95年度台上字第817號判決。

（übereinstimmend）意思表示（要約及承諾）[27]而成立的法律行為。例如買賣契約（民法345）、贈與契約（民法406）、租賃契約（民法421）。契約的當事人雖多為二人，但亦得為多數人。

4. 共同行為

共同行為，亦有稱之為合同行為者。[28] 國內通說將基於二個以上平行的（gleich gerichtet）意思表思而成立的法律行為，泛稱為共同行為。

德國學說將平行的意思表示分為二種，其一，於團體或公司中（一定比例的）成員共同一致的意思表示，稱為**決議**（Beschluss），例如社團的社員總會決議（民法52）、股份有限公司的股東會決議（公司法174）；其二，二個以上平行且一致的意思表思，始稱**共同行為**（Gesamtakt），例如共同承租人一致對出租人為終止租約表示。

（二）財產行為、身分行為

法律行為依其法律效果，主要為發生財產上或身分上效果，可區分為財產行為與身分行為。

1. 財產行為

財產行為，謂能發生財產法上效果的法律行為。例如買賣（民法345）、租賃（民法421）、物權移轉（民法758 II、761）。

2. 身分行為

身分行為，謂能發生身分法上效果的行為。又可區分為親屬行為，例如結婚（民法982）、認領（民法1065）、收養（民法1072），與繼承行為，例如為限定繼承（舊民法1154）、拋棄繼承（民法1174）。

---

[27] 最高法院109年度台上字第2957號判決：要約，係以訂立契約為目的之須受領的意思表示，且其內容需確定或可得確定而包括契約必要之點，得因相對人之承諾而成立契約。

[28] 例如王澤鑑，民法總則，2014年2月，363、400頁。合同意謂意思表示的合致，即為契約，在中國大陸法律上稱契約為「合同」，故不宜稱之為「合同行為」。

◇法律行爲依其效果分類

法律行為			例
財產行為	負擔行為	債權行為	民法345買賣契約、民法421租賃契約
	處分行為	物權行為	民法758 II物權契約、民法761讓與合意
		準物權行為	民法294債權讓與、民法343債務免除
身分行為			民法982結婚、民法1065認領

（三）負擔行為、處分行為

例：甲行經乙開的書店，在架上取了一份自由時報，甲拿一枚50元硬幣放在櫃台上；乙收下該硬幣，找給甲四枚10元硬幣；甲收下找的錢塞進口袋，帶著報紙轉身離去。甲、乙間共作了1個負擔行為、6個處分行為。

例：3月29日，甲以45萬元出售其已使用二年多的A車給乙。因甲在4月上旬仍需用該車，而乙則在5月要用該車全家出遊，二人約定，在4月20日付錢及交車。4月15日，丙向甲出價50萬元求售該A車，甲表示同意，但未交車予丙。乙得向甲要求交付該A車並移轉所有權（民法348 I）。

　　財產行為，依其效力，可進一步再區分為負擔行為與處分行為。

1.負擔行為

　　負擔行為（Verpflichtungsgeschäfte）即**債權行爲**，係以發生債權、債務為內容（效果）的法律行為，亦即使給付義務（Verpflichtung zu einer Leistung）發生的法律行為。所有的債權契約均屬於負擔行為，尤其是民法債編所規定的有名契約。例如買賣（民法345）、贈與（民法406）、租賃（民法421）、關於不動產的負擔行為（民法166之1）。負擔行為使債務發生，其須經由給付而被履行（民法199）。

2.處分行為

處分行為，係直接使一定的權利**變動**（發生、變更、消滅；不包括債權債務的發生）的法律行為，包括**物權行為**及**準物權行為**，例如無權處分（民法118）、不動產物權的移轉或設定行為（民法758）、[29] 動產物權的讓與合意（民法761）。基於**標的物特定原則**（Späzialitätsprinzip），處分行為之標的物須為特定物，且就數物為處分，須為相同數目之處分行為。

處分行為與其原因行為（例如負擔行為）分離，此為處分行為與負擔行為**分離原則**（Trennungsprinzip），且其效力亦不受到其原因行為是否成立或生效而影響，是為處分行為的**無因原則**或**無因性原則**（Abstraktionsprinzip）。[30]

「**處分行為**」係指直接使權利移轉、變更、增加負擔及消滅之行為而言，故一般「**負擔行為**」（債權行為）不包括在內，從而買賣非屬處分行為。[31]

按民法第767條中段所規定之所有權妨害除去請求權，係所有人或依法律規定得行使所有權之人，對於無占有之正當權源而以占有所有物以外之方法而妨害其所有權者，行使妨害除去請求權之規定。故行使此請求權人之主體，須為所有人或依法律規定得行使所有權之人

---

[29] 最高法院70年台上字第453號判例（舊）；王澤鑑，論移轉不動產物權之書面契約，收錄於：氏著「民法學說與判例研究（七）」，1992年9月，199-202頁。

[30] 分離原則為無因原則的基礎，其所涉及的問題是，處分行為的生效是否取決於負擔行為的生效。在有因原則（Kausalprinzip）下，處分行為的生效取決於負擔行為的生效；相對地在無因原則下，處分行為的生效，不受其原因行為的負擔行為是否生效而影響。參閱陳自強，台灣民法百年，月旦法學雜誌186期，115-116頁。按在德國所謂的Abstraktionsprinzip，或可譯成抽象原則，指負擔行為與處分行為的法律上效力相互獨立，參閱*Köhler*, BGB Allgemeiner Teil, 2019, § 5 Rn. 14。

[31] 最高法院104年度台上字第473號判決。

（諸如破產管理人、遺產管理人、失蹤人之財產管理人、代位權人或國有財產之管理機關之類），始得為之。又當事人透過債權行為（如買賣、贈與）及物權行為（如移轉所有權登記）而完成其交易行為者，該債權行為雖成為物權行為之原因，惟基於**物權行為之無因性**，該債權行為於物權行為完成後，即自物權行為中抽離，物權行為之效力，尚不因債權行為（**原因行為**）不存在、撤銷或無效而受影響。易言之，債權行為之效力並不能左右物權行為之效力。於此情形，原所有權人因物權之變動而喪失之所有權，除物權行為本身亦有不成立、無效或撤銷之事由外，僅得依不當得利或其他之規定（如民法第113條）另請求救濟，而不得再行使民法第767條（第1項）所規定之權利。[32]

處分行為可再分為物權行為、準物權行為。

(1) 物權行為：能使**物權**直接變動效果的法律行為。相對地，債權行為（負擔行為）僅可使債權人取得債權（請求權），而不會使（標的）權利直接變動，例如物權移轉（民法758、761）、抵押權發生（民法860以下）。基於物權的公示原則（Publizitätsprinzip），原則上動產應**交付**（民法761）、不動產應經**登記**（民法758 I），其物權行為才會生效，即分別以交付或登記為（特別的）生效要件。

抵押權的設定為**物權行為**，與債權行為相互分離，獨立於債權行為之外，其法律行為的構成，不僅行為人內心想法有欲藉其表示發生特定法律效果的主觀意思，即有為某法律效果的法效意思或效果意思；並須有表示行為，將內心的法效意思表示於外部。[33]

[32] 最高法院89年度台上字第2859號判決。
[33] 最高法院102年度台上字第2072號判決。

(2) 準物權行為：能使**物權以外的財產權**（債權、無體財產權）發生直接變動效果的法律行為，例如債權讓與（民法294）、債務承擔（民法301）、債務免除（民法343）、智慧財產權的移轉。

> 例：甲將所有的L地以200萬元賣給乙，雙方12月1日作成買賣契約公證書（民法166之1 I），同時甲將L地交付給乙、乙支付100萬元；12月20日雙方作成書面移轉契約，並向地政機關申請移轉登記（過戶），數日後完成登記。乙於12月1日即將L地出租於丙，並交付給丙使用，雙方未簽定書面租約。

◆**A物買賣及履行的法律行為**

```
甲 ◄──────► 乙（甲、乙合意，甲將A物以1000元賣給乙）
   A的買賣契約（民法345）：負擔行為
A ◄──────► （甲、乙合意，甲將A物交付並所有權移轉給乙）
   A的所有權移轉契約（民法761 I）：處分行為（物權行為）
   ──────► 1000元鈔
   1000元鈔的所有權移轉契約（甲、乙合意，乙將1000元鈔交付並所有權移轉給甲）
   （民法761 I）
```

（四）要式行為、不要式行為

依該法律行為須否踐行一定的方式，區分為：

1.要式行為

要式行為，指該法律行為的成立（或生效），除意思表示外，尚須遵照一定的方式。[34]

要式行為又可分為法定要式行為（民法73）與約定要式行為（民法166）。法定要式行為，例如設立社團的章程：書面（民法47）；設立財

---

[34] 鄭玉波、黃宗樂，民法總則，2008年9月，247頁；王澤鑑，民法總則，2014年2月，277、341頁。

團的捐助行為：書面（民法60）；不動產交易的負擔契約：公證書（民法166之1 I，尚未施行）；人事保證契約：書面（民法756之1 II）；不動產物權的設定或移轉：書面（民法758 II）；結婚：書面、二證人簽名及結婚登記（民法982）；協議離婚：書面、二證人簽名及離婚登記（民法1050）。

　　法定要式行為，不具備該法定方式，原則上為無效（民法73本文）；惟法律另規定該不具備法定方式的法律行為並非無效，則依該特別規定（民法73但）。此所指法律另有規定，例如民法第422條的不動產租賃契約；另民法第1079條第1項的收養不具備書面方式，第1079條之4亦規定為無效。

2. 不要式行為

　　不要式行為，指該法律行為的成立，只需當事人的意思表示，毋須踐行一定的方式。債權行為，原則上不要式。

（五）要物行為、不要物行為

　　依法律行為的成立，是否以交付標的物為必要，區分為：

1. 要物行為

　　要物行為的成立（特別成立要件說），[35] 除意思表示外，尚以標的物之交付為要件；民法設有規定者，例如使用借貸契約（民法464）、消費借貸契約（民法474）、寄託契約（民法589）、代物清償契約（民法319）。[36]

2. 不要物行為

　　不要物行為，又稱**諾成行為**，此行為的成立，只需意思表示，不以標

---

[35] 「特別成立要件說」為國內通說，以標的物的交付作為要物行為的特別成立要件。惟少數說支持「特別生效要件說」亦有相當理由，參閱廖家宏，論財產給付的要物契約，法學叢刊197期，2005年1月，129頁。

[36] 最高法院65年台上字第1300號判例（舊）、83年度台上字第890號判決。

的物之交付為必要。法律行為,一般皆為不要物行為。

(六) 有因行為、無因行為

財產給與行為的法律原因(causae),屬於法律行為的內容,依法律行為是否以原因的存在為必要,即是否得與其原因分離,區分為有因行為與無因行為。所謂原因,指其行為的目的,例如財產給與行為之目的可為清償、贈與、給與信用或其他。

1. 有因行為

有因行為,又稱**要因行為**,以**原因**(*causa*)為該法律行為的內在構成部分,亦即其原因的存在,為該法律行為成立的要素。有因行為具有目的取向,其目的不存在,即欠缺原因;其原因(目的)若欠缺,則該法律行為不成立。[37]債權行為原則上屬於有因行為;債權行為例外屬於無因行為者,例如債務拘束(Schuldversprechung)、債務承認(Schuldanerkenntnis)等。

2. 無因行為

無因行為,又稱**不要因行為**,其不以**原因**的存在,為法律行為成立的要素。例如**處分行為**(物權行為、準物權行為)、債權讓與契約(民法294)、債務拘束、債務承認、指示證券行為、**票據行為**(性質上為債權行為,依多數說屬於單獨行為)。[38]

> 不動產抵押權移轉登記行為係**物權行為**,具有**無因性**,義務人移轉該抵押權登記之債之原因縱有無效之情形,除其移轉不動產抵押權登記之物權行為本身有無效之原因外,該物權行為並不因之而無效。[39]

---

[37] 王澤鑑,民法總則,2014年2月,291頁。
[38] 最高法院88年度台上字第1189號判決。
[39] 最高法院103年度台上字第2653號判決。

（七）有償行為、無償行為

負擔行為（債權行為），依當事人是否約定有立於對價關係的給付，區分為：

1.有償行為

當事人約定一方為財產上的給付（Leistung），而取得對方的對待給付（Gegenleistung）作為對價之法律行為（契約），大部分的債權契約為有償行為，例如買賣（民法345 I）、租賃（民法421 I）。

2.無償行為

當事人約定一方為財產上的給付，而未取得對方的對待給付作為對價之法律行為，例如贈與（民法406）、使用借貸（民法464）、無利息的消費借貸（民法474 I、476 II）。

（八）生前行為、死因行為

依該法律行為生效時期，係在行為人生前或死亡時生效，區分為：

1.生前行為

行為人在生存時就發生效力的法律行為，法律行為通常為生前行為。

2.死因行為

因行為人死亡而發生效力的法律行為，例如立遺囑（民法1199）、遺贈（民法1201）。

（九）獨立行為、補助行為

依該法律行為是否有獨立的實質內容，區分為：

1. 獨立行為

本身具有實質內容，而無須其他法律行為補充的法律行為。

2. 補助行為

補助行為係一獨立行為的附屬行為，其促成該獨立法律發生效力，本身無實質內容，例如法定代理人對限制行為能力人處分特定財產的允許（民法84）、對效力未定的法律行為所為之承認（民法79、81、118）。

（十）主行為、從行為

依該法律行為是否能獨立存在，區分為：

1. 主行為

能獨立存在且發生效力的法律行為，法律行為大都是主行為。

2. 從行為

以他（主）行為的存在與有效為要件的法律行為。例如法律行為所附的條件或期限（民法99、102）。

第十七節　法律行為的要件

一、概說

法律行為（Rechtsgeschäft）是以意思表示為要素，因意思表示而發生一定私法上效果的行為（法律事實的一種）。法律行為要發生該一定私法上效果，必須具備一定的要件，即所謂法律行為的要件。通說將法律行為的要件，分為**成立要件**（或構成要件，Tatbestandsvoraussetzungen）與**生效要件**（Wirsamkeitsvoraussetzungen）二類；成立要件又分為一般的與特別的成立要件，生效要件亦分為一般的與特別的生效要件。[40]

法律行為的「不成立」、「無效」或「不生效力」，使該法律行為

---

[40] *H. Köhler*, BGB Allgemeiner Teil, 2019, § 5 Rn. 6；王澤鑑，民法總則，2014年2月，277-279頁；施啓揚，民法總則，2009年8月，239-240頁；邱聰智，民法總則（上），2005年，457頁；最高法院92年度台上字第1174號判決。

當事人所期待的法律效果，同樣都不會發生，就此結果而言雖無差別，但仍應區分成立要件與生效要件，其理由如下：邏輯上，欠缺法律行為的成立要件，法律行為即不存在，沒有生效與否的問題；一個法律上具備成立要件的法律行為，其是否生效，取決於其生效要件；法律行為欠缺成立要件的瑕疵，不能因補正而治療，欠缺生效要件的瑕疵才可能因補正而治療。[41]

　　我國民法中有「不成立」與「無效」的不同規定，例如民法第71條、第72條、第166條、第464條、第474條等，而實務上亦常作此區分，例如最高法院即曾表示，股東會決議的瑕疵，與法律行為的瑕疵相近，有「不成立、無效、得撤銷」等態樣；所謂決議不成立，係指自決議的成立過程觀之，顯然違反法令，在法律上不能認為有股東會召開或有決議成立的情形而言；因必須先有符合「成立要件」的股東會決議存在，始有探究股東會決議是否有「無效或得撤銷」事由的必要，故「股東會決議不成立」應為股東會決議瑕疵的獨立類型。[42]

◎ **法律行為的要件**

成立要件	一般成立要件	當事人	民法6、7、26、27
		標的（內容）	
		意思表示	民法75、94-98
	特別成立要件	要式行為的遵照方式	民法73、166、982 I、1050
		要物行為之標的物的交付	民法319、464、474、589
生效要件	一般生效要件	當事人有行為能力	民法75-85
		標的適當（確定、可能、適法、妥當）	民法246、71、72、74
		意思表示健全（無瑕疵）	民法86-93

---

[41] *H. Köhler*, BGB Allgemeiner Teil, 2019, § 5 Rn. 6.
[42] 最高法院92年度台上字第1174號判決。並參閱最高法院103年度第11次民事庭會議決議（二），2014年8月5日。

生效要件	特別生效要件	法定代理人的承認（事後同意）	民法79
		停止條件的成就、始期的屆至	民法99、102
		遺囑的立遺囑人死亡	民法1199

二、成立要件

（一）概念

　　法律行為的必要條件中，其屬於法律行為絕對不可或缺的構成內容（構成要件）者，稱為法律行為的**成立要件或構成要件**。[43]

（二）分類

1. 一般成立要件

　　所有法律行為均須具備之共通的成立要件，稱為一般成立要件。

(1) 當事人

　　法律行為是人（權利主體）的行為，當事人乃所有法律行為的必要條件。因該法律行為是一方或多方行為，當事人人數有所不同，例如契約有二個當事人。

例：甲受讓取得A股份有限公司的申購股票中籤通知書及繳款書，係乙以偽造姓名、身分證統一編號，利用虛構的人頭參與抽籤，該中籤書及繳款書所載的中籤人實際上不存在。A公司股票銷售係採抽籤方式，其性質為買賣，買賣契約須當事人意思表示一致始能成立，因此須有中籤人存在，始能意思表示一致，而成立買賣契約。甲所

---

[43] 謝在全，物權行為之方式與成立要件，收錄於：楊與齡主編「民法總則爭議問題研究」，1999年9月，213頁。

持之中籤通知書，其中籤人既不存在，自不可能由此不存在的人為
買受人，故無從成立買賣契約。[44]

(2) 標的（內容）

法律行為之標的，即法律行為的內容，指行為人於行為時所要發生的
法律效果（一定法律關係的變動），例如發生某種債權債務關係、移轉某
動產的所有權。

(3) 意思表示

意思表示，乃行為人（表意人）把要發生一定私法上效果的意思，表
示於外部的行為。法律行為須至少含有一個意思表示，因此，意思表示被
歸類為法律行為的成立要件。

意思表示是法律行為的核心，但與法律行為並非同一；然而，民法中
常有將法律行為與意思表示當作同一概念的情形。有時法律行為僅有一個
意思表示，如撤銷表示、承認表示（民法116）、契約的解除表示（民法
258）；法律行為常含有數個意思表示，例如契約。

2. 特別成立要件

除所有法律行為須具備之一般成立要件外，個別法律行為額外須要具
備的成立要件，稱為特別成立要件。

(1) 遵照一定方式

為簡便法律交易，法律行為原則上不以一定方式為必要（方式自由原
則：Grundsatz der Formfreiheit），表意人或行為人得自由選擇其方式，如
以言詞、書面表達或以手勢。

法律行為有以具備一定方式為必要者，可能是基於法律規定或當事
人約定（法律行為）。依法律規定所必須具備的方式，為法定方式，例如
2019年增訂的民法第1113條之3第1項前段規定：「意定監護契約之訂立或

---

[44] 最高法院86年度台上字第565號判決。

變更，應由公證人作成公證書始為成立。」依當事人約定所必須具備的方式，為約定（或意定）方式，例如民法第166條規定：「契約當事人約定其契約須用一定方式者，在該方式未完成前，推定其契約不成立。」

法律行為的必要方式究竟是屬於法律行為的（特別）成立要件或生效要件，並無一致見解；我國民法的立法者本身觀點亦是搖擺不定，此可從民法第73條（無效）、第166條（不成立）、第166條之1（有效）、第1113條之3第1項前段（成立）等規定即可得知。

近年來國內多數說將法律行為的必要方式劃歸為法律行為的特別成立要件，新增訂條文民法第1113條之3第1項前段即採此見解；德國通說則將法律行為遵照一定方式劃歸為生效要件。[45]

涉及法律行為方式的規定，例如民法第73條、第166條、第166條之1、第756條之1第2項、第758條第2項、第899條之1第2項、第982條、第1007條、第1050條等。[46]

(2) 物的交付

原則上法律行為不以標的物的交付為其（成立或生效）要件；然民法中有以物的交付為法律行為要件之規定，而通說將該必要之物的交付劃歸為該法律行為的特別成立要件，例如民法第464條規定使用借貸、第474條規定消費借貸、第589條規定寄託等契約，亦均以特別成立要件說為出發點。[47]

（三）欠缺成立要件的效果

法律行為欠缺成立要件，因該法律行為尚「**不成立**」，不存在法律行

---

[45] *Brox/Walker*, Allgemeiner Teil des BGB, 2019, § 13 Rn. 1 ff.; *Köhler*, BGB Allgemeiner Teil, 2019, § 5 Rn. 6.

[46] 王澤鑑，民法總則，2014年2月，277-278、343-344頁；施啓揚，民法總則，2009年8月，240頁。

[47] 過去有特別生效要件說與特別成立要件說的爭議，1999年民法債編修正，明確採取特別成立要件說。

為，自然不能發生該法律行為所得預期的法律效果；就此不生效力而言，與法律行為的無效相同。如上所述，法律行為欠缺成立要件，此瑕疵無法因補正而治療。惟國內有學者認為，如該原欠缺的成立要件嗣後具備，進而使該法律行為成立，則仍有可能發生預期的法律效果；就此仍得生效而言，與法律行為的確定無效不同。[48]

　　民法第166條規定欠缺**約定方式**的契約，**推定不成立**；其立法理由指出，此約定方式屬於契約的成立要件，採成立要件說。然民法第73條卻規定：「法律行為，不依**法定方式**者，無效。」似乎採生效要件說。如依國內多數說的「特別成立要件說」，此類欠缺法定方式的法律行為，係欠缺特別成立要件，其效果應是「不成立」，而非「無效」。[49] 2019年增訂民法第1113條之3第1項前段規定：「意定監護契約之訂立或變更，應由公證人作成公證書始為成立。」明確將公證書的作成，劃歸為意定監護契約的特別成立要件。

三、生效要件

（一）概念

　　法律行為的要件，即其合法生效所不可或缺的條件中，不屬於法律行為的成立要件（構成要件）者，即處於該法律行為以外的要件，稱為法律行為的**生效要件**。[50]

---

[48] 李模，民法總則之理論與實用，1998年9月，249頁。

[49] 孫森焱，民法債編總論（上），2018年11月修訂版，67頁表示，民法第73條規定為無效，是因為立法者「將成立要件與生效要件混淆」。

[50] 謝在全，物權行為之方式與成立要件，收錄於：楊與齡主編「民法總則爭議問題研究」，1999年9月，213頁。

（二）分類

1. 一般生效要件

(1)當事人有行為能力

　　法律行為的當事人原則上必須有行為能力，其法律行為始能發生效力（民法75-79）。

(2)標的（內容）適當

　　法律行為之標的（內容）須適當，即其標的必須確定（民法200、208）、可能（民法246）、合法（民法71）、妥當（民法72、74）。

(3)意思表示健全（無瑕疵）

　　構成法律行為要素的意思表示必須健全。所謂健全，即無瑕疵，指意思表示係自由的且一致的；若意思表示有不一致或不自由的情形，該意思表示即有瑕疵（民法86-92）。

2. 特別生效要件

　　除一般生效要件外，某些個別法律行為猶須具備某特定的生效要件，例如法定代理人的允許或承認（民法77、79）、停止條件的成就（民法99 I）、始期屆至（民法102 I）、本人受監護宣告（民法1113之3 III）、立遺囑人死亡（民法1199）。2019年增訂民法第1113條之3第3項規定：「意定監護契約於本人受監護宣告時，發生效力。」即明確將本人受監護宣告，規定為意定監護契約的特別生效要件。

（三）欠缺生效要件的效果

　　對於欠缺生效要件的法律行為，民法立法者基於瑕疵的嚴重性、未成年人保護、表意人或信賴保護與交易安全等不同的考量，選擇賦予不同的法律效果，依其情形分別規定該法律行為有效、有效但得撤銷、效力未定（不生效力）或無效（民法71-92、200、208、246）等不同效果。

第十八節　意思表示

一、概念

意思表示，乃行為人（表意人）把要發生一定私法上效果的內心意思（所謂的**法效意思**），對外作表示的行為。

屬於法律行為本質的法效意思之表達，原則上必須是意思表示，於例外情形也可以是**意思實現**（Willensbestätigung）。意思表示是為第三人得知而作的，它專注在通知（Mitteilung）、聯絡（Kommunikation）：誰作出一個意思表示，就是讓他人得知應發生一定的法律效果；意思實現並沒有這樣的一個讓他人得知的意思（表示意思），它雖然也表達出一定的法效意思，但並非透過有通知意義的行為。[51] 於僅涉及到行為人個人的法律關係時，則意思實現即足以使該法律關係變動，例如物權的拋棄（民法764 I）；另外，依習慣或依其事件的性質，承諾無須通知，或於要約人要約當時預先聲明承諾無須通知，在相當時期內，有可認為承諾的事實時，此意思實現亦得使契約成立（民法161）。無主物的先占（民法805）是何種性質，學說上有爭議，我國與德國的通說均認為是事實行為，[52] 瑞士學說上則有認為是意思實現。[53]

二、要素

◇ 意思表示的要素

```
法效意思 ⟹ 表示意識（意思）⟹ 行為意思 ⟹ 表示行為
```

---

[51] *A. Koller*, Schweizerisches Obligationenrcht, Allgemeiner Teil, 2009, § 3 Rn. 23.

[52] 王澤鑑，民法物權，2010年6月，238頁；德國通說亦然，*Jauernig/Berger*, BGB, § 958 Rn. 1。

[53] *A. Koller*, Schweizerisches Obligationenrcht, Allgemeiner Teil, 2009, § 3 Rn. 24-25.

（一）主觀要素

作為我國民法立法例的德國民法典，其立法者依當時心理學認知，將意思表示的內心意思區分為三部分：[54]

1. 法效意思（Geschäftswille; Rechtsfolgewille）

法效意思，又稱**效果意思**或**效力意思**，指行為人欲以自己的表示，而發生特定的法律效果之意思；換句話說，即欲成立一定的法律行為之意思。

例：甲要將自己的A車以43萬元出售給乙，卻誤寫成34萬元。此表示於外部的效果，非其內心所欲；就該「34萬元」的售價表示，甲有表示意思（表示意識），但無法效意思（效果意思）。

在民法上，法效意思並非意思表示的必要構成部分（要素），其欠缺並不會導致意思表示不存在，而是外部表示行為與內部意思不一致，屬於民法第88條關於錯誤規定的一種情形。[55]

2. 表示意識（Erklärungsbewusstsein）

表示意識，又稱**表示意思**（Erklärungswille），指行為人意識到，自己的行為係具有（任何）法律上重要性的表示。換句話說，表意人意識到自己的表示，可能被理解為具有法律上重要性，[56] 或意識到自己在從事某一法律上重要的行為。

表示意識，係內部的**效果意思**與外部的**表示行為**相聯絡的意思，現在德國多數說不再將**表示意識**（**表示意思**）認定是意思表示的要素（要件）：基此見解，對於欠缺表示意識所為的意思表示，為保護交易安全，

---

[54] *Brox/Walker*, Allgemeiner Teil des BGB, 2019, § 4 Rn. 16.

[55] 王澤鑑，民法總則，2014年2月，376頁。

[56] *D. Medicus*, Allgemeiner Teil des BGB, 2010, Rn. 605.

宜採**類推適用**關於表示行為錯誤的撤銷規定（民法88）之處理方法。[57] 惟我國學說上仍多將**表示意識**認定是意思表示的要素（要件）。[58]

例：在拍賣場所主持人丙喊價時，甲突然向對街的友人乙招手，而不自知舉手代表應買，甲欠缺為應買行為的表示意識（意思）。

例：丁不知桌上紙張為A商品的訂購單，在上面簽名並寄出。丁欠缺訂購A商品的表示意識。

---

3. **行為意思**（Handlungswille）

行為意思，指行為人意識到自己從事某外部的行為，即行為的意識，例如寫字、舉手、點頭的意思。在**睡覺**或**催眠狀態**下的動作，並無行為意思，原不可能成立意思表示；惟民法第75條後段規定，非無行為能力人的意思表示，若在**無意識**或**精神錯亂**中所為，亦與無行為能力人的意思表示同樣為**無效**。

例：買賣契約的要約人甲將乙催眠後，使其在契約書上為承諾表示並簽名。乙欠缺行為意思。

（二）**客觀要素**

法效意思藉由「對外表達」（Äußerung）而實現（所謂**表示行為**，Erklärungshandlung），即表意人所表現欲發生特定法律效果的意思，而

---

[57] BGH NJW 2005, 2620, 2621; *Brox/Walker*, Allgemeiner Teil des BGB, 2019, Rn. 85; *Köhler*, BGB Allgemeiner Teil, 2007, § 7 Rn. 5；王澤鑑，民法總則，2014年2月，376-377頁。

[58] 梅仲協，民法要義，1959年12月，63頁；鄭玉波、黃宗樂，民法總則，2008年9月，273頁；施啓揚，民法總則，2009年8月，272頁。

從外部可認識的舉動。從外部可認識的舉動，如可推知表意人的法效意思，其表示行為即存在。如欠缺外部的表示行為，其意思表示即**不成立**。

抵押權的設定為物權行為，與債權行為相互分離，獨立於債權行為之外，其法律行為的構成，不僅行為人內心想法有欲藉其表示發生一定法律效果的主觀意思，即有為某法律效果的法效意思（效果意思）；並須有表示行為，將內心的法效意思表示於外部。[59]

三、類型

（一）明示、默示的意思表示

意思	明示的意思表示
表示	默示的意思表示

從表意人外部可認識的舉動（表示行為），意思表示可依其方式區分為明示或默示兩類。

1. 明示的意思表示

明示的（ausdrücklich）意思表示，又稱直接的（direkt o. unmittelbar）意思表示，表意人以語言、文字、符號，或其他習用的表示方法，**直接**表示意思。

2. 默示的意思表示

默示的（konkludent）意思表示，又稱間接的（indirekt o. mittelbar）意思表示，表意人以使人推知的方法，**間接**表示意思。

上述德國關於意思表示的區分部分（構成要素）之見解，在國內亦普遍被採用。[60] 惟最高法院曾謂：「法律行為以意思表示為基礎，意思表示

---

[59] 最高法院102年度台上字第2072號判決。

[60] 吳從周，電子交易中意思表示之瑕疵，收錄於：姜世明主編「民事程序法焦點論壇第四卷——電子文書、及電子商務相關實體與程序問題之研析」，2018年11月，51-53頁。

由**效果意思**、**表示意思**及**表示行為**三要素構成。」[61] 將意思表示不可或缺的要素之一的**行為意思**（民法75後段）排除在外，是一個欠缺邏輯的不周延表達。

應與默示的意思表示嚴格區別的，是**單純的沉默**（Schweigen）。原則上單純的沉默既非同意，亦非拒絕，根本不是意思表示；僅於例外情形，可經**無所為**（Nichttun）表現其法效意思。若是當事人事先約定，或依法律規定，例如民法第386條、第387條、第530條等，尤其依**誠信原則**有表示義務時，例如長久商業往來的當事人之間，則沉默得被認定為意思表示。[62]

意思表示有明示及默示之分，前者係以言語文字或其他習用方法**直接**表示其意思，後者乃以其他方法**間接**的使人推知其意思。而默示之意思表示與**單純之沉默**有別，**單純之沉默**除經法律明定視為已有某種意思表示外，不得即認係表示行為。[63]

（二）有相對人、無相對人的意思表示

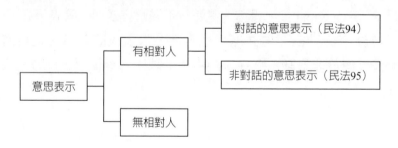

有相對人的意思表示，需相對人的**受領**才生效，意思表示通常為有

---

[61] 最高法院99年度台上字第204號判決。最高法院101年度台上字第1025號判決亦同。

[62] 並參閱施啟揚，民法總則，2009年8月，276-277頁。

[63] 最高法院102年度台上字第682號判決。

相對人的意思表示，例如契約的要約或承諾、終止租約的意思表示。無相對人的意思表示，則不需受領即可生效，例如動產所有權的拋棄（民法764）、遺囑（民法1189）。

有學者舉例社團的社員總會之決議為無相對人的意思表示[64]，本書則認為，社員總會之決議是由一定數量的社員意思表示所構成的一個法律行為，在台灣被劃歸共同行為[65]、在德國為決議（Beschluss），而社員行使表決權的意思表示，應是有相對人的意思表示。

（三）對話、非對話的意思表示

依當事人彼此間是否**直接溝通**為標準，意思表示區分為對話與非對話的意思表示。

1. 對話的意思表示

表意人與相對人直接表示意思，而溝通意見（**直接溝通**），例如面對面以言詞、手語、旗語表示意思，或以電話、**網路影音視訊**等表示意思。

2. 非對話的意思表示

表意人與相對人間接表示意思，而溝通意見（**間接溝通**），例如以函件、電子信件（e-mail）、書信、電報、手機留言或簡訊等表示意思。

以**傳真**（Telefax）方式為意思表示，當事人間並無法直接溝通意見，應認為屬於**非對話**；[66] 在會議中或上課中透過傳遞紙條方式表達意思，亦同。[67]

---

[64] 鄭玉波、黃宗樂，民法總則，2008年9月，274頁。

[65] 王澤鑑，民法總則，2014年2月，214頁。

[66] 相同見解，王澤鑑，民法總則，2014年2月，385、387頁。不同見解，施啓揚，民法總則，2009年8月，277頁認為以傳真表示意思屬於「對話」的表示意思。

[67] 通說，王澤鑑，民法總則，2014年2月，385頁；施啓揚，民法總則，2009年8月，277頁。

（四）對特定人、對不特定人的意思表示

意思	對特定人的意思表示
表示	對不特定人的意思表示（民法164以下）

以意思表示的對象是否**特定**，區分對特定人與對不特定人的意思表示，後者例如懸賞廣告（民法164）、設置自動販賣機，均是對不特定人為要約（*Offerte ad incertas personas*）。

四、生效

雖民法僅於第95條第2項有使用「發出」（Abgabe）此一概念，但不可忽略其對意思表示具有重要功能：首先，表意人為意思表示，須將其意思表示發出，即意思表示的生效，以發出為要件。其次，認定表意人是否有行為能力，應以意思表示的發出時為準；表意人於其意思表示發出後死亡或喪失行為能力或其行為能力受限制，其意思表示，並不因之而失其效力（民法95 II）；至於意思表示有無錯誤，亦以其發出時為認定標準。[68]

意思表示的生效，雖以發出為要件，但卻僅有極少數意思表示得於發出時即生效；通常除發出外，尚須加上其他條件，意思表示才得以生效。

（一）時點

◆意思表示的生效時點

相對人	方式	意思表示的生效時點
無相對人		表示主義：表示時；例外：民法第1199條
有相對人	對話	了解主義（民法94）：相對人了解時
	非對話	到達主義（民法95 I）：意思表示已置於相對人所可能支配的範圍，[69]亦即已經使相對人居於可了解的地位[70]

[68] 王澤鑑，民法總則，2014年2月，381頁。
[69] 最高法院58年台上字第715號判例（舊）。
[70] 最高法院54年台上字第952號判例（舊）。

1. 無相對人的意思表示

　　無相對人的，不以受領為必要（nicht empfangsbedürftig），原則上於**發出即對外表示時發生效力**（**表示主義**），例如動產所有權的拋棄（民法764）；例外：遺囑於立遺囑人死亡時生效（民法1199），因遺囑屬於死因行為。

2. 有相對人的意思表示

　　有相對人的意思表示，則以受領為必要（empfangsbedürftig），民法第94條及第95條區分為下列二種：

(1) 對話：對話為意思表示，其意思表示，以相對人**了解**時（**了解主義**），發生效力（民法94）。如果受領人沒有聽到、沒有聽清楚或聽不懂（包括語言因素），該意思表示即不生效力。

(2) 非對話：非對話而為意思表示，其意思表示，原則上以通知**達到**（Zugang）相對人時，發生效力（**到達主義**）；例外：撤回的通知，與該意思表示**同時**，或較之**先時**到達，則該意思表示即因撤回而確定不生效力（民法95 I）。所謂達到，係指意思表示達到相對人的支配範圍，置於相對人隨時可了解其內容之客觀的狀態而言。[71] 意思表示的通知僅使相對人已居可了解的地位即為已足，並非須使相對人取得占有，故其通知已送達於相對人的居住所或營業所者，即為達到，不必交付相對人本人或其代理人，亦不問相對人閱讀與否，該通知即可發生為意思表示的效力；[72] 若表意人以書信為意思表示（或意思通知），該書信達到相對人，相對人無正當理由而拒絕接收，或相對人已受郵局通知得前往領取書信（郵件）的（最早）時間，該書信既已達到相對人的支配範圍內，相對人處於隨時可以了解其內容的狀態，

---

[71] 最高法院58年台上字第715號判例（舊）、96年度台上字第2792號裁定、86年度台抗字第628號裁定。

[72] 最高法院54年台上字第952號判例（舊）。

應認為已達到而發生效力。[73]惟最高法院於2021年裁判見解增加了排除上述原則的例外情形，如相對人能證明其有不能領取該（掛號）郵件的正當理由，即不於該通知得領取的最早時間生效。[74] 本書不贊同此新增例外排除。

> 民法第451條所謂表示反對之意思是否發生效力，自亦應分別對話或非對話，以相對人已否了解或通知已否達到相對人為斷（民法94-95）。[75]

實務上認為，民法第94條及第95條第1項不是強行規定，倘契約當事人對意思表示的方式及其效力有特別之約定，應從其約定。[76]

表意人於發出通知後死亡或喪失行為能力（例如受監護宣告）或其行為能力受限制（例如受輔助宣告），其意思表示，並不因之而失其效力（民法95 II）。

惟應注意的是，相對人有行為能力，才有受領意思表示的能力，表意人的意思表示方能因相對人**了解**或**達到**相對人（民法94、95 I）而生效；如向無受領意思表示能力的**無行為能力人**或**限制行為能力人**為意思表示，則以其通知達到法定代理人時，發生效力（民法96）。

另外，表意人非因自己的過失，不知相對人的姓名、居所者，得依民事訴訟法**公示送達**的規定，以公示送達為意思表示的通知（民法97、民訴法149-152、非訟事件法66）。

準法律行為的表示之生效，除法律有特別規定或當事人有特別約定外，準用民法第94條或第95條規定。

---

[73] 最高法院109年度台上大字第809號裁定、96年度台上字第2792號裁定、86年度台抗字第628號裁定、75年度台抗字第255號裁定；王澤鑑，民法總則，2014年2月，387頁。
[74] 最高法院109年度台上大字第809號裁定。
[75] 最高法院57年台上字第3647號判例（舊）。
[76] 最高法院89年台上字第2869號判例（舊）。

例：A（股）公司93年9月30日的董事會開會通知（觀念通知），係在公司法第204條所規定的期限前依董監事名冊所載各董事、監察人之住址為發送。至寄交股東甲的通知分別於93年8月3日及翌(4)日投遞至上訴人及其配偶乙的戶籍地○○市○○○街○○號及董事名冊所○○○市○○街○○號之○○址，但因無法投交，遂於同年月5日送交基隆市東信路郵局招領，招領期滿未領取，而於同年月26日於封面加蓋「招領逾期退回」的戳記，退還原寄件人，並有基隆郵局函為憑，則該通知已達到甲及其配偶乙的支配範圍內，甲及其配偶乙隨時可以了解其內容，應認該開會通知已送達而發生效力。[77]

　　針對意思表示的生效問題，德國民法典僅就相對人不在場（in dessen Abwesenheit）為規定，原則上於該意思表示通知到達（zugehen）相對人時生效（§ 130 I BGB）。就相對人在場（anwesen）情形則無規定，學說上依其採書面或口頭而不同處理，書面的意思表示於到達受領人時（Zugang beim Empfänger）生效；口頭的意思表示之生效時點認定標準，有**純粹的聽懂說**（reine Vernehmungstheorie）與**限制的聽懂說**（eingeschränkte Vernehmungstheorie）之不同見解，依前說必須受領人確實聽懂，意思表示才（因到達）生效，後說則修正前說，如該意思表示對受領人士可聽懂，表意人亦合理認為該受領人已經了解，雖然事實上該受領人並未聽懂，仍應以該意思表示已經到達而生效。[78]

3. 電子文件的意思表示

　　應以文書所為的意思表示，經相對人同意者，得以電子文件為表示方法（電子簽章法4 I）。

　　電子簽章法第4條第1項規定：「依法令規定應以文書為之者，如其

---

[77] 最高法院95年度台上字第2611號判決。

[78] *Brox/Walker*, Allgemeiner Teil des BGB, 2019, Rn. 21.

內容可完整呈現，並可於日後取出供查驗者，經相對人同意，得以**電子文件**為之。」

　　電子文件的**發文時間**：除另有約定或公告外，該電子文件進入**發文者無法控制**的資訊系統之時間（電子簽章法7 I）。

　　電子文件的**收文時間**：除另有約定或公告外，依收文者是否已指定收受的資訊系統而不同。此收文時間，可解釋為相當於民法第95條規定的「達到」時間。

(1) 收文者已指定收受的資訊系統，則該電子文件的收文時間為：

　　(a)進入指定的資訊系統：該電子文件的進入的時間。

　　(b)送至非指定的資訊系統：收文者取出該文件的時間（電子簽章法7 I ①）。

(2) 收文者未指定收受的資訊系統：該文件進入收文者的資訊系統之時間（電子簽章法7 I ②）。

◈ 電子文件的發文與收文時間

發文時間	收文時間		
電子文件進入發文者無法控制的資訊系統之時間	另有約定或公告	依該約定或公告所定時間	
	無約定或公告	收文者已指定收受資訊系統	進入指定資訊系統：文件進入的時間
			送至非指定資訊系統：收文者取出文件的時間
		收文者未指定收受資訊系統	文件進入收文者資訊系統的時間

（二）效力

1. 不可撤回

　　意思表示生效後，表意人開始受意思表示所拘束，而不得撤回（民法95 I但、154 I）。

2. 不因表意人死亡或喪失行為能力而受影響

表意人於發出通知後死亡或喪失行為能力或其行為能力受限制，其意思表示，並不因之而失其效力（民法95 II）。

例：甲對乙表示，要將自己的A車以50萬元廉售給乙（要約），並限定要在10日內為承諾。乙在第3日以限時掛號信為買受的表示（承諾），卻不幸於當晚猝死。乙已發出的承諾，並不因乙的死亡而失其效力。由乙的繼承人繼受而與甲發生A車的買賣關係。

五、解釋

（一）概念

意思表示的解釋，乃闡明意思表示的涵義。

（二）解釋意思表示的原則

1. 探求當事人真意，不得拘泥所用文句

當事人未必熟知並能正確使用法律概念，且基於尊重當事人的意思決定，解釋其意思表示，應探求其真正的意思，而不拘泥於其使用的表面文句（民法98），就如同拉丁法諺「錯誤的表達，無害於真意」（*falsa demonstration non nocet*）的效果，例如當事人欲設定者實為「抵押權」，雖（誤）稱為「質權」，仍應將其解釋為抵押權。[79] 惟法律就特定的意思表示的解釋設有特別規定時，民法第98條規定即不適用，例如票據法第5條、第7條關於票據上表示的解釋。

---

[79] 最高法院28年上字第598號判例（不再適用）。

票據為文義證券，不允許債務人以其他立證方法變更或補充其文義，故凡在票據背面或其黏單上簽名而形式上合於背書規定的人，即應負票據法上背書人的責任（票據法5 I、124、31 I、）。縱使係屬隱存保證背書，且為執票人所明知，仍不能解免其背書人的責任。[80]

> 例：所謂**製造物供給契約**，乃當事人之一方專以或主要以自己之材料，製成物品供給他方，而由他方給付報酬之契約。此種契約之性質，究係買賣抑或承攬，仍應探求**當事人之真意**釋之。如當事人之意思，重在工作之完成，應定性為承攬契約；如當事人之意思，重在財產權之移轉，即應解釋為買賣契約；兩者無所偏重或輕重不分時，則為承攬與買賣之混合契約，並非凡工作物供給契約即屬承攬與買賣之混合契約。是承攬關係重在勞務之給付及工作之完成，與著重在財產權之移轉之買賣關係不同，至承攬關係中，材料究應由何方當事人供給，通常係依契約之約定或參酌交易慣例定之，其材料可能由定作人提供，亦可能由承攬人自備。是工程合約究為「承攬契約」抑或「製造物供給契約」，關鍵應在於「是否移轉工作物所有權」而定，至材料由何人提供，並非承攬定性之必然要件。[81]

2.斟酌交易習慣，本於誠信原則與經驗法則[82]

最高法院即表示：「解釋契約，應於文義上及論理上詳為推求，以探求當事人立約時之真意，並通觀契約全文，斟酌訂立契約當時及過去之事實、**交易上之習慣**等其他一切證據資料，本於**經驗法則**及**誠信原則**，從該

---

[80] 最高法院92年台簡上字第24號判例（舊）。
[81] 最高法院102年台上字第1468號判決。
[82] 最高法院85年度台上字第1823號判決。

意思表示所根基之原因事實、主要目的、經濟價值、社會客觀認知及當事人所欲表示之法律效果，作全盤之觀察，以為判斷之基礎，不能徒拘泥字面或截取書據中一二語，任意推解致失其真意。」[83]扼要而言，解釋契約應於文義上及論理上詳為推求，以當時的事實及其他一切證據資料為判斷標準，不能拘泥字面，致失當時立約的真意。[84]

如契約文字已經表示當事人的真意，而無須別事探求時，即不得反捨契約文字而更為曲解；[85]惟解釋契約亦不能專以定型化契約的條款為唯一憑據。[86]

例：依買賣雙方房屋預定買賣契約書記載，賣方甲於出售標的A屋時以「總面積」10.94坪為賣賣標的面積，因而甲出賣時，是以包括使用面積、小公面積（專屬性公共設施）、大公面積（非專屬性公共設施）的總坪數約定買賣標的面積，並未保證房屋「室內面積」的最低坪數。[87]

例：房屋出賣人的廣告平面圖上已將「使用面積」與「公共面積」為二元的區分，則「使用面積」一詞已排除登記為區分所有人共同使用的「公共面積」部分，不得再將登記為共有「公共面積」的電梯間、樓梯間、走道解釋為「使用面積」。[88]

---

[83] 最高法院98年度台上字第1925號判決。同旨，最高法院98年度台上字第1217號判決、103年度台上字第713號判決、104年度台上字第2136號判決。
[84] 最高法院8年度台上字第2585判決、85年度台上字第1633號判決。
[85] 最高法院84年度台上字第542號判決、86年度台上字第1022號判決。
[86] 最高法院78年台上字第2557號判例（舊）。
[87] 最高法院86年度台上字第369號判決。
[88] 最高法院86年度台上字第1625號判決。

甲、乙約定，一方提供土地而由他方建築房屋，並依約定比例分受建造完成的房屋及其基地的**合建契約**，究竟是互易、承攬、承攬與買賣的混合、合夥或其他契約，應依契約的內容，探求當事人**立約當時的真意**而為決定。[89]

第十九節　行為能力與法律行為的關係

一、概念

行為能力（Geschäftsfähigkeit），指能（獨立地）有效為法律行為的能力，屬於法律行為的生效要件。當事人有完全的行為能力，乃法律行為之一般的生效要件。

二、無行為能力人的法律行為

無行為能力人所為的意思表示無效；非無行為能力人在**無意識**或**精神錯亂**中所為的意思表示，亦為無效（民法75）。所謂**無意識**，指對於所為行為的內容及方式，在精神上全部或在特定範圍欠缺了解為已足，並不以感官功能停止為必要，例如酩酊大醉、催眠、高燒神智不清的狀態。[90]

因無行為能力人不能自己**為**或受意思表示，即不能有效為法律行為，而應由法定代理人**代為**意思表示，並**代受**意思表示（民法76）。亦即當無行為能力人有需要透過法律行為變動其法律關係時，必須由法定代理人代為，此與限制行為能力人有別。

---

[89] 最高法院91年度台上字第203號判決。

[90] 黃立，無意識狀態之意思表示，月旦法學雜誌82期，2002年3月，10頁。

三、限制行爲能力人的法律行爲

　　自2008年民法總則修正後,限制行為能力人有二類:未成年的限制行為能力人(一般的限制行為能力人)與受輔助的限制行為能力人(特別的限制行為能力人);後者僅就法定的法律行為,應經輔助人的同意(民法15之2 I)。

　　不同於無行為能力人,未成年的限制行為能力人有需要透過法律行為變動其法律關係時,除民法第77條但書所規定的例外情形外,原則上有二種可能方法:一為由法定代理人代為法律行為;二為限制行為能力人經法定代理人允許(民法77),自己為該法律行為。

(一) 未成年的限制行為能力人

　　依民法第77條規定,未成年的限制行為能力人,為意思表示及受意思表示,亦即為法律行為,原則上須得法定代理人的**允許**,並設二個例外:純獲法律上利益、日常生活所必需的法律行為(民法77但書)。

　　民法第77條規定的**允許**(Einwilligung),指法定代理人對於限制行為能力人自己為法律行為給予的**事前同意**(vorherige Zustimmung);民法第79條規定的**承認**(Genehmigung),則是法定代理人對於限制行為能力人未經允許而自己為法律行為,所給予的**嗣後同意**(nachträgliche Zustimmung)。

1.無需允許

　　未成年的限制行為能力人純獲法律上利益或日常生活所必需的法律行為,不須得法定代理人的允許(民法77但書)。

(1)純獲法律上利益的法律行為

　　指該法律行為的效果，使該限制行為能力人單純享受法律上利益，而不負擔義務或其他不利益，例如對限制行為能力人的要約（民法154 I本文），使其取得承諾的法律地位；相對的，對要約的承諾，則應依其具體契約效力決定，對限制行為能力人而言是否屬於純獲利益的行為。另外，限制行為能力人的中性行為亦應得（類推）適用民法第77條但書規定，不需法定代理的允許。[91]

　　是否屬於純獲法律上利益的行為，僅依該行為的法律上效力為判斷，而不依其經濟上結果，蓋經濟上利益常不明確，不宜當作判斷標準。[92]

(a) 負擔行為

　　就負擔行為（債權行為）而言，如該限制行為能力人並不因之而負有法律行為所生的義務，則對該限制行為能力人即是純獲法律上利益的法律行為。

　　如為雙務契約，絕不可能使限制行為能力人純獲法律上利益。所謂的不完全的雙務契約（unvollkommen zweiseitig verpflichtender Vertrag），指僅一方當事人負有主義務（Hauptpflichten），而另一方則僅在一定的條件下始負義務之契約，此種契約的當事人亦不可能純獲法律上利益。[93]對限制行為人而言，訂立不完全的雙務契約，不是在契約訂立時就已經負有義務，就是在一定條件下負有義務，此義務通常為法定的從義務（Nebenpflichten），例如使用借貸或無利息的消費借貸之返還義務（民法464、470、474、478）、委任的費用償還義務（民法528、546 I）。[94]

---

[91] MünchKommBGB/*Einsele*, 2018, § 131 Rn. 5.

[92] *Brox/Walker*, Allgemeiner Teil des BGB, 2019, § 12 Rn. 15.

[93] *Brox/Walker*, Allgemeiner Teil des BGB, 2019, § 12 Rn. 17.

[94] *Bork*, Allgemeiner Teil des Bürgerlichen Gesetzbuchs, 2011, Rn. 1000.

> 例：限制行為能力人甲去旅行時，將其寵物D犬交託給乙免費看管（民
> 法589無償寄託）。雖然甲不須為看管（保管）D而對乙為對待給
> 付，因此成立的不是雙務契約；然甲應償還乙因看管D所生的費用
> （民法595），例如飼料費。由於此費用償還義務，所以關於D的
> 無償寄託契約對甲而言，不是純獲法律上利益的法律行為。

　　有學者主張，對此「純獲法律上利益」的規定不宜採過分嚴格而不合理的解釋，否則反而不符保護限制行為能力人之立法目的，例如出賣人以象徵性價格300元出售機車一輛予限制行為能力人，似宜解為限制行為能力人純獲利益或參酌民法第87條第2項隱藏行為的規定，解為贈與，使其行為獨立有效。[95]

　　本書認為，民法第77條但書重視的是法律上利益，而非經濟上利益，如限制行為能力人「稍有負擔，則仍應由法定代理人同意」。[96] 此既有益於法律關係的安定明確，對於限制行為能力人亦不會造成實質的不利，蓋對於限制行為能力人有負擔的有利行為，法定代理人應會表示同意。

　　單務契約僅使契約當事人的一方負義務，因而限制行為能力人得為不負義務的一方當事人，訂立此種契約，例如為受贈人而訂立贈與契約（民法406）。

> 例：乙表示，要將自己的L地贈與給限制行為能力人甲。甲為該贈與契
> 約的受贈人，而純獲法律上義務，因此不須得法定代理人的允許，
> 即可對乙的要約為承諾，而成立L地的贈與契約。

---

[95] 施啓揚，民法總則，2009年8月，268頁。
[96] 鄭玉波、黃宗樂，民法總則，2008年9月，269頁。

(b) 處分行為

如經由處分行為，使一權利為有利於限制行為能力人的移轉、免除、變更或設定負擔，則此行為使該限制行為能力人，純獲法律上利益。

> 例：承上例，限制行為能力人甲得與贈與人乙訂立L地的所有權移轉契約，約定乙將L地所有權移轉給甲，並為移轉登記。

在處分行為無因原則下，[97] 處分行為係無因行為，其是否有利的判斷不受到其基礎的原因行為影響，縱使該處分行為之目的在於履行其原因行為。在判斷是否使行為人純獲法律上利益時，並不將債權行為與物權行為作為一體考量。[98]

> 例：限制行為能力人甲不顧其父母親的反對，向乙購買M機車，價金5萬元（民法345 I、77本文）。甲支付現金後，乙將M機車交付並移轉所有權予甲（民法761 I）。雖然該買賣契約因甲的法定代理人的反對，確定不生效力，但該機車所有權移轉行為仍然有效（民法77但書）。

有疑義的是，受領清償債務的給付，對限制行為能力人而言是否為純獲法律上利益的行為。就受領標的物之取得，是獲得法律上利益；然其債權消滅（民法309 I），則屬於不利益。德國通說基於有效保護理由而認為，對於不具完全行為能力的人所負債務，其清償給付，僅該債權人的法定代理人有受領權限（Empfangszuständigkeit），僅有該清償的標的物

---

[97] 參閱本書第十六節四、（三）。

[98] BGH NJW 2010, 3643; 2005, 415, 417; *Brox/Walker*, Allgemeiner Teil des BGB, 2016, Rn. 276a.

達到法定代理人或經法定代理人承認時，才發生清償效力；基於無因原則，不具完全行為能力的人受領清償債務的給付，仍能取得該受領標的物的所有權。[99] 反對見解則以取得給付物的所有權，比其僅有債權更為有利，而將之劃歸為純獲法律上利益的行為。[100] 然此反對見解忽略，限制行為能力人因而揮霍浪費的風險及父母親的財產管理權（類推適用民法1088）。[101] 不過，這種產生疑義的情況通常不至於發生，因為法定代理人同意限制行為能力人訂立債權契約時，一般也包含默示同意對該限制行為能力人為給付，而使其有受領能力。[102]

對限制行為能力人既無法律上利益亦無法律上不利（無損益）的法律行為，即所謂的**中性行為**（neutrale Geschäfte），得**類推適用**民法第77條但書的純獲法律上利益行為之規定，限制行為能力人無須法定代理人允許，即得有效為該法律行為，蓋其無受法律特別保護的必要。[103] 如一法律行為僅對第三人發生法律效果，而不會對限制行為能力人發生法律效果，為中性行為，例如限制行為能力人以第三人身分行使選擇之債的選擇權（民法209 II）；限制行為能力人處分他人之物，如其經該他人允許或其受讓人善意取得。[104]

---

[99] *D. Medicus*, Allgemeiner Teil des BGB, 2010, Rn. 566; *D. Leipold*, BGB I, Einführung und Allgmeiner Teil, 2015, § 11 Rn. 35.

[100] *M. Harder*, Forum - Die Erfüllungsannahme durch den Minderjährigen, lediglich ein rechtlicher Vorteil, JuS 1977, 149-152; *Larenz/Wolf*, Allgemeiner Teil des Bürgerlichen Rechts, 2004, § 25 Rn. 21.

[101] *Wolf/Neurer*, Allgemeiner Teil des Bürgerlichen Rechts, 2012, § 34 Rn. 35.

[102] *D. Leipold*, BGB I, Einführung und Allgemeiner Teil, 2015, § 11 Rn. 35.

[103] 有認為直接適用者，王澤鑑，民法總則，2014年2月，369頁；施啓揚，民法總則，2009年8月，269頁。惟二者所舉代理行為的例子，已有民法第104條明文規定。因德國§ 107 BGB規定除純獲法律上利益的行為外，限制行為能力人為法律行為原則上應事先得到法定代理人的允許（Zustimmung），故德國學說對於中性行為採目的性限縮（teleologische Reduktion），而無庸得到法定代理人的允許（*Bork*, Allgemeiner Teil des Bürgerlichen Gesetzbuchs, 2011, Rn. 997），就結論而言與我國通說見解相同。

[104] *Brox/Walker*, Allgemeiner Teil des BGB, 2016, Rn. 277；王澤鑑，民法總則，2014年2月，369頁。

於內部授權的受領授與代理權的意思表示（民法167），因使該受領人取得代理權，屬於純獲法律上利益的行為，限制行為能力人得有效受領；惟學說上有以代理權並非真正的法律上利益，而將之劃歸為中性行為，但仍得類推適用民法第77條但書規定。[105]

(2) 日常生活所必需的法律行為

此種行為的認定，除考慮未成年的限制行為能力人之年齡、身分外，為促進其個性的自由發展，宜就現代社會生活從寬認定。[106]

例：16歲的高中女生甲瞞著父母親做下列交易：使紋身師乙為其做背部紋身；令美容醫師丙為其進行隆乳手術；向蛋糕店老闆丁訂購10吋生日蛋糕，並包下某KTV包廂開生日派對。

---

2. 須得允許

(1) 已得允許

就需要允許的法律行為，如未成年人已得法定代理人的允許（事前同意），就可有效做該法律行為。

限制行為能力人為意思表示及受意思表示，依民法第77條規定，以得法定代理人的允許為已足。無使法定代理人到場，並於契據內簽名的必要。此項允許，法律上既未定其方式，**自非要式行為**，且不以法定代理人有明示的意思表示為限，凡依具體事實揆諸一般交易觀念，足認法定代理人已有贊同訂立契約的默契時，均屬之。[107]

允許，原則上得在限制行為能力人為該法律行為前被撤回（Widerruflichkeit），此德國民法典第183條（§ 183 BGB）有明文規定，

---

[105] 參閱王澤鑑，純獲法律上之利益，收錄於：氏著「民法學說與判例研究（四）」，1983年4月，50頁。

[106] 王澤鑑，民法總則，2014年2月，367頁。

[107] 最高法院100年台上字第1029號判決。

我民法雖未規定，基於保護未成年人，法理上亦應如此。

允許，有**個別允許**（Einzeleinwilligung; Spezialkonsens）與**一般允許**（Generaleinwilligung; Generalkonsens）之分，後者國內有時亦被稱為限定允許。[108] 法定代理人所給予的允許，通常是針對特定行為的**個別允許**，例如M機車的買賣、H屋的租賃；**一般允許**，指涉及一串法律行為的允許，例如允許到外國旅遊、給予一筆金錢任其花用（民法84）。一般允許是否有效，應於個案依法律保護限制行為能力人的立法目的，為具體認定。如果是**無限制的一般允許**（unbrschränkte Generaleinwilligung），又稱概括允許即法定代理人允許限制行為能力人為一切法律行為，此種允許將使法律對限制行為能力的未成年人之保護目的落空，應為不合法；[109] 相對地，於**有限制的一般允許**（brschränkte Generaleinwilligung），法定代理人允許限制行為能力人為一定範圍內的法律行為，原則上有效。民法設有二個有限制的一般允許的規定：民法第84條規定之特定財產處分的允許（民法84）及民法第85條規定獨立營業的允許（允准；Ermächtigung）。[110]

(a) 特定財產處分的允許

法定代理人允許限制行為能力人處分的財產，限制行為能力人就該財產有處分的能力（民法84）。允許的意思表示，應對於限制行為能力人，或與之為法律行為的相對人為表示。[111]

---

[108] 例如王澤鑑，民法總則，2014年2月，363頁稱一般允許；鄭玉波、黃宗樂，民法總則，2008年9月，264頁稱限定允許。

[109] 鄭玉波、黃宗樂，民法總則，2008年9月，264頁；施啟揚，民法總則，2009年8月，264頁。

[110] 施啟揚，民法總則，2009年8月，264頁謂概括允許有背於民法第77條規定，應為無效；並稱民法第84條、第85條的允許為一般（限定）的允許。

[111] 最高法院48年台上字第661號判例（舊）。

> 例：17歲的甲生以其零用錢50元購買F銀行發行大樂透（或刮刮樂），中獎25萬元。F銀行如數支付甲彩金，甲以其中20萬元向車商乙購買二手車A，雙方並完成付款及交車。前述彩金，不在最初允許的範圍。

(b) 獨立營業的允許

法定代理人允許限制行為能力人獨立營業，限制行為能力人關於其營業有行為能力（民法85 I）。

民法第85條規定獨立營業的允許（允准），與民法第77條的允許效力有別。民法第77條的允許，僅在於使限制行為能力人得有效為一定的法律行為，並未使其就該行為具有行為能力；民法第85條規定獨立營業的「允許」（允准），則會令限制行為能力人在該營業範圍具有行為能力，也因之而有訴訟能力（民訴法45）。[112]

在立法例上，德國民法典分別於第112條規定法定代理人經監護法院許可（Genehmigung），允准（ermächtigen）限制行為能力人為獨立營業（§ 112 BGB Selbständiger Betrieb eines Erwerbsgeschäfts），以及第113條規定允准限制行為能力人進入僱傭或工作關係（§ 113 BGB Dienst- oder Arbeitsverhältnis）。此獨立營業或僱傭的允准乃是一種一般允許，有別於民法第77條規定的（個別或一般）允許，其係一有相對人之單方的意思表示，[113] 與行政許可（Erlaubnis）有共通性，然行政許可屬於行政行為（Verwaltungsakt）。獨立營業或僱傭的允准亦有別於民法第167條規定的授權行為（bevollmächtigen），前者係被授權，為效果屬於自己（限制行為能力人）的法律行為；後者則是被允准為效果屬於他人（本人、被代理人）的法律行為。

---

[112] 最高法院64年度第5次民庭庭推總會決議（三），1975年7月8日；陳啓垂，民事訴訟法（上），2019年2月，126頁。

[113] MünchKommBGB/*J. Schmidt*, 2006, § 113 Rn. 15.

我國民法第77條與第85條使用同一概念「允許」，而第85條第2項又與民法第88條至第92條混用同一概念「撤銷」，容易造成誤解。

民法第85條僅規定獨立營業的允許（允准），其是否也包括進入僱傭或工作關係（屬於從屬關係）？對此問題，國內學者鮮有明確表示意見，僅能從其對民法第85條規定的說明窺知其所採見解。**否定見解**對民法第85條採限縮解釋，所舉例相當於德國民法典第112條規定[114]所適用情形，例如獨立開設商店、經營餐廳等，[115] 性質上均屬於獨自經營事業；部分學者採**肯定見解**，對民法第85條採擴張解釋（實已超出解釋範圍），主張凡以取得利益為目的之職業，均有適用，不論其為獨自經營或受僱於人。[116]

對民法第85條規定是否也包括進入具從屬性的僱傭或工作關係，本書認為已經超出該條規定的「可能意義範圍」而採否定見解，在尚未增訂之前，未成年人進入僱傭或工作關係，僅得**類推適用民法第85條**規定；並建議儘速修法，增訂限制行為能力人進入僱傭或工作關係的允許。就社會上發生數量及重要性而言，未成年人進入僱傭關係遠高於獨立營業，所以更應該有明文規定。

法定代理人允許（允准）限制行為能力人獨立營業，該限制行為能力人關於該營業的法律行為（及準法律行為），例如買賣貨物、聘僱職員、承租店面等，不必逐一再徵得其法定代理人的允許，即得單獨有效而為；[117] 在此獨立營業範圍內，因該未成年人已有行為能力，該法定代理人亦不得再以法定代理人的資格而代理為法律行為。[118]

---

[114] *Larenz/Wolf*, Allgemeiner Teil des Bürgerlichen Rechts, 1997, § 25 Rn. 47ff.

[115] 梅仲協，民法要義，1959年12月，73頁；鄭玉波、黃宗樂，民法總則，2008年9月，264-265頁；施啓揚，民法總則，2009年8月，265頁。

[116] 王澤鑑，民法總則，2014年2月，365頁；陳聰富，民法總則，2014年12月，228頁。

[117] 施啓揚，民法總則，2009年8月，265頁。

[118] *Brox/Walker*, Allgemeiner Teil des Bürgerlichen Rechts, 2019, Rn. 296.

　　至於限制行為能力人因獨立營業所賺取盈利或進入僱傭或工作關係所取得薪資，原則上不在法定代理人允許（允准）範圍之內，因此不得自由處分。[119] 學說上有認為：「至於打工所得報酬，原則上應歸限制行為能力人所有，其處分則應適用民法第84條規定。」[120] 本書不贊同直接將薪資劃歸民法第84條規定的允許處分財產，除非法定代理人允許限制行為能力人以其盈利或薪資作為日常生活開銷。

　　民法第85條第2項本文規定：「限制行為能力人，就其營業有不勝任之情形時，法定代理人得將其允許『撤銷』或限制之。」此規定係仿自（舊）德國民法典第113條第2項（§ 113 II BGB a.F.）規定，然該德國規定係使用「zurücknehmen」及「einschränken」，意為允准的「收回」（或廢止）及限制，前者收回僅係**向將來發生效力**（*ex nunc*），並無溯及效力，與意思表示或法律行為有瑕疵所用的「anfechten」（於我國民法稱撤銷，民法88、89、92），原則上有溯及效力（*ex tunc*，民法114 I），二者並不相同。我國民法立法者於民法第85條第2項本文規定使用「撤銷」，乃不當的概念混用，仍應解為**無溯及效力**，該條立法理由亦已明白指出。[121] 另外，該條第2項但書「但不得對抗善意第三人」，乃1981年民法總則修正所增訂，其究竟指撤銷或限制之前或之後為交易之人：如指撤銷或限制之後為交易的第三人，顯然違背了**未成年人保護優於交易安全保護**的制度原則，[122] 屬不能貫徹立法原則的不當立法。[123] 在未修正概念

[119] *Larenz/Wolf*, Allgemeiner Teil des Bürgerlichen Rechts, 1997, § 25 Rn. 64; H. Köhler, BGB Allgemeiner Teil, 2019, Rn. 36.
[120] 王澤鑑，民法總則，2014年2月，366頁
[121] 「若允許之後，發見有不勝任之情形時，則法定代理人得將其允許撤銷或限制之，以示完全之保護。惟在撤銷或限制以前所已為之行為，則係視為有行為能力人之行為，不能因其後之撤銷或限制而歸於無效也。」亦認為無溯及效力者，梅仲協，民法要義，1959年12月，73頁；施啓揚，民法總則，2009年8月，265頁；劉得寬，民法總則，1996年6月，203頁。
[122] 如王澤鑑，民法總則，2014年2月，353頁有標題「第二項　無行為能力人及限制行為能力人的保護優先於交易安全」。
[123] 民法第85條第2項但書的增訂，應是1929年民法總則立法者誤將許可的「收回」（或

之前，民法第85條第2項本文規定的撤銷，同樣應解為無民法第114條的適用。

民訴法第45條規定：「能獨立以法律行為負義務者，有訴訟能力。」實務上亦以此解為受允許（允准）獨立營業的限制行為能力人，就其營業範圍所生民事訴訟，亦有訴訟能力。[124]

(2) 未得允許

(a) 單獨行為：限制行為能力人未得法定代理人的允許，所為之單獨行為，無效（民法78）。

(b) 契約行為：限制行為能力人未得法定代理人之允許，所訂立的契約，效力未定，其經法定代理人承認（形成權行使）（民法79），或限制行為能力人於限制原因消滅後的承認（民法81 I），則溯及地生效（民法115）。

因其契約效力未定，為早日確定法律關係，民法賦予相對人二種得盡早確定其法律關係的可能：**催告**（Aufforderung）及**撤回權**（Widerrufsrecht）。

限制行為能力人所訂立契約的相對人得定一個月以上期限，催告（auffordern）其法定代理人或限制行為能力原因嗣後已經消滅而有行為能力的他方當事人（原限制行為能力人），確答是否承認；在該期限內，法定代理人或該他方當事人不為確答，則視為拒絕承認（民法80、81 II）。

廢止）以「撤銷」表示，前者無溯及效力，後者有溯及效力（民法114 I）；1981年修法者誤解許可的「撤銷」有溯及效力，此會嚴重影響交易安全，故其增訂該但書，應是為保護「撤銷前」與該限制行為能力為交易者；然修法後學者合理認為該條項許可的「撤銷」無溯及效力（原立法理由有明白表示），而將該但書解釋為保護「撤銷後」與該限制行為能力為交易者，如此解釋卻又違反未成年保護優先原則。此一連串錯誤，可藉由將民法第85條的「撤銷」改為「收回」，並將該第2項但書刪除，妥善解決。

[124] 最高法院64年度第5次民庭庭推總會決議（三），1975年7月8日。

　　國內通說主張，民法中規定的催告係一催告權（民法80、170、210、229），屬於形成權。[125] 相對於德國民法第109條規定的撤回權（§ 109 BGB, Widerrufsrecht des anderen Teils），德國學說上僅表示其民法典第108條第2項（§ 108 II BGB）及其他規定中的催告（Aufforderung; Mahnung），是一個準法律行為（或稱類似法律行為；geschäftsähnliche Handlung），[126] 其法律效果由法律直接規定，未見有人將此「得催告」解為催告權或形成權。本書認為，催告為一意思通知，性質上屬於準法律行為，[127] 其係由法律直接賦予一定的法律效果，並不是一種權利，故無所謂的催告權。

> 問題：學說在說明形成權（Gestaltungsrecht）時，有謂：「形成權者，依權利者一方之**意思表示**，得使權利發生、變更、消滅或產生其他法律上效果之權利也。」此說就「形成訴訟之權」（Gestaltungsklagerecht）部分並不周全；如再將「得催告」定性為「催告權」（民法80、170 II、214、229、254等）且將之劃歸為形成權，並以催告為**意思通知**，[128] 即產生自我矛盾現象。

　　限制行為能力人所訂立的契約，未經承認前，相對人得為撤回；但訂立契約時，知其未得有允許者，則不得撤回（民法82）。撤回係一

[125] 史尚寬，民法總則，1970年11月，327頁；鄭玉波、黃宗樂，民法總則，2008年9月，267頁。王澤鑑，民法總則，2014年2月，371頁亦稱「催告權」，但未指其為形成權；施啓揚，民法總則，2009年8月，267頁亦同。

[126] *J. Lange* in: jurisPK-BGB, 2010, § 108 Rn. 24; *Weiland* in: jurisPK-BGB, 2010, § 177 Rn. 9.

[127] 施啓揚，民法總則，2009年8月，267頁雖亦稱催告權，但其認為催告為意思通知，則與本書見解同。

[128] 史尚寬，民法總則，1970年11月，20、327頁。並參閱鄭玉波、黃宗樂，民法總則，2008年9月，58-59、267頁；王澤鑑，民法總則，2014年2月，281-283頁。

有相對人的意思表示，其效力為對於尚未生效的法律行為，防止其生效。[129]

(c) 強制有效的法律行為：限制行為能力人用**詐術**使人信其**為有行為能力人或已得法定代理人的允許**，其法律行為為有效（民法83）。蓋其自己已能使用詐術，應無思慮欠周之虞，無須再給予特別的保護。

限制行為能力人所使用的詐術，必須是涉及其**行為能力**或法定代理人的**允許**，如涉及到此以外的事項，例如當事人、契約內容、標的物性質等，均無本條的適用。該限制行為能力人必須積極地使用詐術，例如出示偽造或變造證件、捏造允許的事實等；若僅是消極隱匿未成年或未受允許的事實，無此規定的適用。

> 父母對於未成年子女的特有財產，有使用、收益之權；但非為子女的利益，不得為處分（民法1088 II）。準此，父母非為子女的利益而以未成年子女的名義為保證等財產上的法律行為，使子女僅負擔法律上的義務，並未享有相當的法律上權利，固不能對其子女發生效力；惟非因此剝奪限制行為能力的未成年子女對其特有財產的處分權或以其本人名義為保證等財產上行為的權限，祇不過在該未成年人為保證等法律行為時，應適用民法第77條至第85條的相關規定而已。[130]

◇ **未成年人的法律行為**（民法**75-85**）

行為人	意思表示	已得允許？	效力
無行為能力人	法定代理人代為或代受	（無影響）	無行為能力人的意思表示，無效（無意識或精神錯亂中的意思表示，亦無效）（民法75）

---

[129] 「撤回」與「撤銷」不同，意思表示的撤銷，乃對於已經生效的意思表示，使其溯及地喪失效力的單獨行為。

[130] 最高法院98年度台上字第1234號判決。

行為人	意思表示	已得允許？	效力
限制行為能力人	1. 法定代理人代為或代受	（無影響）	有效
	2. 限制行為能力人自為或自受原則：應得法定代理人允許	已得允許	有效
		－個別允許	特定財產處分（民法84）：取得該財產的處分能力
		－一般允許	獨立營業（民法85）：取得部分行為能力
		未得允許	單獨行為：無效（民法78）
			契約：效力未定，經承認則溯及生效（民法79）
			共同行為：類推適用民法79
			例外：關於其能力或允許施用詐術所為法律行為，有效（民法83）
	例外：無需允許	（無影響）	有效（民法77但） 1. 純獲法律上利益 2. 依其年齡及身分，日常生活所必需者

例：剛考上法律系的17歲甲生，其祖父乙贈與一輛新的A自用車作為通學之用。某日，甲對大四學長丙為如下之一的表示：

1. 以20萬元賤價廉售給丙，丙答應。甲同時將A車交付給丙，並約定明日丙轉帳付款。

2. 拋棄（民法764）該A車，丙要的話可以馬上開走。丙聞言後，隨即將A車開回家（民法802）。

例：未成年的女大學生丁在學校餐廳遇到美商「葛羅里國際公司」業務員戊、庚、辛三人推銷英文百科套書，在三人極力推銷下，簽下分期付款同意書，以總價2萬5,000元訂購一套英文百科套書。後來雖以各種辦法繳交分期款，仍在付款1萬5,000元後無力償還，才告知父母求助。其父母不同意丁購書，向「葛羅里國際公司」要求退

費，該公司卻僅同意換1萬5,000元的書給丁，其餘1萬元免繳。[131] 若丁的父母堅持要求退還已付的1萬5,000元，是否有理由？

（二）受輔助的限制行為能力人

受輔助人僅於為民法第15條之2第1項所列舉的行為時，應經輔助人的同意，與未成年的限制行為能力人為法律行為，原則上均應經法定代理人允許或承認（民法77-79）相比較，其限制程度有差別。

◆因受輔助與因未成年而限制行為能力的比較

因未成年而限制行為能力		因受輔助而限制行為能力	
民法 77	限制行為能力人為意思表示及受意思表示，應得法定代理人之允許。但純獲法律上之利益，或依其年齡及身份、日常生活所必需者，不在此限。	民法 15之 2 I	受輔助宣告之人為下列行為時，應經輔助人同意。但純獲法律上利益，或依其年齡及身分、日常生活所必需者，不在此限： 一、為獨資、合夥營業或為法人之負責人。 二、為消費借貸、消費寄託、保證、贈與或信託。 三、為訴訟行為。 四、為和解、調解、調處或簽訂仲裁契約。 五、為不動產、船舶、航空器、汽車或其他重要財產之處分、設定負擔、買賣、租賃或借貸。 六、為遺產分割、遺贈、拋棄繼承權或其他相關權利。 七、法院依前條聲請權人或輔助人之聲請，所指定之其他行為。
		民法 15之 2 IV	第一項所列應經同意之行為，無損害受輔助宣告之人利益之虞，而輔助人仍不為同意時，受輔助宣告之人得逕行聲請法院許可後為之。

---

[131] 中國時報，2006年3月22日（三），C4版，黃筱珮台北報導，「5年來，消基會接獲159件美商葛羅里國際公司的案件，平均每個月有2至3位消費者申訴」。

因未成年而限制行為能力		因受輔助而限制行為能力	
民法78	限制行為能力人未得法定代理人之允許，所為之**單獨行為**，無效。	民法15之2 II	**第七十八條至第八十三條**規定，於未依前項規定得輔助人同意之情形，準用之。
民法79	限制行為能力人未得法定代理人之允許，所訂立之**契約**，須經法定代理人之承認，始生效力。		
民法80	前條契約相對人，得定一個月以上期限，**催告**法定代理人，確答是否承認。 於前項期限內，法定代理人不為確答者，視為拒絕承認。		
民法81	限制行為能力人於限制原因消滅後，**承認**其所訂立之契約者，其承認與法定代理人之承認，有同一效力。 前條規定，於前項情形準用之。		
民法82	限制行為能力人所訂立之契約，未經承認前，相對人得**撤回**之。但訂立契約時，知其未得有允許者，不在此限。		
民法83	限制行為能力人用**詐術**使人信其為有行為能力人或已得法定代理人之允許者，其法律行為為有效。		
民法84	法定代理人允許限制行為能力人**處分之財產**，限制行為能力人，就該財產有處分之能力。		（不在準用的範圍）
民法85	法定代理人允許限制行為能力人**獨立營業**者，限制行為能力人，關於其營業，有行為能力。 限制行為能力人，就其營業有不勝任之情形時，法定代理人得將其允許撤銷或限制之。但不得對抗善意第三人。	民法15之2 III	**第八十五條**規定，於輔助人同意受輔助宣告之人為第一項**第一款**行為時，準用之。

四、擬制的行為能力人

　　針對某些特殊類型的法律行為，在特別法中對於行為能力設有特別規定，例如就**郵政事務行為**或**電信行為**，將無行為能力人、限制行為能力人

「視為」有行為能力人（郵政法12、電信法9）。於此情形，民法上不具完全行為能力的人，若其從事郵政事務行為或電信行為，則被擬制為有行為能力，因此未由法定代理人代為（代受）或未經法定代理人同意的意思表示或法律行為，仍屬有效。

第二十節　法律行為標的之適當

一、概說

　　法律行為之標的必須適當，即法律行為必須有**適當的內容**，此為法律行為一般的生效要件。

二、標的之適當

　　法律行為之標的，亦即法律行為的內容，必須適當。此所謂的**適當**，包括四種內涵（性質）：**確定、可能、合法及妥當**。

（一）確定

　　法律行為之標的（內容）必須確定；惟並不以行為時已經絕對確定為必要，嗣後可得確定即所謂的**相對確定**，通常即為足夠。

　　關於法律行為之標的（內容）必須確定。就此，民法未設有一般規定，而是僅設有個別規定，其主要者如民法第200條規定種類之債、第208條規定選擇之債。

（二）可能

　　法律行為之標的（內容）必須為可能，蓋不可能之標的在法律上並無意義，因此民法第246條規定，以**不能給付**為標的之契約，原則上為無效。過去學說上有謂此所謂**不能**，僅指事實不能、自始不能、客觀不

能、永久不能及全部不能；至於其他不能情形，尚不至於致法律行為的無效。[132] 惟因客觀不能與主觀不能的區分不明確，宜改為依**社會觀念**判斷其是否為不能。[133]

> 例：甲為A祭祀公業派下一房，與乙約定將A所有的B地而應為自己的「房份」部分讓售給乙，並做成公證書（民法166之1 I）。因B地為A祭祀公業所有，派下各房對於公業財產並無確定的應有部分，僅有潛在的「房份」，派下不得將其「房份」處分（台灣民事習慣調查報告743頁），甲、乙間的賣渡證書（買賣公證書契約），屬以**不能給付**為契約標的，依民法第246條第1項本文規定，該賣渡證書的約定應為無效，不生土地（應有部分）買賣的效力。[134]

> 例：共同繼承的遺產在分割之前，為各繼承人**公同共有**，而民法第827條第1項規定基於公同關係而共有一物者，依民法第827條第3項規定，各公同共有人的權利，及於公同共有物的全部，故各該共有人並無**應有部分**存在，通說亦認為公同共有人的應有部分係屬**潛在**者，與分別共有人的應有部分為**顯在**者不同，如繼承人就繼承財產的應繼分，此項潛在的應有部分，在公同關係存續期間內，不得自由處分。公同共有人將其**繼承的權利**讓與於第三人，乃以此為契約之標的，係以**不能給付**為標的，自有民法第246條第1項本文規定的適用，而為無效。[135]

---

[132] 鄭玉波、黃宗樂，民法總則，2008年9月，258-259頁。
[133] 孫森焱，民法債編總論（下），2018年11月修訂版，495、505、686頁。
[134] 最高法院91年度台上字第2107號判決。
[135] 最高法院89年度台再字第81號判決。

（三）合法

法律行為，若違反法律的**強制或禁止**規定，原則上為無效，除非該被違反的規定並不以之為無效（民法71）。此例外情形，例如民法第31條（法人登記）、第380條（買回期限五年）、第449條（租賃期限二十年）、第912條（典權約定期限）。

> 例：三氯乙烷係蒙特婁議定書列管的化學品，輸入三氯乙烷應檢附經濟部工業局核發配額文件，且限由蒙特婁議定書的締約國，或經行政院環境保護署公告認可的國家或地區進口，廠商申請進口三氯乙烷應本此規定向經濟部國際貿易局申請輸入許可證，憑以報關進口，甲、乙兩造係約定以三氯乙烷以外**虛偽的名義**進口，既違反申請輸入三氯乙烷許可證應循的規定，且影響政府對三氯乙烷配額的管制，該**履行契約方式**的約定，違反前揭強制性的規定，且有背於公共秩序，依民法第71條、第72條的規定，應屬無效。[136]

> 例：甲向乙借款10萬元，乙要求月息二分半，甲同意。其超過年息百分之十六的約定，無效（民法205）。

所謂的**脫法行為**（Gesetzesumgehung），係以迂迴手段的行為，規避強行規定；即以合法的迂迴**手段**，而達到其違法**目的**之行為。對於脫法行為的處理，方法上得逕將該「手段行為」認定為無效，或以手段行為仍得有效，惟不生其不法之目的效果。實務上將脫法（手段）行為認定為無效，[137] 本書則贊同透過法律解釋以決定其效力，[138] 即依其情形而決定採上述二種方法之一。

---

[136] 最高法院85年度台上字第2487號判決。
[137] 最高法院60年台再字第75號判例（舊）、97年度台上字第879號判決；鄭玉波、黃宗樂，民法總則，2008年9月，254頁。
[138] 參閱王澤鑑，民法總則，2014年2月，324頁。

例：甲貸款與乙，約定年息為本金的30%，其中超過20%部分，因違
　　背舊民法第205條最高利率限制而無請求權，甲要求乙為「債之更
　　改」，使該超過20%的舊債務部分成為新債務，乙不得已，同意甲
　　的要求而完成「債之更改」。[139]

例：按私有農地所有權的移轉，依修正前土地法第30條第1項規定，其
　　承受人以能自耕者為限，旨在防止非農民承受農地，造成土地投機
　　壟斷的情形。從而，契約約定將農地移轉由無自耕能力之人承受
　　者，其契約標的即有**法律上不能**而無效之情形（民法246）。本件L
　　地買賣當時，A公司（原告）並無自耕能力，欲購買農地供興建廠
　　房之用，乃借用有自耕能力的乙（被告）名義登記，此為甲（A公
　　司的債權受讓人及訴訟承當人，民訴法254 II）主張的事實，顯係
　　以迂迴方法逃避（舊）土地法第30條第1項禁止規定，且自始由該
　　公司占有興建廠房，不論A公司係以信託或借名登記為之，當時係
　　以不正當方式規避強制規定的**脫法行為**，應屬無效。無效的法律行
　　為，係自始、當然、絕對無效，不能因嗣後土地法的修正，取消農
　　地承受人之資格限制，而認為有效。[140]

---

[139] 最高法院91年台簡抗字第49號判例（舊）：「民法第二百零五條既已立法限制最高
　　利率，明定債權人對於超過週年百分之二十部分之利息無請求權，則當事人將包含
　　超過週年百分之二十部分之延欠利息滾入原本，約定期限清償，其滾入之利息數
　　額，仍應受法定最高利率之限制。故債權人對於滾入原本之超過限額利息部分，應
　　認仍無請求權，以貫徹『防止重利盤剝，保護經濟弱者』之立法目的。又債之更
　　改，固在消滅舊債務，以成立新債務，惟超過限額部分之利息，法律既特別規定債
　　權人對之無請求權，債權人自不能以債之更改方式，使之成為有請求權，否則無異
　　助長脫法行為，難以保護經濟上之弱者。」
[140] 最高法院97年度台上字第879號判決。

（四）妥當

法律行為之標的（內容），必須具備**社會妥當性**，不得違反公序良俗（民法72），或對當事人一方顯失公平（民法74）。

1. 不得違背公序良俗

法律行為之標的（內容），若與公共秩序或善良風俗（公序良俗）相違背，則為無效（民法72）。法律行為若違背公序良俗，通常亦違背強制或禁止規定（民法71）。

所謂**公共秩序**，指國家社會的一般利益，乃立國精神與及基本國策的具體表現；所謂**善良風俗**，指社會的一般倫理道德觀念。[141] **公序良俗**是一個不確定的法律概念，其無統一的認定標準，應依時代變遷、社會思潮、政治經濟狀況及地區環境等差異，而為綜合觀察與判斷。[142] 因其概念係相對抽象，宜透過案例類型化予以相當程度地具體化，而達成法律適用的安定性。[143]

法律行為之標的（內容）違背公序良俗，有下列三種情形：

(1) 標的本身違背公序良俗：法律行為之標的（內容）本身即已違背公序良俗，例如簽訂通姦（民法1001）[144] 或賭博契約（刑法266）；訂立不履行配偶同居義務的契約（民法1001）；押女為娼的契約。[145]

---

[141] 參閱1952年12月9日行政院「涉外民事法律適用法草案說明」的第25條說明。

[142] 施啟揚，民法總則，2009年8月，251頁。

[143] 關於公序良俗的沿革與內容，鄭玉波、黃宗樂，民法總則，2008年9月，374-379頁。

[144] 最高法院69年度台上字第2505號判決。

[145] 司法院19年院字256號解釋。

例：【李錦記代理商的婚外情契約】[146]
　　已婚的林男與情婦吳女簽訂「愛的合約」，約定雙方不可分開；每年春節開工第一天、立冬、臘八等日子，兩人一律一起晚餐；林男不得與其他人性交，若有違反，須賠償吳女1,000萬元，而林男並簽下200萬元本票作為擔保。數年後，林男、吳女感情破裂，吳女訴請林男履行「愛的合約」。此契約的內容違反善良風俗，無效。

例：【夫搞外遇，妻賠睡和解】[147]
　　雲林褒忠鄉林甲妻子乙與劉丙通姦，發生性行為11次，嗣後甲追究，最後甲、丙及劉妻丁三人達成**和解**，約定由丁陪甲上床11次作為賠償。此和解契約的內容違反善良風俗，無效。

(2) 標的（內容）的強制將違背公序良俗：例如結婚即辭職的約定、[148] 終身不得從事一定的營業或競業（不作為）之約定。

例：有婦之夫甲，垂涎乙女美色，而將L地所有權移轉登記予乙女而誘使同居，但又約定一旦終止同居關係，乙女即必須將L地返還。[149]

(3) 標的（內容）因與金錢利益結合而違背公序良俗：例如要求法官維持公平裁判而給予金錢、要求警察依法取締違規而允給金錢。

---

[146] 相關報導見網址：http://1-apple.com.tw/index.cfm?Fuseaction=Article&Sec_ID=0&ShowDate=20040818&IssueID=20040818&art_id=1166613&NewsType=1&SubSec=0（瀏覽日期：2009年3月3日）。

[147] 中國時報，2006年2月28日（二），A17版，記者許素惠雲林報導。

[148] 司法院（79）廳民一字第88號函覆台高院，1990年2月5日。並參閱王澤鑑，勞動契約上之單身條款、基本人權與公序良俗，收錄於：氏著「民法學說與判例研究（七）」，1998年9月，36-55頁。

[149] 最高法院65年台上字第2436號判例（舊）。

> 例：**訴訟權**係人民在司法上之受益權，旨在確保人民有依法定程序提起
> 訴訟及受公平審判之權益，不容他人從中牟取利益。故對涉訟之
> 人，提供證據資料或允諾負擔費用，而與之約定應於勝訴後給予訟
> 爭標的物之一部分或其價額的若干比例，即與公序良俗有違，依民
> 法第72條規定，應屬無效。[150]

2. 不得為暴利行為

所謂暴利行為，指一方主觀上利用他方有急迫、輕率或無經驗的情
形，促使其為財產上給付，或為給付的約定，此法律行為依當時情形客觀
上係顯失公平（民法74 I）。暴利行為的要件有二：[151]

(1) 客觀要件：行為人有以法律行為使他人為財產上的給付或為給付的約
定，依當時情形顯失公平的客觀事實。

(2) 主觀要件：行為人為該法律行為，有利用他人的急迫、輕率、或無經
驗主觀情事。所謂輕率，係指行為人對於其行為的結果，因不注意或
未熟慮，不知其對於自己的意義而言，例如出賣人不知買賣標的之價
值關係，而率與買受人訂立契約。[152]

暴利行為，雖其內容並不妥當，惟仍屬有效的法律行為，[153] 僅其利
害關係人得聲請法院撤銷該法律行為或減輕其給付（民法74 I），且必須
於法律行為後一年（除斥期間）內，向法院起訴請求（民法74 II）。此所
稱的利害關係人，須為法律上的利害關係人，除該法律行為的當事人外，
亦包括其繼承人或債權人。[154]

---

[150] 最高法院95年度台上字第2928號判決。

[151] 參閱最高法院28年上字第107號判例（舊）。

[152] 最高法院79年度台上字第1394號判決。

[153] 關於暴利行為的效力，法國民法art. 1674 c.c.亦規定得撤銷（該買賣）；德國民法典§
138 II BGB（Wucher）則規定為無效（nichtig）。並參閱孫森焱，公序良俗與誠信原
則，收錄於：楊與齡主編「民法總則爭議問題研究」，192-193頁。

[154] 王澤鑑，民法總則，2014年2月，339頁。

民法第74條第1項規定之利害關係人的撤銷權，須以訴訟形式（**形成之訴**）向法院請求為撤銷其行為的**形成判決**，始能發生撤銷的效果，倘僅於給付訴訟程序中主張行使此項撤銷權，以之為攻擊防禦方法，不生撤銷的效力，其法律行為仍不因此而失其效力。[155]

例：台北六福飯店副董事長莊秀欣（台大法律系、文化法研所畢業）於2000年至2003年5月間，陸續向「有魚藝術薈館」負責人呂秀蘭購買69件畫作，花費5,300餘萬元，每幅畫作價格從20餘萬至300餘萬元不等，其中最高價為售價350萬元的「聖托培灣－夏爾辛諾」一幅。後莊女主張，其中7幅售價共930餘萬元，但經「中華民國畫廊協會」鑑價後，合理參考價僅93餘萬元，因此呂女「有魚」價格高於市價十倍以上，顯為暴利，且自己是在輕率及人情關係下購買，並因之週轉不靈，向台北地院請求判決「有魚」降價或買賣無效（民法74）。[156]

第二十一節　意思表示的瑕疵

一、概說

意思表示的瑕疵（Mängel der Willenserklärung），指內部效果意思與外部的表示行為或表示意思的不一致，或其意思表示受到外力不當干涉，即作成意思表示時的不完全自由情形。

---

[155] 最高法院86年度台上字第2521號判決。

[156] 自由時報，2005年3月29日（二），8頁，記者劉志原、曾慧雯、凌美雪的三篇報導；相關報導並見網址：http://www.libertytimes.com.tw/2005/new/mar/29/today-fo15.htm（瀏覽日期：2010年7月20日）。

◈意思表示瑕疵的分類與型態

意思表示	原因	表意人的狀態	型態	相關法條
瑕疵 （不健全）	不一致	有意（故意）	單獨虛偽表示	民法86
			通謀虛偽表示	民法87 I
			通謀虛偽表示 且有隱藏行為	民法87 II
		無意	錯誤	民法88、90、91
			誤傳	民法89、90、91
	不自由	有意，不違意願	被詐欺的意思表示	民法92、93
		有意，違背意願	被脅迫的意思表示	民法92、93

二、分類

（一）意思表示不一致

　　意思表示不一致，指表意人（內在的）真正意思與（外在的）表示不一致（Auseineinderfallen von wahrem Willen und Erklärtem）的情形。認定其法律上效力，學說上有意思說（效果意思、表意人利益）、表示說（信賴、交易安全）及折衷說（雙方利益及交易安全）。

1.有意的不一致

　　表意人有意（bewusst）使其意思表示發生不一致的情形，包括**單獨、通謀虛偽意思表示**。

2.無意的不一致

　　表意人無意（unbewusst）使其意思表示發生不一致的情形，包括**錯誤、誤傳**的意思表示。

（二）意思表示不自由

　　意思表示不自由，指表意人於為自由的意思決定（f r e i e

Willensentschließung）之前，受到外力的不當干涉，即非於完全自由的情形下形成其效果意思及表示行為，包括**被詐欺、被脅迫而為意思表示**二種情形。

第二十二節　虛偽意思表示

一、有意的不一致

民法第86條及第87條規定有意的意思表示不一致之二種類型：**單獨及通謀虛偽意思表示**，其構成要件的共通之處，與其他類型的意思表示瑕疵不同，乃是表意人欠缺**法效意思**（Geschäftswille）。

二、單獨虛偽意思表示

（一）概念

單獨虛偽意思表示（Geheimer Vorbehalt），指表意人外在上仍為意思表示，雖自己並無受到該意思表示拘束的意思（民法86本文），又稱**真意保留**或**心中保留**。

（二）要件

1. **為虛偽的意思表示**：意思表示客觀上存在，而其（內心）意思與（外在）表示不相符合。
2. **故意隱匿真意，而為與真意相反的意思表示**：表意人明知自己的表示與意思不符，卻故意地為該表示，即表意人並不期望自己外在的意思表示發生效力。

（三）法律效果

對於單獨虛偽意思表示的效果，民法第86條採折衷說：

1. **相對人善意**：依民法第86條本文，該意思表示不因其虛偽（心中保留）而無效（表示說）。

2. **相對人惡意**：依民法第86條但書，該意思表示無效（意思說）。此無效能否對抗善意第三人？通說採否定見解，類推適用民法第87條第1項但書。

例：吝嗇的甲男為博取乙女的好感，假意贈貧戶丙（善意或惡意）1萬元及「致富之道」一書。丙將書轉贈好友丁。甲對丙為贈與契約、物權移轉契約的意思表示，不因其為虛偽的一表示而無效（民法86本文）。甲與丙間的贈與契約、物權移轉契約均有效，該書的所有權從甲移轉於丙。

例：甲將L店面出租給乙。甲對乙表示L的租賃契約於年底終止，雖然其並無意終止租約。甲不過希望藉此使乙屈服，進而向自己央求續租。甲的終止，不因其真意保留而無效（民法86本文）。

假設乙在甲對其為終止表示之前，已經先從第三人丙得知，甲將表示終止租約，卻無意終止租賃關係。則甲的終止，無效（民法86但書）。

三、通謀虛偽意思表示

（一）概念

通謀虛偽意思表示（Scheingeschäft），指表意人與相對人相互串通，而為與其內在的法效意思不符合之虛假意思表示（民法87 I本文）。

（二）要件

1.為虛偽的意思表示

須有意思表示存在，而該（內在）意思與（外在）表示不符合。

2.當事人間通謀

當事人間須有意思聯絡，即相對人知道表意人非真意，而就表意人非真意的表示，與表意人為非真意的合意。[157] 若僅一方無欲為其意思表示所拘束之意，而表示與真意不符的意思，不屬通謀而為虛偽意思表示。第三人主張表意人與相對人通謀而為虛偽意思表示者，該第三人應負舉證之責。[158]

（三）法律效果

對於通謀虛偽意思表示的效果，民法第87條第1項採折衷說。因雙方皆欠缺效果意思，該虛偽意思表示原則上為**無效**（意思說），但不得以其「無效」對抗善意第三人（折衷說）。

> 例：經商失敗的甲，擔心債權人強制執行自己新買的A車（或H屋），與好友乙串通，將A車（H屋）假裝賣給乙，並交付及過戶（移轉及登記）給乙。不久，乙將該A車（H屋）以250萬（1,000萬元）賣給不知內情的丙，也完成交車及過戶（移轉及登記）手續。

民法第87條第1項本文規定，表意人與相對人通謀而為虛偽之意思表示者，其意思表示無效。準此，因出於通謀虛偽意思表示所成立的買賣債權契約及其所有權移轉登記的物權行為自應認為無效。縱使虛偽

[157] 最高法院62年台上字第316號判例（舊）；王澤鑑，民法總則，2014年2月，400頁。
[158] 最高法院103年度台上字第2436號判決。

> 意思表示的一方（買受人），已因無效的法律行為（包括債權行為及物權行為）完成土地所有權移轉登記，仍不能取得所有權，該虛偽買受人當然不得本於所有人的地位，行使民法第767條第1項的物上請求權。[159]

　　通謀虛偽意思表示的效果為該法律行為**無效**，不同於**得撤銷**。虛偽設定抵押權，乃雙方通謀而為虛偽意思表示，依民法第87條第1項規定，其設定抵押權當然無效，與得撤銷後始視為無效者有別。故虛偽設定抵押權雖屬意圖避免強制執行，但非民法第244條所謂債權人得聲請法院撤銷的債務人詐害債權行為。[160]

　　民法第87條第1項但書規定不得對抗善意第三人，[161] 所謂不得對抗，指善意第三人得主張該通謀虛偽意思表示為有效，或主張其為無效；當其主張為無效時，並不排除其另得主張善意取得（民法759之1 II、801、948）。故於有善意取得規定可適用的情形，民法第87條第1項但書即不具重要性；其僅於無善意取得規定的權利讓與，例如債權讓與，始有其實益。[162]

例：甲以H屋及L地借名登記予乙的手段，委任乙及丙依台灣銀行之員工房屋貸款辦法規定，貸得較低利率之員工優惠貸款，甲、乙間無**買賣**該系爭H屋及L地之合意，然**隱藏**兼有借名登記及委任性質之法律關係，屬**借名登記**及委任之混合契約，依民法第87條之規定，甲、乙間之權利義務，應適用委任規定，不得逕認其間之法律

---

[159] 最高法院94年度台上字第1640號判決。
[160] 最高法院52年台上字第722號判例（舊）。
[161] 民法第87條第1項但書規定應係仿自日本民法第94條第2項。
[162] 陳啓垂，通謀虛偽意思表示與第三人的保護，銘傳大學法學論叢創刊號，2003年11月，224-225、232-233頁；陳聰富，民法總則，2014年12月，261頁。

行為無效。甲、乙間借名、改貸之約定，與國家社會一般利益無關，亦與一般道德觀念無涉，尚不生是否違背公序良俗而無效之問題。[163]

（四）與通謀虛偽意思表示有別的行為

1. 信託行為

委託人為使受託人依信託本旨，為受益人的利益或為特定的目的，管理或處分信託財產，而將財產權移轉或為其他處分的行為（信託法1）。其內外關係的不一致，與通謀虛偽意思表示雖有類似之處；但信託行為係屬於過去實務[164]及現行信託法所允許的合法有效行為，[165]其本質與效果與虛偽行為有極大差別。

基於信託行為而發生**信託關係**，[166]其當事人包括委託人（settlor）、受託人（trustee）及受益人（beneficiary）。就受託人而言，一方面有處理信託事務的義務、管理信託財產的義務、自行處理信託事務的義務、對受益人的給付義務；盡相當技能及注意義務的義務、忠誠義務、備置帳簿的義務、提供訊息的義務等。另一方面有報酬請求權、支出費用償還請求權、負擔債務清償請求權。

2. 借名登記

借名登記者，謂當事人約定一方將自己之財產以他方名義登記，而仍由自己管理、使用、處分，他方允就該財產為出名登記之契約，其成立側

---

[163] 最高法院106年第3次民事庭會議決議，2017年2月14日。

[164] 最高法院66年台再字第42號判例（舊）。

[165] 最高法院85年度台上字第558號判決；86年度台上字第3454號判決。參閱謝哲勝，信託之起源與發展，收錄於：氏著「財產法專題研究（三）」，2002年3月，252-302頁。

[166] 參閱謝哲勝，信託之起源與發展，收錄於：氏著「財產法專題研究（三）」，2002年3月，304-329頁。

重於借名者與出名者間之信任關係，性質與委任關係類似，[167] 應類推適用民法關於委任契約的規定（民法528以下）。惟目前實務上認為出名人未經借名人同意，就該借名登記標的物所為的處分，為有權處分。[168]

四、隱藏行為

（一）概念

隱藏行為（verstecktes Geschäft），指表意人為通謀虛偽意思表示時，所隱藏（未表示）的真正法律行為（民法87 II）。

（二）要件

1.虛偽的意思表示

須有意思表示存在，而該內在的意思與外在的表示不符合。

2.隱藏其他的真正法效意思

表意人真正的法律行為（**法效意思**）被隱藏而未表示出來。

（三）法律效果

對於隱藏行為的效果，民法第87條第2項採「意思說」，該通謀的虛偽意思表示（**表面行為**）無效，而該**隱藏行為**有效。惟最高法院見解，該有效的隱藏行為，僅於當事人之間有效，並無及於他人的效力。[169]

---

[167] 最高法院104年度台上字第2136號判決。

[168] 最高法院106年度第3次民事庭會議決議，2017年2月14日；最高法院104年度台上字第533號判決。

[169] 最高法院50年台上字第2675號判例（舊）。

例：甲、乙通謀，將甲的A自用車假裝賣給乙，實則出租給乙。乙使用
　　幾天後，將A轉賣給不知情的丙，並將A交付給丙。甲得否要求丙
　　返還A車？【提示：民法第87條第1項但書、第801條、第948條】

第二十三節　錯誤與誤傳

一、無意的不一致

民法第88條至第91條規定無意的意思表示不一致之二種類型：**意思
表示錯誤及傳達錯誤（誤傳）**。二者共通的法律效果為該意思表示雖然有
效，但表意人得在法定條件下予以撤銷，而民法第88條又對於意思表示錯
誤，區分為內容錯誤、表示行為錯誤及性質錯誤。

二、錯誤

（一）概念

所謂**意思表示錯誤**（Irrtum），指表意人為表示時，因認識不正確或
欠缺認識（無意地），以致（內在）主觀的法效意思與（外在）客觀的表
示行為不一致。其特徵為偶然的、無意的不一致。

（二）型態

民法第88條第1項（仿德國§ 119 BGB）將意思表示錯誤分為**內
容錯誤**（Inhaltsirrtum; Bedeutungsirrtum）與**表示行為錯誤**（Irrtum in
der Erklärungshandlung o. im Erklärungsakt）二種型態。依表意人在為
表示時，是否雖欲如其表示的外在形式為表示，但不知其內容的法律
上意義，與是否對其表示的外在形式不知而未注意，將意思表示錯誤
區分為所謂的**內容錯誤**或意義錯誤與所謂的**表示行為錯誤**或表示錯誤

（Erklärungsirrtum）。[170]

民法第88條第1項僅規定表意人的錯誤，不適用於受領人的錯誤，例如受領人誤解表意人的意思表示。

1.內容錯誤

所謂內容錯誤或意義錯誤，[171] 即民法第88條第1項規定的「意思表示之內容有錯誤」，指表意人雖欲如其已經表示的外在形式為表示，但因不知其內容的法律上意義，而作出與其真意不符的意思表示；內容錯誤是表意人**認識不正確**而為意思表示，亦即對其表示的意義或效果（Bedeutung oder Tragweite）不正確認識。表意人雖使用一個他**想要使用**的表示符號（Erklärungszeichen）或言詞，但對該符號或言詞的法律上意義或效果有所誤解；表意人賦予其意思表示一個不同於其真正有的意義。

> 例：甲寄給顧客乙一個商品型錄C（民法154 II），乙在此C型錄中找到喜歡的M商品，編號為250，錯誤標價為6,600元，此M商品的正確標價應該是8,600元。乙剪下型錄中所附訂購單填寫訂購編號250的M商品。甲寄給乙M，並附有一張金額欄空白的價金劃撥單（民法88 I）。

表意人於為意思表示時使用外國語文或計量單位，但卻誤解其意義，以致於其表示之（受領人所能理解的）實際內容，與其主觀想像的內容不一致，為內容錯誤，例如誤台斤為公斤而為買賣。意思表示，應以受領人所能理解者而為解釋，如依如此解釋的結果，與表意人所想要的意義不一致時，即構成內容錯誤。

---

[170] *Wolf/Neuner*, Allgmeiner Teil des Bürgerlichen Rechts, 2012, § 41 Rn. 37.

[171] *Wolf/Neuner*, Allgmeiner Teil des Bürgerlichen Rechts, 2012, § 41 Rn. 37.

當事人共通錯誤的表達（*falsa demonstratio*），雙方一致地將其表示
理解為一個與通常意義不同的意義，不屬於民法第88條所規定的意
思表示錯誤。

　　意思表示內容的錯誤，主要涉及下列事項：

(1) 法律行為的性質或法律效果：例如將連帶保證債務（民法748）表示為
通常保證債務（民法745）；將動產租賃（民法421）表示為使用借貸
（民法464）；誤以為S物的所有權讓與要約，為借貸要約，而為承諾
的簽名。

(2) 當事人本身：此為交易對象的同一性錯誤（Identitätsirrtum），只有在
某些特別重視當事人個人的法律行為，才構成意思表示內容的錯誤，
例如以信任關係為基礎的委任、僱傭、借貸等。

問題：甲男傾慕乙女，而丙女則單戀甲男。甲男去巴黎旅遊，買回一
　　　瓶2萬元的香水P，想要贈送乙。下列情形，甲得否撤銷其意
　　　思表示：
　　　（一）甲要以LINE對乙表示「想將最迷人的香水送給最迷人的
　　　　　　妳」，卻按錯傳送對象，傳送給了丙？
　　　（二）甲請丁女，將訊息「甲想將從巴黎帶回的P香水送給迷人
　　　　　　的妳」以LINE轉傳給乙，丁卻不小心轉錯對象，傳送給
　　　　　　了丙？

(3) 標的物（物及權利）本身：此為交易標的之同一性錯誤，例如誤將麵
粉當作特級白糖；將（烹調用含鹽的）稻香米酒當作（飲用的）紅標
米酒。

(4) 動機

動機（Motiv; Beweggrund）乃法律行為的間接原因，其存於人的內
心，不是他人所能窺知，除已表示於外而例外構成意思表示的一部

分外，例如表明購買L地係為建屋，則該地須非為農地或公園預定地等，通常不屬於意思表示的一部分。

動機錯誤（Motivirrtum），是表意人在意思形成的過程中，對其決定為一定內容的意思表示，具有重要性的事實，認識不正確；其係意思表示的間接原因（緣由）之錯誤，原則上不構成意思表示的錯誤，而不得依民法第88條第1項撤銷。[172]

例：甲誤以為乙的L土地或丙的B公司股票將飆漲而購買，購買後卻未漲反跌。

例：丁誤以為某商品必能大賣，而向商人戊大量進貨，結果卻是乏人問津。

例：大學生戊將自行車B1鎖在別處而忘記，誤以為被偷，遂向庚以2,000元購買另一輛自行車B2；隔天，戊想起自己的B1上鎖處，前往取車後，想將B2車退還庚。戊因動機錯誤而購買B2，不得以錯誤為由，向庚表示撤銷買賣B2的意思表示。

單方的動機錯誤，民法僅於二個特別情形令其影響意思表示的效力：一為「當事人之資格或物之性質」之錯誤（民法88 II），另一為被詐欺而為意思表示（民法92 I）。

民法第88條第2項規定「當事人之資格或物（包括權利）之性質，若交易上認為重要者」，其錯誤雖屬**動機錯誤**，[173] 擬制為意思表示內容的錯誤（擬制的內容錯誤），得依民法第88條第1項撤銷其意思表示。民法

---

[172] 最高法院51年台上字第3311號判例（舊）：「民法第八十八條之規定，係指意思表示之內容或表示行為有錯誤者而言，與為意思表示之動機有錯誤之情形有別。」

[173] 關於不同學說，參閱蔡晶瑩，物之性質錯誤／最高院九八台上一四六九，台灣法學雜誌153期，2010年6月，189-190頁。

第88條第1項但書「無過失」規定，亦適用於民法第88條第2項情形。[174]

> 例：乙誤以為僅略通西班牙語的甲深諳葡萄牙語，聘為葡萄牙語教師。

> 例：買畫人丙誤某摹作P為溥心畬親筆畫。

> 例：買車人丁誤事故車C未曾遭受車禍。

至於雙方的動機錯誤，乃雙方以一定事實的存在為法律行為（交易）的基礎（Geschäftsgrundlage），若該基礎消滅或不存在，則應依誠信原則調整當事人法律關係以相適應（Anpassung）。就此，民法第227條之2的情事變更（舊民訴法397）情形，僅規定其中一部分問題。

> 例：甲向乙租用陽台或頂樓要觀賞煙火，該煙火施放卻因發生重大災難而取消，法律行為租賃的基礎消滅。調適（調整）：得解除租賃契約。

2. 表示行為錯誤

所謂表示行為的錯誤，又稱**表示錯誤**或行為錯誤，乃表意人在為表示時，就已經對其表示的外在形式不知而未注意，作出與其真意不符的意思表示，即民法第88條第1項規定的「表意人若知其事情即不為意思表示者」，係表意人**欠缺認識**而錯誤表示。表意人使用一個他**不想要使用**的表示符號（或**表徵**）或言詞。換句話說，表意人對自己表示的外在形式欠缺

---

[174] 最高法院99年度台上字第2678號判決；楊芳賢，第一章買賣，收錄於：黃立主編「民法債編各論（上）」，2002年7月，110頁。

認識，導致其實際表示的，與其真正想要表示的不一致；誤說、誤寫、誤取等，皆屬典型的表示行為的錯誤情形。

在**自動化表示**的情形，如因為輸入失誤、在資料處理上的軟體失誤或電腦機械故障，導致出現與原來想要的表示的意思不同之表示，例如正確鍵入的數字部分消失，亦構成表示行為錯誤。[175]

例：【蝦皮2商品標錯價不認帳，只送1張滿額100%折價券】[176]
2021年3月18日凌晨，蝦皮購物平台發生價格誤植事件將原價185元的肯德基蛋撻禮盒標價為35元、99元的萊爾富衛生紙標價為30元，引起網友瘋狂下單，事後蝦皮賣場取消訂單並全額退款，另補償全站折價券。

表意人簽名的一份空白表格，如遭到被授權人違反約定填寫內容，則亦可構成表示行為錯誤。蓋表意人以該被填寫的表格所表示的，不是他真正想要表示；基於其與被授權人間的約定，簽名的表意人對於該文書的未來內容通常有一定的觀念，此點與簽名於未閱讀的文書情形不同。[177]

例：出賣人甲於買賣契約的要約中，將價格（想要表示的）3萬2,000元誤寫成（實際表示的）2萬3,000元。

例：借款人丙將借款利息（想要表示的）年息一分，誤寫為（實際表示的）月息一分。

---

[175] BGH NJW 2005, 976, 977; *Köhler*, BGB Allgemeiner Teil, 2007, § 7 Rn. 16; *Wolf/Neuner*, Allgmeiner Teil des Bürgerlichen Rechts, 2012, § 41 Rn. 39; I. *Schwenxer*, Schweizerisches Obligationenrecht Allgmeier, 2006, Rn. 37. 08.
[176] 自由時報，2021年3月19日，A16版，記者鄭名翔、楊雅民、陳炳宏綜合報導。
[177] *Rüthers/Stadler*, Allgemeiner Teil des BGB, 2011, § 25 Rn. 25.

例：店員丁未仔細看而誤取A錶（市價3萬元）當作B錶（市價3,000元），以3,000元出售並交付給顧客戊。

例：第一銀行既於其L存證信函上記載同意自97年1月20日起，免除甲對A公司新貸款的保證責任，但對A公司前已貸案件（含進口開狀）未清償負債仍負連帶保證責任等語，即表示免除甲自97年1月20日起的保證責任，然甲尚須就該日以前已發生的之保證債務負連帶給付責任。則縱第一銀行的真意係免除甲98年1月20日起的保證責任，而將**日期誤繕**為自97年1月20日起，**僅屬表示行為有錯誤**，於未經其合法撤銷前，其上開表示仍屬有效。[178]

　　至於在決定給付數額的計算基礎或計算過程上發生錯誤（所謂**計算錯誤**），應依具體情況為判斷，其若是**隱藏的計算錯誤**，內心的計算基礎未成為意思表示的內容，則僅屬「動機錯誤」；其若是**公開的計算錯誤**，內心的計算基礎成為意思表示的內容，原則上應依「意思表示的解釋」，以決定意思表示的（實際）內容，通常無適用意思表示錯誤規定的必要。[179]

◆民法上錯誤的分類及其法效果

錯誤	內容錯誤（民法88 I ①）		意思表示錯誤	得撤銷
	表示行為錯誤（民法88 I ②）			
	動機錯誤	關於當事人資格或物之性質	擬制內容錯誤 → 意思表示錯誤	得撤銷
		其他動機錯誤	不是意思表示錯誤	不得撤銷
	傳達錯誤（民法89）			得撤銷

---

[178] 最高法院100年度台上字第2135號判決。
[179] 相同見解，王澤鑑，民法總則，2014年2月，424頁。

（三）法律效果

1. 撤銷權

依民法第88條第1項本文，表意人得撤銷其有錯誤的意思表示，不論其為負擔行為或處分行為的意思表示。被撤銷的意思表示（法律行為），視為自始無效（民法114 I）。

(1) 負擔行為與處分行為的撤銷

不論是其為負擔行為或處分行為的意思表示，均得依民法第88條第1項本文而撤銷。基於**無因原則**，負擔行為的撤銷，不影響處分行為；處分行為的撤銷，亦不影響負擔行為。因此應分別檢驗，究竟是負擔行為或處分行為的意思表示係因錯誤而為的。如意思表示的錯誤（瑕疵）同時發生於負擔行為及處分行為，即二者**有同一瑕疵**（Fehleridentität），則均得因同一得撤銷原因（錯誤）而為撤銷。[180]

有些案例之物的**履行行為**（Erfüllungsgeschäft）顯示有獨立於**原因行為**（Kausalgeschäft）的撤銷原因，例如出賣人在所有權讓與（Übereignung）時拿錯標的物，以致於讓與了買受物外的另一標的物之所有權（表示行為錯誤），或出賣人在讓與買受物時為詐欺，將複製品偽裝成應該原本應該給付的真品而為讓與（因詐欺而錯誤）。此等情形（買A給B）中的處分行為得撤銷，然而其負擔行為不因此而受影響。[181]

如涉及負擔行為的意思瑕疵，對處分行為有影響，則對於原因行為重要的錯誤，有學說主張，當二行為以**一體的意思行為**（einheitlicher Willensakt）出現時，該錯誤亦影響其履行行為，尤其適用於具有**時間上關連**（zeitlicher Zusammenhang）的二個表示行為（負擔行為及處分行為）情形。[182] 反對見解則批評前說不正當地打破**無因原則**，因為即使在時間上同時發生，仍應區別負擔行為的意思表示與處分行為的意思表示，

---

[180] *Rüthers/Stadler*, Allgemeiner Teil des BGB, 2011, § 25 Rn. 57.

[181] *Rüthers/Stadler*, Allgemeiner Teil des BGB, 2011, § 25 Rn. 57.

[182] RGZ 66, 385, 390.

而於個案中詳細檢驗，意思瑕疵究竟涉及到哪個意思表示，而不受到該等表示的（偶然）同時發生之影響；處分行為之得撤銷，應依各該撤銷原因再次地獨立為判斷，而此時應注意的是，處分行為的內容僅涉及權利變動的造成，亦即所有權讓與的內容僅限於所有權的移轉；然而例如價金或其他情形，則是於負擔行為中為決定。[183]

因不同的表示內涵，民法第88條第1項規定的撤銷，通常僅將該負擔行為或該處分行為列入。**表示行為錯誤**僅於明示的表示才會發生，原則上只涉及一項完全具體的意思表示，或是涉及該負擔行為，或是涉及該處分行為。故基於此一分離，僅該二者中之一行為係得撤銷。如表意人僅於為負擔行為時陷於錯誤，但在為處分行為（物權行為）時未再考慮而僅求原因行為的履行，則不得依民法第88條第1項規定撤銷其處分行為。[184]

例：甲在乙經營的書店購買B書，於詢問價格時，乙誤將540元說成450元，並於甲付450元後，將B書交付予甲。乙因錯誤而為（可能得撤銷）的意思表示，僅有買賣契約（負擔行為、原因行為）的意思表示，而不包括讓與B書所有權（處分行為、履行行為）的意思表示。基於**無因原則**，即使處分行為與負擔行為同時所做，其在內容上仍屬中性（neutral），其不受動機影響而僅以履行所訂立的買賣契約為目的。以此精確的分離為基礎，則**對價金的考慮**，僅對於買賣契約的訂立有重要性，而不屬於就買受物的處分（所有權的讓與）。

然而，如負擔行為與處分行為在一個行為中同時發生，則**內容錯誤**可能以關於交易標的或交易對象的**同一性錯誤**之形式出現，而既對負擔行

---

[183] *Rüthers/Stadler*, Allgemeiner Teil des BGB, 2011, § 25 Rn. 58.
[184] *Rüthers/Stadler*, Allgemeiner Teil des BGB, 2011, § 25 Rn. 59.

為，亦對處分行為有影響。交易標的與交易對象的同一性，屬於**物的意思表示之內容**，因而該錯誤的想法同時涉及該二個法律行為。另外，也有可能出現負擔行為無錯誤而成立，然而於移轉所有權時，讓與人發生標的物混淆的情形。[185]

> 例：甲收藏有一幅台灣畫家陳澄波的油畫A及此原畫的一幅仿畫B，並要將該仿畫B贈與其姪子乙。當乙來訪時，甲誤取原畫A交付予乙，並說「這幅極美的**仿畫**贈送給你作為生日禮物，以後它就是你的了」。此案中，甲的**錯誤**涉及其贈與契約（負擔行為）的意思表示，也涉及其移轉A所有權契約（處分行為）的意思表示。對於贈與契約與移轉A所有權契約，甲混淆A與B畫，成為其**意思表示的構成部分**。

民法第88條第2項規定的**動機錯誤**（擬制的內容錯誤），通常不適用於**處分行為**。交易上認為重要的資格或性質之錯誤，此一動機對於是否及以何種條件訂立買賣契約等（負擔行為），具有重要性；但隨著買賣契約等的成立，對於其後的履行行為則不再具有重要性。若負擔行為與處分行為在時間上有所間隔，表意人在為處分行為之時，例如在讓與買受物的所有權時，將不再對該買受人的資格或買受物的性質有所考慮，其意思僅在於對**原因行為**（Grundgeschäft）的履行而已。若負擔行為與處分行為同時發生於一個**一體的意思行為**中，雖然其就資格或性質的錯誤想法涉及處分，但其錯誤對於意思表示的**作出**（Abgabe）並無因果關係；雖然表意人在知道事實情況時，不會作出該物權的意思表示（處分），然而對該不受負擔行為的目的與動機影響之處分行為，**無因原則**不容許法律上承認其因果關係。[186]

---

[185] *Rüthers/Stadler*, Allgemeiner Teil des BGB, 2011, § 25 Rn. 59.

[186] *Rüthers/Stadler*, Allgemeiner Teil des BGB, 2011, § 25 Rn. 60.

(2) 無過失

　　惟民法第88條第1項但書規定，表意人得撤銷，「以其錯誤或不知事情，非由表意人自己之過失者為限」。我國民法學說與實務，傳統上將**過失**區分為重大過失與輕過失，並再將輕過失細分為具體輕過失與抽象輕過失。關於民法第88條第1項但書「過失」的解釋，見解分歧，實務上採具**體輕過失**，過失的有無，以其主觀上是否已盡其**與處理自己事務同一的注意**為判斷標準；[187] 學說上，有與實務相同見解者，[188] 而多數說則採**抽象輕過失**，[189] 另有採**重大過失**說者。[190]

　　在立法例上，德國民法典第119條（§ 119 BGB Anfechtbarkeit wegen Irrtums）規定並無「表意人無過失」的限制。此為我民法特殊規定，偏重相對人信賴與交易安全保護，而忽略表意人的內心真意；意思表示錯誤，通常出於表意人的過失，因此無過失而得撤銷情形甚少，效果上對於表意人顯然過苛。[191] 如採「重大過失說」，應稍能增加錯誤撤銷規定的適用機會；日本民法第95條但書明文規定：「表意人有**重大過失**時，不得主張無效。」[192] 可供參酌。因民法第88條第1項但書無過失的限制，致使民法第88條、第90條、第91條等規定在實務上幾無適用機會，而失其重要性；就其法律效果的利益衡量而言，亦不適當。蓋不宜將一方當事人的利益建立在他方的輕過失之上；該一方當事人的信賴與交易安全，藉由信賴損害賠償（民法91）應該已經足夠。本書認為應刪除該但書限制，民法第91條

---

[187] 最高法院62年度台再字第140號判決、99年度台上字第678號判決；陳聰富，民法總則，2014年12月，284頁。

[188] 鄭玉波、黃宗樂，民法總則，2008年9月，284-286頁；陳聰富，民法總則，2014年12月，284頁。

[189] 史尚寬，民法總論，1980年1月，369頁；施啓揚，民法總則，2009年8月，295頁；王澤鑑，民法總則，2014年2月，425-426頁。

[190] 王伯琦，民法總則，1963年3月，162頁。

[191] 鄭玉波、黃宗樂，民法總則，2008年9月，285頁。

[192] 民法第95條：「意思表示は、法律行為の要素に錯誤があったときは、無効とする。ただし、表意者に重大な過失があったときは、表意者は、自らその無効を主張することができない。」

已足以適度保護相對人的信賴；在未刪除前，對於過失的解釋，可參照刑法第14條的過失定義，同樣解釋為「**按其情節應注意，並能注意，而不注意**」。

評論：日本民法第95條立法上模仿德國民法典第119條（§ 119 BGB）規定，但增加了但書規定「但表意人有**重大過失**時，不得主張無效」；我民法第88條立法上亦模仿德國民法典第119條，但同時仿效日本民法增加了但書「但以其錯誤或不知事情，非由表意人自己之**過失**者為限」，將「重大過失」改為「過失」，使得民法第88條第1項本文適用範圍嚴重限縮，在司法實務毫無重要性可言。一個理應功能強大之意思表示錯誤的撤銷制度，在台灣近乎功能全失。保護相對人使其將（履行）利益建立在表意人的無心之過上，顯不適當。如企業主使用員工為意思表示的代理人或使者（傳達人），而此員工因為過失而表示或傳達錯誤，當企業主不能撤銷其意思表示而受到損害，將對該受僱的員工依債務不履行請求損害賠償；一個通常僅領取低薪的員工，卻要負如此高額賠償的風險，嚴重利害失衡而不符合正義。

民法第88條第1項但書，實為畫蛇添足的不當規定！

【信賴損害與履行損害】

請求權人所受的損害，有信賴損害與履行損害的區別。

信賴損害（Vertrauensschaden），又稱信賴利益（Vertrauensinteresse）或消極利益（negatives Interesse）的損害，指請求權人因信賴意思表示（或法律行為）有效所生的損害，例如民法第91條、第110條規定的損害。如應賠償信賴損害，則賠償義務人應使請求權人回復到沒有

該意思表示並對此產生信賴之前的利益狀態。[193]

例如：甲向乙以3萬2,000元承租度假屋H，原意要承租8月的，卻因抽象輕過失而錯誤地表示為7月；當甲發現錯誤後，將其意思表示撤銷（民法88 I）；[194] 致使乙嗣後無法將H屋於7月以3萬元出租他人使用，因之受到損害，得向甲請求賠償3萬元，此為信賴損害的賠償（民法91）。信賴損害，常見的情形如訂約費用、運費、喪失原本訂約機會的損失。

履行損害（Erfüllungsschaden），又稱履行利益（Erfüllungsinteresse）或積極利益（positives Interesse）的損害，指請求人因履行義務人未履行其義務所生的損害。如應賠償履行損害，則賠償義務人應使請求權人回復到假設其有履行時，請求權人所應有的利益狀態。[195] 在上述例中甲、乙原約定租金3萬2,000元，即為乙的履行利益，不適用民法第91條規定。

(3) 除斥期間

錯誤的意思表示之撤銷權，自意思表示後，經過一年而消滅（民法90），此為撤銷權之除斥期間的限制，必須在該期間內有效撤銷（撤銷表示為相對人了解或到達相對人，民法116、94-95）。[196]

(4) 特別規定

民法第738條規定：「和解不得以錯誤為理由撤銷之。但有左列事項之一者，不在此限：一、和解所依據之文件，事後發見為偽造或變造，而和解當事人若知其為偽造或變造，即不為和解者。二、和解事件，經法院確定判決，而為當事人雙方或一方於和解當時所不知者。三、當事人之一方，對於他方當事人之資格或對於重要之爭點有錯誤，而為和解者。」此

---

[193] *Brox/Walker*, Allgemeiner Teil des BGB, 2019, § 18 Rn. 46.

[194] 民法第88條第1項但書規定的過失，在此暫解釋為具體輕過失或重大過失為前提。

[195] *Brox/Walker*, Allgemeiner Teil des BGB, 2019, § 18 Rn. 46.

[196] 相同見解，王澤鑑，民法總則，2014年2月，427頁。

為民法第88條的特別規定，限制撤銷的事由；然此條規定「和解契約」的撤銷，與民法第88條第1項規定「意思表示」的撤銷，概念上並不一致，精確表達應為「和解契約之意思表示」，蓋表意人得撤銷者應僅限於其本身有錯誤的意思表示，而非該和解契約。

2.信賴損害的賠償

表意人撤銷意思表示時，對於信其意思表示為有效而受損害的**相對人**或**第三人**，應負賠償責任（民法91本文），惟以該受害的相對人或第三人善意並無過失為要件（民法91但書）。

賠償的範圍為**信賴損害**，是一消極的利益，不是履行利益或積極的利益，即當事人確信法律行為有效，卻因某事實發生而歸於無效，所受到的損害，例如訂約費用、準備履行費用、喪失其他訂約機會的損失。依通說，信賴損害的賠償以不超過**履行利益**為限，[197] 即不超過相對人就該意思表示有效時，所應有的利益。因為相對人不應在**撤銷**的情況，獲得比**不撤銷**的情況更有利的法律地位。[198]

> 例：中盤商甲以20萬元買得一批材料M後，以書信向乙為買賣的要約。乙表示如甲免費將M運送至P地，願意以22萬元購買M，甲表示同意。不久，第三人丙表示，願意以25萬元向甲購買該M，並且自費取貨；甲拒絕丙的要約，並且將M運送至乙所指定的P地。嗣後乙以錯誤為理由，依法撤銷與甲的M買賣契約；甲因M的往返二趟運送，各支出5,000元的運費。甲的**信賴損害**合計6萬元（如與丙訂立契約的5萬元所失利益、無益的1萬元的運費）；甲的**履行利益**合計僅有1萬5,000元（與乙的契約所應得的利益2萬元，並扣除運往的費用5,000元）。結論：甲僅得請求乙賠償1萬5,000元的信賴損害。

---

[197] 王澤鑑，民法總則，2014年2月，428頁；*Brox/Walker*, Allgemeiner Teil des BGB, 2016, Rn. 447。

[198] *Brox/Walker*, Allgemeiner Teil des BGB, 2019, § 18 Rn. 47.

例：甲錯誤將A物以2萬元出賣給乙，乙為善意，並將A物以2萬5,000
　　元（履行利益、消極的損害）轉賣給丙。乙為付價金，信用貸款
　　支付手續費及利息共計1,200（或6,000）元（信賴損害、積極的損
　　害）。之後，甲撤銷該買賣的意思表示。結論：乙得請求甲賠償信
　　賴損害1,200元（或5,000元，以履行利益為上限）。

3. 物的性質錯誤之撤銷權與物的瑕疵擔保請求權之關係

多數說採競合說，二者不互相排除。[199] 物的瑕疵擔保請求權，包括
減少價金、解除契約。

（四）誤解或不合意

若雙方當事人各自為意思表示並無錯誤，但彼此意思表示不相符
合，不屬於此錯誤。不合意的主因，通常為受領意思表示的當事人了解不
正確。

例：甲表示將其車出讓（售）給乙，乙誤以為贈與而表示接受。

例：甲到乙開的商店購物，挑選好商品放在櫃台。乙計算價錢後說：
　　「1,005元。」甲說：「5元算了？」乙爽快答應了，甲扔了一個
　　5元硬幣在櫃台，抓起選購商品迅速往外衝；乙緊追且要求甲付
　　1,000元。甲責怪乙沒誠信，主張乙已經答應「5元算了」，即同意
　　價金為「5元」，自己已經付清約定價金。甲的主張有理由嗎？
　　甲、乙的表示，客觀上均應理解為價金1,000元，故甲的主張無理
　　由。

---

[199] 最高法院82年台上字第215號判例（舊）：誤買受建地無任何建築限制，係物的性
　　質上錯誤；王澤鑑，民法總則，2014年2月，421-422頁提出四點支持理由，值得贊
　　同。

例：甲以LINE向乙要約，出價120萬元購買乙的A車。乙回覆時，將
「吾人同意您的要約」，打成「無人同意您的要約」，沒注意就傳
送出去。甲後來以110萬元向丙購買B車。幾天後，乙詢問甲何時要
完成A車的後續交易。甲否認與乙有成立A車的買賣契約，有無理
由？

依受領人甲客觀所能理解，乙拒絕甲的要約，甲與乙間並無合意，
不成立A車的買賣契約，甲有理由。

【長興財報擺烏龍　投資人虧大了】[200]

集中交易市場2010年4月29日（四）出現一場大烏龍，長興化工
（1717）將2009年全年財報每股獲利3.51元誤植成今年（2010年）首
季財報每股獲利，上傳公開資訊觀測站，結果股價大漲，一度攻上漲
停，爆出歷史天量。但烏龍釐清後，收盤卻下跌3%，導致早盤買進
的投資人損失慘重，投保中心29日已開始受理投資人求償登記。

證交所表示，長興向證交所說明，是公司人員疏失，「**輸入錯誤資
訊**」，至於是否涉及「**不法或炒作**」，一定會查，不過初步了解，交
易面沒有重大異常。

【大展證券受害　當場住套房】[201]

長興化工（1717）擺烏龍，連證券自營商也受害！大展證券自營部
因錯誤的財報訊息，以接近漲停價搶進650張長興化工股票，沒想到
卻套牢近2,500萬元，虧損9.05%，大展證券既無奈又氣憤，決定逢高
出清長興化工股票，從此列入拒絕往來戶。

---

[200] 自由時報，2010年4月30日（五），C1版，記者陳永吉台北報導，自由時報電子報網
址：http://www.libertytimes.com.tw/2010/new/apr/30/today-e9.htm（瀏覽日期：2010年
5月1日）。

[201] 自由時報，2010年4月30日（五），C1版，記者李錦奇台北報導，自由時報電子報網
址：http://www.libertytimes.com.tw/2010/new/apr/30/today-e9-2.htm（瀏覽日期：2010
年5月1日）。

大展證自營部4月29日早11點左右，發現長興今年第一季EPS高達3.5元，遠遠高出大展證研究部預估的0.5元，雖然當時長興股價已經急漲至38元左右，但大展證自營部還是如獲至寶，立刻強力買進650張，由38元追到38.2元漲停價，自營部當時還覺得搶到股票「很爽」。「沒想到，11點38分左右，又傳出財報誤植的訊息，當場傻眼！」大展證自營部操盤人說，自營商規定不能當沖買賣股票，只能眼睜睜看著長興漲停打開，翻黑下跌，卻無計可施，650張股票套牢只能留倉，收盤後結算，套牢近2,500萬元，虧損約223萬元，虧損約9.05%，比單日漲跌停限制的7%還高。

三、誤傳

（一）概念

　　所謂誤傳（falsche Übermittlung），謂意思表示，因傳達人（Übermittlungsperson）或傳達機關（傳達媒介）的不確實傳達（民法89），其本質上屬於**表示行為錯誤**。

　　民法第89條以表意人使用傳達人或傳達機關代為轉達其意思表示為要件。傳達人，指傳達意思表示的自然人，例如使者、翻譯人、仲介人；傳達機關，指傳達意思表示的機構或組織，例如郵務機關（公司）、電信機關（公司）。傳達人、傳達機關僅傳達表意人的意思表示，自己未為意思表示，故有別於自己為意思表示的代理人（民法103）。

　　表意人使用電話為意思表示，並未使用傳達人或傳達機關，其錯誤無民法第89條的適用，而應直接適用民法第88條規定。

　　傳達人**故意**傳達錯誤，是否屬於民法第89條的適用範圍，頗有爭議。否定說認為應類推適用**無權代理**規定（民法110），由傳達人對相對

人負損害賠償責任。[202] 本書贊同肯定說，基於合理的危險分擔，表意人
事實上使用第三人參與法律交易，亦應承擔使用人故意傳達錯誤的危險，
而僅得依民法第89條規定撤銷其意思表示。[203]

（二）型態

1.意思的誤傳

又稱實質的誤傳，指將意思表示的內容錯誤地傳達予正確的相對
人。此種類型的誤傳屬於民法第89條的誤傳，學說上無爭議。

> 例：甲要以1萬元「出售」A物給乙，使者丙誤傳為「贈送」。

> 例：商人丁派其司機庚去向戊訂購「5000單位」貨品，庚卻誤傳為
> 「8000單位」。

2.對象的誤傳

又稱形式的誤傳，指將正確的意思表示內容，傳達予錯誤的對象。

> 例75：甲要以1萬元出售A物給「丙」，使者乙卻誤傳給「丁」，謂甲
> 要以1萬元出售A物給丁。

關於對象誤傳的法律效果，學說見解不一。本書認為，對表意人所
欲傳達卻實際未被傳達的對象（如上例的丙），應認為其意思表示未到達
（Zugang），而未生效力（民法95）；對表意人不欲傳達卻實際被傳達

---

[202] 王澤鑑，民法總則，2014年2月，423頁。
[203] *Wolf/Neuner*, Allgmeiner Teil des Bürgerlichen Rechts, 2012, § 41 Rn. 40; *I. Schwenzer*, Schweizerisches Obligationenrecht, Allgmeiner Teil, 2006, Rn. 37.08.

的對象（如上例的丁），因其實際上已受領該意思表示，得適用民法第89條的誤傳規定。

（三）法律效果

同上述「錯誤」的效果，表意人得於一年內撤銷其誤傳的意思表示（民法89準用88 I、90）；如其為撤銷，則應賠償善意相對人的信賴損害（民法91）。有疑義的是民法第89條準用第88條第1項，其但書「無過失」的撤銷限制規定，是否亦在準用的範圍。解釋上應準用，但因民法第88條第1項但書規定並非合理，**排除準用**可減少其不當影響範圍。

四、比較法[204]

就意思表示的錯誤及誤傳，得作為撤銷意思表示的原因而言，我國民法應是參考德國民法典（§§ 119, 120 BGB）及日本民法（第95條）的立法例。

依德國民法第119條第1項規定，表意人得撤銷錯誤的意思表示，包括內容錯誤與表示行為錯誤二種；其第2項交易上重要之人或物的性質（Eigensachaften）之錯誤，擬制為內容錯誤。我國民法第88條是直接翻譯德國民法第119條（§ 119 BGB），然而立法者卻在第88條第1項加上但書：「但以其錯誤或不知事情，非由表意人自己之過失者為限。」意思表示的錯誤，不論是內容錯誤或表示行為錯誤，通常表意人應為有過失，或有抽象輕過失或有具體輕過失，甚或有重大過失。加上此撤銷限制，其結果是使民法給予表意人撤銷其錯誤意思表示的規定，在實務上喪失其重要性。錯誤的意思表示，在德國一概得撤銷，未設限制；然而在台灣卻是通常不能撤銷。介於二者之間的，是日本民法第95條限制有重大過失（重大な過失）的表意人撤銷其錯誤的意思表示。

---

[204] *Rüthers/Stadler*, Allgemeiner Teil des BGB, 2011, § 25 Rn. 20.

瑞士債務法亦同於德國民法，准許表意人撤銷其錯誤的意思表示，然於其第25條（Art. 25 OR）明文限制其主張錯誤，不得違背誠實信用原則（Treu und Glauben）。依其實務見解，於此應特別斟酌，該契約是否及在何範圍內已經實現，因而其物權關係將受到影響。[205] 荷蘭民法典第3-53條第2項（Art. 3-53 II NBW）有與上述瑞士債務法相似的規定。[206]

法國民法並未規定契約一方當事人的單方錯誤或於傳達錯誤情形為得撤銷；依部分觀點，應該頂多一個對契約相對人為明顯的或由該相對人所造成的錯誤，得導致相對無效（nullité relative）的效果，無論如何他必須是可原諒的。其原來嚴格適用的詐欺撤銷，近年來才逐漸趨近於德國法。撤銷權的行使，必須以向法院起訴的方式，此有別於德國法及台灣法。

依義大利民法典第1428條至第1433條（Art. 1428-1433 Codice civile）規定，該錯誤必須是明顯的。

奧地利普通民法典與法國法近似，其普通民法典第871條（§ 871 ABGB）亦僅承認契約相對人有相當因果關係所造成的錯誤，為撤銷的理由；其撤銷權的行使，同樣必須以向法院起訴的方式。

英國民事裁判僅接受重大的錯誤（fundamental mistake）得作為無效（void, not voidable）的原因，此通常必須是雙方的，單方的錯誤通常不影響契約的效力；關於人的資格或物的性質之錯誤，均不重要。脅迫、不當影響及虛偽表示（duress, undue influence and misrepresentation），不論故意或無意的（fraudulent or innocent），會有得撤銷的效果，部分亦可能無效。於無效的契約，買受人不取得買受物的所有權；於得撤銷的契約，買受人則取得所有權，儘管是得撤銷，卻得在撤銷前讓與給善意的第三人。此法律制度在撤銷原因承認上的衿持及其法律效果上的區別，可由欠缺無因原則得到解釋，因為每一個負擔行為的推翻，亦自動地影響到其物的處分（Verfügung），或使其溯及的消滅，將使交易的安全及可靠受到

[205] *Rüthers/Stadler*, Allgemeiner Teil des BGB, 2011, § 25 Rn. 20.
[206] *Rüthers/Stadler*, Allgemeiner Teil des BGB, 2011, § 25 Rn. 20.

危害。蘇格蘭實務上對於承認意思表示錯誤有重要性，逐漸趨向寬鬆。

在**丹麥、挪威及瑞典**共同的契約法，唯有在契約他方當事人明知或可得而知的前提下，表意人才得撤銷其意思表示（§ 32 VertragsG）；於此有強異議（starke Einwendung）與弱異議（schwache Einwendung）的區分，於強異議，例如身體上強制、偽造，契約當事人他方的惡意並不重要；於弱異議，例如錯誤、誤傳，以他方欠缺值得保護為要件。

於**歐盟**的共同參考框架草案（Draft Common Frame of Reference, DCFR 2007）中，錯誤的撤銷也是一樣限制嚴格；其第二編第7章第7：201條（Book II, Ch. 7, 7:201）僅於相對人共同導致錯誤，或其至少可得而知該錯誤且得向他方說清楚。

日本民法規定法律行為的要素有錯誤，僅於表意人無重大過失的前提下，得撤銷該意思表示（日本民法第95條）。

第二十四節　被詐欺與被脅迫

例：【假冒宋代窖藏茶盞，5,000元現代藝品詐賣171萬元】[207]

曾被媒體捧為億元收藏家的新竹縣陳男，將一對宋朝茶盞以171萬6,000元賣給竹科林姓主管，林男事後將茶盞送鑑定，赫然發現是「現代工藝品」，且因老化特徵或上釉紋路、斑點明顯不對勁，價值僅5,000多元。

近年紐約、香港蘇富比拍賣中，南宋建窯茶盞拍賣價屢創新高，引起收藏人士關注。陳男以經營骨董名家字畫等買賣為業，聲稱具有辨識骨董名家字畫、高古宋瓷專業知識。2016年5月，陳男在新竹

---

[207] 「假冒宋代窖藏茶盞，5千元現代藝品詐賣171萬元」，自由時報，2019年5月28日（二），A1版，記者蔡彰盛新竹報導，自由時報電子報網址：https://news.ltn.com.tw/news/focus/paper/1291881 （瀏覽日期：2019年6月1日）。

縣新埔鎮住處，向竹科林姓主管佯稱：「手上的宋代茶盞是跟新加坡人買的，他（指新加坡人）的東西都是拿給拍賣公司拍賣，所以才信對方的東西。」等語，林男於是向陳購買兩個宋代茶盞。林男事後獲友人告知，先前向陳男買的漢磚與茶盞古物，經鑑定都是假貨，痛失數百萬元。林男請有「國寶鑑定師」之稱的楊淑銘鑑定，發現購入的茶盞竟是「現代製作的工藝品」。楊淑銘表示，無論是老化特徵或上釉的紋路、斑點，很多處都明顯不對勁，價值絕不超過5,500元。

問題：陳男得否推翻與林男間的上述茶盞買賣契約並請求還款？

例：【「把你撞死」黑幫逼地主簽字重劃】[208]

台中市神岡區「大夫第自辦重劃工程」，因多數地主反對，台中市政府暫緩實施，重劃會卻引入王男等黑道勢力介入，還用「我叫人把你撞死」等手段，威脅逼迫地主簽同意書，企圖獲取重劃利益。2013年間，洪男成立台中市神岡區「大夫第自辦重劃會」並擔任理事長，但多數居民反對重劃，其中，曾姓與張姓等地主，成立反重劃自救會，重劃會遂引入王男等黑道勢力介入。

2015年7月中旬，王男自稱是豐原地區黑道角頭「瘦樹」的孫子，在張姓地主住處前，開車故意重踩油門發出噪音，逼張簽署同意書，王男還寫下「社會自有公理和正氣，不要讓我不舒服」等恐嚇文字，當天晚上又夥同五名男子找張姓地主，張仍拒簽同意書。2015年7月20日，王嫌與李姓及陳姓流氓，對曾姓地主恐嚇：「今天給我簽出來（指簽署同意書），不然我叫人把你撞死。」上述重劃工程黑幕重重，2014年9月居民抗爭時，反重劃的居民指控說，

---

[208] 「『把你撞死』黑幫逼地主簽字重劃」，記者張瑞楨台中報導，自由時報電子報網址：http://news.ltn.com.tw/news/society/paper/1005235（瀏覽日期：2016年6月28日）。

部分參與重劃的地主，持有的土地面積僅0.32平方公尺，僅約一張椅子的面積，可能是重劃會找「人頭」，在地主人數上面「灌水」，讓重劃案可達到半數以上地主同意的門檻。

問題：**曾姓地主得否使其所簽的重劃同意書失去效力？**

一、被詐欺而為意思表示

（一）概念

被詐欺（durch arglistige Täuschung）而為意思表示，謂表意人因相對人或第三人故意的欺騙，陷於錯誤，而為本不願為的意思表示。[209]

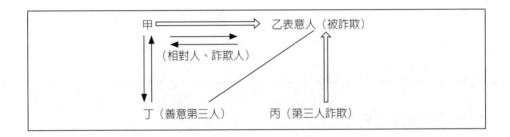

（二）要件

1.相對人或第三人的詐欺行為

詐欺行為，謂將虛偽的事實，當作真實的表示，包括：積極地虛構事

---

[209] 最高法院108年度台上字第1888號判決：按民法第92條第1項所謂因被詐欺而為意思表示，係指詐欺行為人基於使表意人陷於錯誤之故意而為詐欺行為，致表意人陷於錯誤而為意思表示者而言。

實、消極地隱匿事實。僅是單純的沉默，除法律上、契約上或交易上有告知義務外，不能構成詐欺。[210] 若是相對人提出問題，除該問題違背法律或公序良俗外，有據實回答義務；保險法第64條為此特別規定。

　　為詐欺行為者必須是相對人或第三人；然民法第92條第1項但書所稱第三人，為合理分配當事人的危險承擔，應作限縮解釋，不包括相對人用於為法律行為（例如締結契約）的代理人或使用人（輔助人）。[211]

2.因詐欺而陷於錯誤

　　詐欺必須是導致表意人錯誤的原因，即詐欺行為與表意人的錯誤之間，須有因果關係。

例：車商丙對顧客丁表示，丁有意購買的M車為德國原裝進口；然而，M事實上是一部國產車，丁明知該車國產車，只是錯誤地高估其原價格而表示買受。丙雖有詐欺行為，但因丁明知該車國產車，所以未因詐欺而限於錯誤。

3.因錯誤而為意思表示

　　表意人的錯誤必須是導致其為意思表示的原因，即其錯誤與為意思表示間，須有因果關係。若為意思表示非基於錯誤，即無因果關係。本條注重保護「意思自由」，至於表意人是否因此受財產上的不利益，不影響其效果（得撤銷）。[212]

　　民法第92條第1項規定的意思表示，得為**負擔行為**或**處分行為**的意思表示；惟原因行為（負擔行為）的意思表示被詐欺（或被脅迫），未必其結果行為（處分行為）的意思表示即可認定亦同屬被詐欺（或被脅迫）而

---

[210] 最高法院33年上字第884號判例（不再適用）、108年度台上字第2043號判決。

[211] 王澤鑑，民法總則，2014年2月，435頁。

[212] 王澤鑑，民法總則，2014年2月，435頁。

為，必須分別為具體判斷。

4.詐欺人的詐欺故意

詐欺故意（Arglist; Vorsatz）為一雙重故意，即詐欺人同時有為詐欺行為的故意，並使對方因詐欺而陷於錯誤並為意思表示的故意。故意，包括直接或間接（未必）故意，可援引刑法第13條的法律解釋。

例：二手車商甲將A車的行駛里程數，由18萬公里竄改為8萬公里，致使顧客乙同意以偏高的價格35萬元購買A車。數週後，乙獲悉A車里程數遭竄改一事，向甲要求退車還款。

5.詐欺的違法性

德國通說認為詐欺必須**違法**（Widerrechtlichkeit），因此當詐欺人具有違法阻卻事由時，即不違法，[213] 例如契約的他方詢問涉及在法律上無告知義務的隱私問題，例如性經驗、與契約內容無關的犯罪前科，而為虛偽的回答，不構成詐欺。本書認為，民法第92條的詐欺亦應具違法性，最高法院亦表示：「民法第92條第1項所謂詐欺，雖不以積極之欺罔行為為限，然單純之緘默，除在法律上、契約上或交易習慣上，就某事項負有告知之義務者外，其緘默並無**違法性**，即非本條之詐欺。」[214]

例：甲徵聘女秘書，乙應徵，甲問乙曾否墮胎或懷孕，乙否認或隱匿墮胎事實。因所提問題牽涉個人隱私，且與工作無關，乙否認或隱匿並不違法，不構成民法第92條第1項規定的詐欺。

---

[213] *Brox/Walker*, Allgmeiner Teil des BGB, 2019, § 19 Rn. 6.
[214] 最高法院108年度台上字第2043號判決。

（三）法律效果

1.撤銷權

　　表意人得撤銷其意思表示，經撤銷後該法律行為視為自始無效（民法114 I），主張被詐欺而為表示之當事人，應就其被詐欺而為意思表示的事實，負舉證責任。[215]

　　若是為詐欺行為的是**第三人**，則限於相對人明知或可得而知，始得撤銷（民法92 I但）。如上所述，為合理分配當事人的危險承擔，民法第92條第1項但書所稱**第三人**，應作限縮解釋，不包括該相對人使用於為法律行為（例如簽訂契約）的代理人或使用人（輔助人）。[216]

2.除斥期間

　　表意人應於發現詐欺後一年內撤銷其意思表示；惟自意思表示後，經過十年，即不得撤銷（民法93），此為撤銷權之**除斥期間**的限制，必須在該期間內有效撤銷，其撤銷表示須到達相對人（民法95）或其已了解（民法94）。

例：【2,200萬買畫當賺到，送佳士得拍賣才知上當】[217]
　　在台北市開藝品店的甲女，以2,200萬元出售10餘件中國名家畫作給乙男，乙送往香港佳士得拍賣時被退件，才發現買到假畫，憤而提告，因甲拒絕供出假畫的來源，台北地檢署依詐欺罪將甲起訴。甲賣給乙的假畫，包括國畫大師李可染的「牧童騎牛」、中國當代畫壇大師吳冠中的「裸女油畫」、「山村」，「中國現代藝術之

---

[215] 最高法院44年台上字第75號判例（舊）。
[216] 王澤鑑，民法總則，2014年2月，435頁。
[217] 自由時報，2010年5月6日（四），B1版，記者黃博郎台南報導，自由時報電子報網址：http://www.libertytimes.com.tw/2010/new/may/6/today-so3.htm（瀏覽日期：2010年5月7日）。

父」林風眠的仕女、荷花等畫作一批。畫作尺寸大多是39x58，或48x70公分，其中有2幅是68x137公分。藝術界指出，李可染畫牛出名，不只把牛當模特兒，還以牛做榜樣，學習牠們勤勞的性格，並將自己的畫室取名為「師牛堂」，李可染的一幅「韶山」，2009年在中國拍賣時，以1,624萬元人民幣（約臺幣7,500萬元）成交，創下其畫作在中國拍賣價紀錄；吳冠中、林風眠也是近代藝術大師，作品也具收藏價值。由於甲出示的都是大師級畫作，乙鑑賞之後愛不釋手，為之心動，經討價還價後，甲開出2,200萬元價格，雙方成交。乙買了畫，隨即透過友人丙送往「北京瀚海」及「香港佳士得」兩拍賣公司拍賣，但均被認為是「假畫」，慘遭退件。乙不滿，狀告甲詐欺，台北地檢署傳訊甲出庭，甲對於畫作來源交代不清，檢察官認定甲確有詐欺故意，將甲起訴。

問：乙得否依民法規定向甲請求返還該2,200萬元？

3.不得對抗善意第三人

被詐欺人撤銷其意思表示後，雖其意思表示（法律行為）因而無效，但卻不得以此效果對抗善意第三人（民法92 II）。至於該第三人的不知是否出於過失，民法第92條第2項未作區別，應認為無影響。

民法第92條第2項實為多餘而無益，蓋民法第92條第1項但書與第2項係仿日本民法第96條，間接仿德國民法典第123條第2項（§ 123 II BGB），[218] 而此條項規定第三人詐欺，其第二句（S. 2）的第三人（意思

---

[218] § 123 BGB (Anfechtbarkeit wegen Täuschung oder Drohung)

(1)Wer zur Abgabe einer Willenserklärung durch arglistige Täuschung oder widerrechtlich durch Drohung bestimmt worden ist, kann die Erklärung anfechten.

(2)Hat ein Dritter die Täuschung verübt, so ist eine Erklärung, die einem anderen gegenüber abzugeben war, nur dann anfechtbar, wenn dieser die Täuschung kannte oder kennen musste. Soweit ein anderer als derjenige, welchem gegenüber die Erklärung abzugeben war, aus der Erklärung unmittelbar ein Recht erworben hat, ist die Erklärung ihm gegenüber anfechtbar, wenn er die Täuschung kannte oder kennen musste.

表示相對人以外之人）限於因該意思表示而直接（unmittelbar）取得權利者，[219] 而日本民法不採處分行為（物權行為）無因原則。應是當初我立法者並未慮及無因、有因原則的差異，亦不明瞭德國民法典第123條第2項規定，增設民法第92條第2項規定在無因原則的前提下，成為無實質意義的規定。

例如甲被乙詐欺簽訂買賣契約，將所有A物出賣給乙，並已移轉所有權；乙又轉賣給丙，亦已移轉所有權。之後甲撤銷其（買賣契約）意思表示，是否（得）包括物權行為（讓與合意）的意思表示，就此例情形，學說見解不一。

(1) 否定說：僅撤銷買賣契約（債權行為）的意思表示。[220]

(2) 肯定說：（若是）債權行為與物權行為具有「**同一瑕疵**」，並得撤銷。惟善意第三人得主張民法第92條第2項的保護，或善意取得；因此，民法第92條第2項於無善意取得的情形，才有實益。[221]

本書認為，處分行為（物權行為）通常是為履行因被詐欺所成立的負擔行為（債權行為）而成立，與被詐欺之間未必有因果關係存在。故原則上應於個案就具體的負擔行為與處分行為分別為認定。

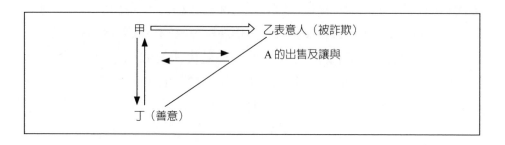

並參閱鄭玉波、黃宗樂，民法總則，2008年9月，292頁附立法例。

[219] 參閱王澤鑑，民法總則，2014年2月，437-438頁。

[220] 參閱鄭玉波、黃宗樂，民法總則，2008年9月，293頁；惟注意其完全忽略債權行為與物權行為的區別。

[221] 王澤鑑，民法總則，2014年2月，438頁。

> 甲詐欺乙，使乙以低價5萬元將所有物A出售並讓與給甲，甲再將A以
> 30萬元出售並讓與給善意的丁。
> 1. 乙得否撤銷買賣或讓與A的意思表示？
> 2. 丁因甲的讓與而取得或因善意取得A嗎？
> 3. 乙得否向丁請求返還A？

二、被脅迫而為意思表示

（一）概念

被脅迫（widerrechtlich durch Drohung）而為意思表示，謂表意人受故意之不法的危害預告，心生恐懼，而為本不願為的意思表示。

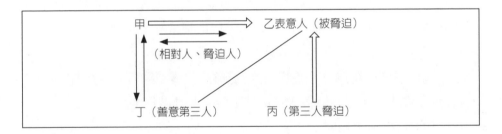

（二）要件

1. **脅迫的行為**：表示危害的行為；所謂危害，指任何將來的不利益，例如傷害、剝奪自由、洩漏祕密等。
2. **因脅迫而心生恐懼**：必須表意人因該脅迫而心生恐懼（Furcht），即脅迫行為與表意人的心生恐懼之間，有因果關係。

3. **因恐懼而為意思表示**：必須表意人因心裡恐懼進而為意思表示，即表意人的心裡恐懼與其為意思表示之間，有因果關係。

4. **脅迫的故意**：脅迫人必須同時有使表意人心生恐懼的故意（Vorsatz），並使之因恐懼進而為意思表示的故意（所謂的雙重故意）。

   至於脅迫人是否有違法意識（Bewusstsein der Rechtswidrigkeit）或可歸責（Verschulden），並無影響，蓋民法第92條第1項規定目的在於保護表意人的意思決定自由（Entschließungsfreiheit），而非對脅迫人究責。[222]

5. **脅迫的違法性**：在德國§ 123 I BGB明文規定脅迫行為須是違法的（widerrechtlich），我民法雖無此明文，解釋上應相同。所謂脅迫的違法，指其手段或目的違法（不正當）。違法，指違反法律強制或禁止規定；若手段與目的均為合法（正當），例如要脅向立、監兩院陳情、向檢警告發、告訴或向法院起訴，以逼迫對方簽訂和解契約或賠償損害，不構成違法脅迫；[223] 惟有疑義的是，以散播於新聞媒體為脅迫手段，是否違法。

   脅迫的違法，可以其手段與目的為基礎，區分為下列三種型態：

   (1) **手段違法**：例如以傷害或毀損為手段，要脅借貸金錢。

   (2) **目的違法**：例如以舉發逃稅要脅，要求出資（合夥）經營賭場；[224] 警察以舉發違法為手段，要脅贈與財物。

   (3) **手段與目的連結之違法**：指從手段與目的分別觀察，雖均無違法性（合法），但為達此目的而利用此手段，卻與所有合理及正直思考的人之道德觀念相違背時（die Benutzung dieses Mittels zu diesem Zweck verstoßt gegen das Anstandsgefühl aller billig und gerecht

---

[222] *Brox/Walker*, Allgemeiner Teil des BGB, 2016, Rn. 471; Medicus, Allgemeiner Teil des BGB, 2010, Rn. 820; anders aber BGHZ 25, 217, 224 = JZ 1958, 568.

[223] 最高法院54年台上字第2955號判例（舊）；施啟揚，民法總則，2009年8月，301頁。

[224] 王澤鑑，民法總則，2014年2月，442頁。

Denkenden），即具有違法性。[225] 換句話說，如欠缺適當之「手段與目的關係」（Zweck-Mittel-Relation），仍屬違法（不正當），例如甲以告發乙犯罪為手段，要脅乙為自己的債務保證（目的），不具適當的手段與目的關係，構成違法脅迫；但若甲要求乙賠償該犯罪的損害（目的），則手段與目的間有適當的內在關連，屬於合法行為，不構成違法脅迫。[226]

（三）法律效果

1.撤銷權

表意人得撤銷其意思表示（民法92 I本文），且不因係相對人或第三人為脅迫行為而有不同（民法92 I但書反面解釋）；經撤銷的意思表示（法律行為）視為自始無效（民法114 I）。

第三人為脅迫行為，表意人亦得撤銷其意思表示，且不以相對人明知或可得而之為限；惟相對人因撤銷而受損害，得否向何人請求賠償，學說上有不同見解：

甲說：依侵權行為規定，向第三人請求損害賠償。[227]惟能否滿足侵權行為規定的構成要件，亦有疑問。

乙說：類推適用關於錯誤的撤銷而賠償信賴損害的規定（民法91）。[228]

---

[225] BGH NJW 1982, 2301, 2302; 1983, 384, 385; *Medicus*, Allgemeiner Teil des BGB, 2010, Rn. 818.

[226] 王澤鑑，民法總則，2014年2月，442頁稱此為手段與目的關連之不法。

[227] 王伯琦，民法總則，1963年3月，170頁；王澤鑑，民法總則，2014年2月，444頁。

[228] *Köhler*, BGB Allgemeiner Teil, 1994, § 14 V 4 a; MünchKomm-BGB/*Kramer*, §123 Rn. 41. A. A. *Medicus*, Allgemeiner Teil des BGB, 2010, Rn. 822: Der Erklärende muss zwar das Risiko tragen, sich geirrt zu haben, aber nich auch dasjenige, bedroht worden zu sein. （表意人雖然必須承擔錯誤的風險，但不須承擔被脅迫的風險）

例：甲男於網路交友結識女網友乙，兩人相約在R餐廳共進晚餐，用餐中，乙女丈夫丙率二男子趕到，並強押甲到丙住處。途中，丙指責甲與其妻有染，三人不斷毆打甲，至丙住處，丙強迫甲簽下「自白和解書」及一張面額100萬元的本票。事後，甲委請律師發函給丙，表示撤銷自己的意思表示。惟丙仍持該100萬本票催討票款，甲乃訴請法院確認丙的該100萬本票債權不存在。

例：【恐嚇犯罪集團，偷拍性愛光碟，設局勒索地主500萬元】[229]
鶯歌地主許甲將私有地出租給鄭乙、王丙夫婦經營釣蝦場。乙、丙積欠租金40萬元，並向甲借款40萬元。乙、丙夥同假釋出獄的曹丁設計「仙人跳」，偷拍甲與丁約請的傳播妹「妮妮」性愛畫面，製成光碟，向甲謊稱「妮妮」未成年，同夥余戊扮演黑道勒索遮羞費500萬元；乙表示可請丁與戊談判，並達成300萬元和解。甲的表弟庚得知報警，丁向甲、庚恐嚇違反談判約定「會被做掉」。甲畏懼而付出50萬元紅包，給乙20萬元，並表示乙欠的40萬元租金及40萬元借款，「一筆勾消」，共損失150萬元。乙、丙、丁、戊等人因犯罪遭警方逮捕。

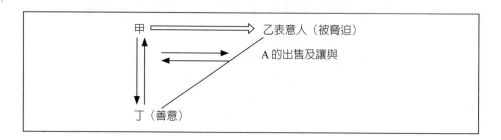

---

[229] 自由時報，2009年12月4日（五），B1版，記者吳仁捷、鄭淑婷、黃其豪台北報導。

甲脅迫乙，使乙以低價5萬元將所有物A出售並讓與給甲，甲再將A以30萬元出售並讓與給善意的丁。

1. 乙得否撤銷買賣或讓與A的意思表示？
2. 丁因甲的讓與而取得或因善意取得A嗎？
3. 乙得否向丁請求返還A？

2. 除斥期間

　　表意人須在脅迫終止後一年內撤銷其意思表示；惟自意思表示後，經過十年，即不得撤銷（民法93），此為撤銷權之**除斥期間**的限制。

例：甲被乙脅迫，為負擔債務的意思表示（民法300），適用民法第92條第1項及第93條規定；於一年除斥期間經過後，得依民法第184條第1項前段、中段或後段，請求損害賠償：廢止（債務）請求權；若此廢止請求權依民法第197條第1項規定罹於消滅時效，被脅迫人仍得依民法第198條規定拒絕履行。[230]

三、被詐欺與被脅迫的效果差異

◈意思表示的不自由

瑕疵原因	型態	干涉人	表意人撤銷的前提	撤銷對第三人的效力	相關法條
不自由（受不當干涉）	被詐欺	相對人		不得對抗善意第三人	民法92 I本文、II
		第三人	相對人明知或可得而知	不得對抗善意第三人	民法92 I本文、I但書、II
	被脅迫	相對人			民法92 I本文
		第三人			民法92 I本文

（一）第三人的詐欺或脅迫

第三人詐欺時，以相對人明知或可得而知為限，始得撤銷（民法92 I但）；至於被第三人脅迫，則無此限制。

（二）善意第三人的對抗

被詐欺的撤銷，不得對抗善意第三人（民法92 II）；被脅迫的撤銷無此限制，可對抗善意第三人。

（三）一年除斥期間起算

一年除斥期間起算，於被詐欺情形，自發現詐欺時；於被脅迫情形，則自脅迫終止時（民法93）。十年除斥期間，則二者均自意思表示起算。

第二十五節　條件與期限

一、概說

（一）未知與計畫錯誤

所有的法律行為，均以當事人對於現在事實的想法及對將來發展的期待為基礎。譬如一般人承租一間居住的房屋，總會將該房屋的使用及其租金的籌措，放進他的**未來計畫（Zukunftplanung）**裡；相對地，房屋出租人也有一定的期待，例如就承租人之遵守租約的行為或就該作為約定租金的金額之將來購買力。然而，事實可能現在就與當初所想像的不同，例如該承租的房屋隔音很差，以致承租人無法當做原計畫的音樂教室或腦力工作場所而使用；或是也可能事實的將來發展與所期待的不同。[231]

---

[231] *D. Medicus*, Allgemeiner Teil des BGB, 2010, Rn. 823.

如上所述，因而出現此一問題：事實與當事人的想像或計畫有所背離（Abweichung），究竟對於該法律行為應有何影響？此問題亦可用另外一種方式表達：究竟應如何分配**計畫與事實間不一致的風險**（Risiko einer Divergenz zwischen Planung und Wirklichkeit）？[232]

1.法律規定

關於前述問題，民法中設有多種規定，在總則編特別是關於意思表示錯誤的規定（民法88-91）；在債編中亦有涉及計畫錯誤的規定，例如債務不履行（民法225以下）或物之瑕疵（民法459以下），通常是當事人所未能預見的。因而就此所設的規範（例如民法225以下、264以下、459以下），最終就是（大多是債權人對於債務人會符合規定而提出給付的）期望落空之規定。相類似地，也可如此理解許多民法其他編或一些附屬法律的規定。

2.塑造法律行為的可能性

只要上述所指的規定屬於任意法，尤其是在債法（債務法），當事人得作與法律規定不同的約定。此外，亦得以顧及到不確定或未來發展，民法設有二種方法供利用：條件（Bedingung）與期限（Befristung）。

(1) 藉用**條件**，使一個法律行為的生效或繼續存在，取決於一定事實的發生與否（民法99）。[233] 例如出賣人得使買受物所有權的移轉，取決於價金的全部支付（保留所有權之附條件買賣，動產擔保交易法26）；買受人得作保留，先試驗買受物，並依其試驗結果決定買賣的生效（試驗買賣，民法384）。除了此等有法律明文規定情形，亦有許多的條件得用以顧及到不確定情形。例如一個企業得將其工具機的訂購，取決於其取得訂單，或是訂立一份建屋契約，讓其生效取決於定作人取得建築許可及執照（建築法26）。

---

[232] *D. Medicus*, Allgemeiner Teil des BGB, 2010, Rn. 823.

[233] *D. Medicus*, Allgemeiner Teil des BGB, 2010, Rn. 824.

(2) 藉助**期限**，使一個法律行為的效力，受到一個始期或終期（Anfangs-
oder Endtermin）的約束（民法102）；以此方式，當事人可顧及到已
經預知的未來變化。[234] 例如僅就一定的假期而租用民宿，即附有始期
及終期；旅遊景點商家或農場經營者，僅在旺季或農產採收期間才雇
用臨時工作人員。

3. 始料未及的計畫錯誤

　　除上述情形外，尚有第三種情況，當事人未料到的異常狀況出現，
因此其未預設有規定。例如第一次或第二次世界大戰的爆發、1950年代舊
臺幣的迅速貶值、2020年新冠狀病毒（COVID-19）造成全球疫情；或某
一職業球隊為讓他隊的隊員轉入，為其付給原屬球隊一筆鉅額的解約金，
轉入該球隊後卻爆發該球員過去因打假球、使用禁藥（doping）或其他違
法行為而遭到長期禁賽。[235] 對於此種始料未及的情形，除了例如因為戰
爭、重大疫情導致的給付不能，民法原有規定可適用外，其餘的情形，德
國民法典及我國民法初未設規定，[236] 如當事人亦未約定，即形成雙重的
規定漏洞（doppelte Regelungslücke）。為處理此問題，在學說上發展出
交易基礎喪失或情事變更理論（Lehre vom Wegfall der Geschäftsgrundlage;
clausula rebus sic stantibus）。接著我國及德國先後於民法中增設相關規
定，以填補原有的法律漏洞，如我國1999年增訂民法第227條之2規定：
「契約成立後，情事變更，非當時所得預料，而依其原有效果顯失公平
者，當事人得聲請法院增、減其給付或變更其他原有之效果。前項規定，
於非因契約所發生之債，準用之。」將情事變更予以明文規範；[237] 德國
2001年設規定於其民法典第313條及第314條（§§ 313, 314 BGB）。

---

[234] *D. Medicus*, Allgemeiner Teil des BGB, 2010, Rn. 825.

[235] 例如2009年的中華職棒打假球事件。台灣高等法院100年度矚上易字第6號刑事判
決。

[236] 相關規定，民事訴訟法第397條。

[237] Vgl. §§ 313 f. BGB.

（二）法律行為的附款

　　如上述，民法設有二種方法供當事人得以顧及到不確定或未來發展：條件與期限。當事人得在（主）法律行為上附加條件與期限，以作為**該法律行為的附款**，此附款是對法律行為效力的發生或消滅時期，所附加之為限制或變更的**附從性意思表示**。法律行為的附款，除民法總則規定的**條件**與**期限**二者外，當事人對法律行為附加**負擔**（Auflage），例如贈與附有負擔（民法412-414）、遺贈附有負擔或義務（民法1205），亦屬於法律行為附款的特殊種類。

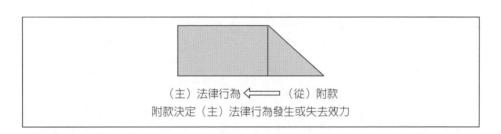

（主）法律行為 ⟸ （從）附款
附款決定（主）法律行為發生或失去效力

二、條件

（一）概念

　　條件即是上面所指，當事人得在法律行為上顧及未來不確定性（Ungewissheit）的一種方法。條件，係當事人以將來客觀上發生與否不**確定的事件**（*incertus an*），決定其法律行為效力的一種**法律行為附款**。因此，一個法律行為中如果有一項指定，此法律行為的效力取決於將來不確定的事件，稱為附條件的法律行為（民法99）。

條件是：

1. 法律行為的附從性意思表示。
2. 以將來客觀上發生與否不確定的事件為內容。
3. 限制法律行為效力的附款。

因此，附條件的法律行為，其效力的發生或消滅取決於將來客觀上不確定事件（**條件**）。

條件是以將來客觀上不確定的事件為內容，現在或過去的事件，並不是將來，依德國通說認為其不構成為一個條件；但如果當事人並非將法律行為的效力取決於該已發生的事件，而是取決於其將來知悉該已發生的事件，則民法關於條件的規定得類推適用（民法99以下）。[238]

【詭辯家師徒】[239]

普羅塔哥拉（481-ca. 411 B.C.）是古希臘著名之詭辯學派的哲學家。某日他家來了一位叫愛瓦特爾的青年，表示要拜普氏為師，學習訴訟及辯護的方法。愛氏認真地說：「一旦我學成當上律師，第一次出庭只要我勝訴，我一定付您一大筆錢。」

普氏說：「那就按照你剛才的意思，我們簽個契約吧！」愛氏一口答應，雙方簽訂契約。

第二天開始，愛氏每天來老師普氏家學習詭辯法。日復一日，愛氏進步很快，口齒益發伶俐，有時雙方進行辯論，連老師都說不贏他。一年過後，普氏覺得學生已超越自己，就對愛氏說：「你的學業已經完成，可以去當律師了。當然你應該付我一大筆錢作為學費。」愛氏回答：「一切依據契約辦事，契約上寫著，我當上律師後，第一次出庭勝訴後才能付給您學費。所以現在我還不能付您學費。」

愛氏存心賴掉這筆學費，所以遲遲不去為別人打官司，只等普氏自己找上門。普氏等很久仍未見愛氏送學費來，非常生氣，就向法院起訴愛氏。

在法庭上，普氏對學生說：「現在，如果你在我們的案件中勝訴，按

---

[238] *Brox/Walker*. Allgemeiner Teil des BGB, 2019, § 21 Rn. 3.

[239] 唐麒，世界智謀總集，外國卷（上），1992年5月，8-9頁。

照契約，你應該向我繳付學費；如果你敗訴，那麼你就應該依照法院判決付給我學費。總之，不管你是勝訴，還是敗訴，你都應該付給我學費。」

愛氏也以詭辯術反駁：「如果我勝訴了，那麼根據法院判決，我當然不用付學費；如果我敗訴了，那麼根據我們的契約，也不應該付學費，因為上面寫明第一次出庭勝訴後才付學費呀！所以不論我是勝訴或是敗訴，我都不必付您學費。」普氏用詭辯術辯不過學生，一時氣得說不出話來。

法官是普氏的老朋友，而且按理學生應該付學費，所以想幫普氏一下忙。他絞盡腦汁，挖空心思後做出如下安排：首先，法官駁回普氏的第一次起訴，但准許他再次起訴；然後，法官再判決普氏勝訴。這麼一來，愛氏就算是已經贏得第一次訴訟，而他的第二次訴訟卻輸了。因此，無論根據契約或是判決，愛氏都必須付給老師學費。愛氏沮喪地退下法庭，心想：「看來法官比我自己更聰明呢！」

（二）種類

　　條件，可依不同標準而分類，在此擇要介紹。

1.停止條件與解除條件

　　條件依其作用，是限制法律行為效力的發生或消滅為標準，可區分為停止條件（aufshiebende Bedingung）與解除條件（auflösende Bedingung）。

◆所附條件對（主）法律行為效力的作用

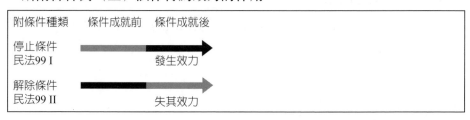

(1) 停止條件：限制法律行為效力**發生**的條件（民法99 I）。

> 例：5月4日，甲向乙購買C車，價金80萬元。因甲手中尚無該筆現金，因此雙方約定，當甲此期包牌所簽的**大樂透中彩金在100萬元以上的獎項**時，該車買賣契約才生效。5月6日開獎，甲果然中彩金125萬餘元的獎項。
> 如果甲、乙於5月7日上午訂立C車的買賣契約，當時雙方均不知甲已經中彩金125萬餘元的獎項，得類推適用民法第99條第1項規定，於雙方確知中獎時，該買賣契約生效。

> 例：遺囑人依遺囑所為的**遺贈**，因依一方的意思表示即而成立，為屬無相對人的**單獨行為**；**死因贈與**乃以贈與人的死亡而發生效力，並以受贈人於贈與人死亡時仍生存為**停止條件**的贈與，屬贈與的一種，性質上仍屬**契約**，須有雙方當事人意思表示的合致。[240]

> 例：承攬契約的承攬人交付**履約保證金**予定作人，係以擔保承攬債務之履行為目的，信託的讓與其所有權予定作人。此項**保證金的返還請求權**，附有於約定返還期限屆至時，無應由承攬人負擔保責任的事由發生，或縱有應由承攬人負擔保責任的事由發生，惟於扣除承攬人應負擔保責任的賠償金額後猶有餘額之**停止條件**。

(2) 解除條件：限制法律行為效力**消滅**的條件（民法99 II）。

2.積極條件與消極條件

依當作條件的**事件之性質**，是屬於積極的或消極的為標準，條件可區分為積極條件與消極條件。

---

[240] 最高法院95年度台上字第817號判決。

(1) 積極條件：以一定事實的（積極）發生，為條件的成就。

(2) 消極條件：以一定事件的（消極）不發生，為條件的成就。

3.隨意條件、偶成條件與混合條件

依條件的**成就**，是否受當事人意思所決定為標準，條件可以區分為隨意條件、偶成條件與混合條件。

(1) 隨意條件

依當事人一方的意思決定其成就與否的條件。又可細分為：

(a) 純粹的隨意條件：條件的成就與否，僅取決當事人的意思，別無其他因素，例如「你要使用時」、「君若欲清償」等。[241] 實務上以**附停止條件**的法律行為（債權行為），其條件成就僅繫於**債務人**的意思時，即取決於債務人一方意思之純粹隨意條件，其法律行為無效；[242] 若其條件成就繫於**債權人**的意思時，即取決於債權人一方意思之純粹隨意條件，其法律行為仍為有效。[243]

(b) 非純粹的隨意條件：條件的成就與否，除當事人的意思外，尚需要某事實才可成立，例如「妳如果到德國留學」。

(2) 偶成條件

依**偶然的事件**決定其成就與否的條件，條件通常屬於此種。

(3) 混合條件

混合當事人一方的意思及偶然的事件，以決定其成就與否的條件。

例：甲、乙約定，當丙女與乙訂婚時，甲即贈與乙一部G電動機車。

4.表見條件

表見條件，又稱**假裝條件**，其僅有條件的形式，而無條件的實質，因

---

[241] 鄭玉波、黃宗樂，民法總則，2008年9月，308頁。

[242] 最高法院55年度台上字第214號判決。

[243] 參閱鄭玉波、黃宗樂，民法總則，2008年9月，309頁。

此為**非眞正條件**。表見條件有如下列：

(1) 既成條件

即已定條件，謂法律行為成立時，條件的成就與否，已經確定的條件。若為解除條件，該法律行為無效；[244] 若為停止條件，該法律行為無條件。

(2) 不能條件

以依社會觀念，通常不可能實現的事實為內容之條件。如法律行為附加不能條件而為停止條件，該法律行為無效；如附加不能條件為**解除條件**，因此條件不能實現（成就），應解為該法律行為為無條件。例如最高法院曾謂，就**非告訴乃論**的過失致死罪，當事人所成立和解契約而給付支票，以**撤回告訴**為解除條件，如該告訴法律上不能撤回，該條件即不可能成就，因此應將該和解契約解為**無條件**。[245]

(3) 法定條件

依法律規定，當然為法律行為發生效力的要件，即法定的生效要件，例如法律行為的合法（民法71）、動產所有權移轉行為的交付（民法761）、不動產所有權移轉行為的登記（民法758）。此為假裝條件，與無條件同。[246]

(4) 不法條件

以違法或有悖於公序良俗的事實為內容的條件，例如贈與契約附有終止不法的同居之解除條件。[247] 學者有以日本民法第132條規定為佐證，認為「附不法條件之**法律行為**」為無效；惟實務上傾向於僅將該**不法條件**認定為無效，而該條件所附屬的法律行為本身，仍認定為有效。

---

[244] 最高法院68年台上字第2861號判例（舊）。

[245] 日本民法第133條：「附不能的停止條件之法律行為，無效。附不能的解除條件之法律行為，視為無條件。」按最高法院52年台上字第286號判例（不再適用）係將「不能撤回告訴」的解除條件（既成條件），誤為「撤回告訴」的解除條件（不能條件）。

[246] 最高法院40年台上字第229號判例（舊）。

[247] 最高法院65年台上字第2436號判例（舊）。

例：不法同居的甲男、乙女約定，甲將A物贈與並移轉所有權予乙，若
　　「雙方終止同居」，A物的贈與及所有權移轉均告失效（解除條
　　件）。該贈與契約及所有權移轉行為均有效，僅該解除條件本身無
　　效。[248]

（三）不得附條件的法律行為

　　基於私法自治，原則上法律行為允許附條件；惟於例外情形始禁
止，主要為基於公益或法律行為的性質，而不得附條件，例如身分行為
（結婚、離婚、收養、終止收養等）、繼承的拋棄、抵銷的意思表示（民
法335 II）、撤銷權的行使、票據行為（票據法24 I ⑤、36、120 I ④、
125 I ⑤）。

　　如一定的法律行為不得附條件，卻附有條件，除法律有特別規定者
外，[249] 其效果取決於該法律行為與其條件依**當事人意思**是否為可分（民
法111但書）。其為**可分**，僅該條件無效，即與未附條件同；其為**不可
分**，若當事人無該條件即不為該法律行為，則該法律行為無效。[250]

（四）成就與不成就

1.條件成就

　　條件成就，謂條件的內容（不確定的事實）已經實現，有自然的成就
與擬制的成就二種情形。

(1) 自然的成就

　　條件的內容事實上已經實現，例如約定以某甲通過今年的某次國家考
試為條件，嗣後甲確實已經通過該考試。

---

[248] 最高法院65年台上字第2436號判例（舊）。

[249] 例如背書附條件，其條件視為無記載（票據法36），其背書行為仍有效。

[250] 相同見解，鄭玉波、黃宗樂，民法總則，2008年9月，317頁；王澤鑑，民法總則，
　　2014年2月，474-475頁。

(2) 擬制的成就

因條件成就而受不利益的當事人，如以**不正當行為**阻其條件的成就，視為條件已成就（民法101 I）。雖其條件的內容事實上並未實現，法律上擬制與事實上已實現有相同的效果。

債的當事人甲、乙預期不確定事實的發生，以該事實發生時為債務的清償期者，倘債務人乙以不正當行為阻止該事實的發生，**類推適用**民法第101條第1項規定，應視為清償期已屆至。[251]

因條件成就而受不利益之當事人，如以**不正當行為**阻其條件之成就者，視為條件已成就，民法第101條第1項定有明文。此固為維護誠實信用原則，貫徹附條件法律行為之效力，於因條件成就而受不利益當事人以不正當行為阻止條件成就時，特設該條件視為已成就之規定。惟對於條件成就施以影響之行為，究應如何定性其為不正當行為？舉凡故意妨害、違反法令或違背正義之行為均屬之外，當視法律行為時當事人之意思依**誠實信用**之原則客觀地評價，以決定該當事人所為是否可被允許？其評價之作成，並應考慮該當事人對系爭條件之成就施以影響之動機、目的，再參酌具體個案情況予以認定之。倘系爭條件成就之促成，係以**不作為**之方式為之，於評價該不正當性時，更應以**作為義務**之存在為前提。[252]

2. 條件不成就

條件不成就，謂條件的內容已經確定不會實現，有自然的不成就與擬制的不成就二種情形。

---

[251] 最高法院87年台上字第1205號判例（舊）。
[252] 最高法院103年度台上字第2068號判決。

(1) 自然的不成就

條件的內容已確定不會實現，例如考前約定以某甲通過今年的國家考試為條件，嗣後甲並未報名參加該考試，或確未通過該考試。

(2) 擬制的不成就

因條件成就而受利益的當事人，如以不正當行為促其條件的成就，視為條件不成就（民法101 II）。雖其條件的內容事實上已經實現，法律上擬制與未實現有相同的效果。

（五）附條件法律行為的效力

1. 條件成就前

在條件成就前，當事人一方取得**期待權**，受民法第100條保護，而對此期待權的侵害，其賠償責任須等條件成就時才發生。

2. 條件成就後

在條件成就後，除當事人特約有溯及效力外，原則上**無溯及效力**。

(1) 附停止條件

附停止條件的法律行為，於條件成就時，**發生效力**（民法99 I），亦即向後發生效力。

> 當事人約定，債務人甲以將來可取得A不動產所有權，為因供擔保設定抵押權的（停止）條件，嗣後甲取得A不動產所有權時其（停止）條件即已成就，而負因供擔保設定抵押權的義務。[253]

(2) 附解除條件

附解除條件的法律行為，於條件成就時，**失其效力**（民法99 II），亦即向後失去效力。[254]

---

[253] 最高法院40年台上字第1682號判例（舊）。
[254] 最高法院88年度台上字第2033號判決。

　　惟依當事人的特約，使條件成就的效果，不於條件「成就之時」發生者，依其特約（民法99 III）。依此規定，當事人得以特約訂定，使條件成就的效果追溯於法律行為成立之時。[255]

例：H房屋租賃契約定有存續期間，同時訂有以「出租人確需自住」（民法99 II）為收回H屋的租賃契約解除條件，須於條件成就時，始得終止契約（民法99 II）。[256]

例：丙向某市政府通信投標購買因土地重劃而由市政府出售的抵費地（出售土地得價抵繳土地所有人應負擔的工程受益費），經市政府通知得標，並收取第一、二期價款後，土地的原所有人丁主張，就該地有優先承購權（實施都市平均地權條例臺灣省施行細則169 II），曾於標售當日委任代理人到場表示優先承購，為市政府所拒。遂對市政府提起訴訟，經三審判決命市政府將該土地優先出賣並辦理所有權移轉登記與丁確定。丙聲請法院准就該土地假處分後，訴請市政府於受領尾款之同時將土地所有權移轉登記與丙。查標售須知載明抵費地的原土地所有人有優先承購權，即係附解除條件的買賣，土地的原所有權人丁既已表示承購，則解除條件已成就，丙與某市政府間的普通買賣契約即失其效力（民法99 II），法院不能使無優先承購權的丙，依據該失效的契約，獲得勝訴之判決。[257]

---

[255] 最高法院92年度台上字第115號判決。

[256] 最高法院48年台上字第228號判例（舊）。

[257] 最高法院65年度第2次民庭庭推總會決議（二），1976年2月17日。

3. 條件不成就

(1) 附停止條件

附停止條件的法律行為，當該條件確定不成就時，則確定**不生效力**。

> 例：甲、乙雙方就某工款為和解契約，附有須經乙的上級官署核准之停
> 止條件，如其上級官署未予核准，則其條件不成就，依民法第99條
> 第1項規定的反面解釋，自屬未生效力。[258]

> 例：縱債權讓與契約因讓與人與受讓人間的意思合致而發生債權移轉之
> 效力；且附有條件的債權亦得為讓與，惟因附有**停止條件**的債權，
> 於條件**成就**時始發生效力，而於斯時方得為債權的移轉。若停止條
> 件確定的**不成就**，該債權即確定的不生效力，所讓與的債權自不生
> 移轉的效力。[259]

(2) 附解除條件

附解除條件的法律行為（原已經生效），當該條件確定不成就時，則
繼續有效（民法99反面解釋）。

三、期限

（一）概念

期限（Frist），係以將來發生**確定的事件**（*certus an*）為內容，限制
法律行為效力的發生或消滅，而由當事人任意所加的一種法律行為附款。
因此，一個法律行為中如果有一項指定，此法律行為的效力取決於將來確

---

[258] 最高法院44年台上字第541號判例（舊）。
[259] 最高法院93年度台上字第1431號判決。

定的事件，稱為附期限的法律行為（民法102）。

期限是：

1. 法律行為的附從意思表示。

2. 以將來客觀上發生確定的事件為內容。

3. 限制法律行為效力的附款。

（二）種類

期限，亦可依不同標準而分類，在此擇要介紹。

1.始期與終期

期限，依其作用是在限制法律行為效力的發生或消滅，區分為始期與終期。

◈ 所附期限對（主）法律行為效力的作用

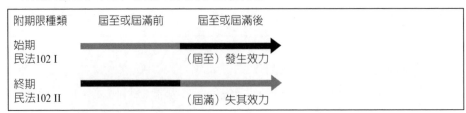

(1) 始期：其作用在限制法律行為效力的**發生**之期限。

(2) 終期：其作用在限制法律行為效力的**消滅**之期限。

> 例：甲與乙約定，自乙開始就讀大學起（始期）至畢業（終期）止，甲
> 　　提供乙教育費及生活費，乙則須輔導甲的獨子小學生丙的課業。

2.確定期限與不確定期限

期限，依其內容的事實之發生時期是否確定，區分為確定期限與不確定期限。

(1) 確定期限：為其內容的事實之發生及其發生的時期，均為確定的期限（*certus quando*），例如2022年8月8日。

(2) 不確定期限：為其內容的事實之發生雖確定，但其發生的時期不確定（*incertus quando*），例如約定「當事人一方甲死亡之時」為雙方某契約效力的（終止）期限。

例：當事人**預期**不確定事實的**發生**，以該事實發生時為債務的清償期者，應認該事實發生時或其發生已不能時，為清償期屆至之時。當事人雙方約定甲方於B工程完竣後，應依建築法規向建築主管機關**取得使用執照**，始可請求給付工程尾款。在此，雙方係以使用執照取得的事實發生，為既存工程尾款債務的**清償期**，並非以之為發生債務的**停止條件**。[260]

3.表見期限

表見期限，又稱**假裝期限**，其僅有期限的外形，而無期限的實質，例如不能期限、猶豫期限（民法318 I但書）、法定期限（民法380）等。

（三）禁止附期限的法律行為

1.得附期限為原則

基於私法自治，法律行為原則上允許附期限（始期或終期），其情形同於附條件，僅於例外情形禁止。

2.例外

(1) 不得附條件，但得附期限：例如匯票（票據法24 I ⑤、⑨）、本票（票據法120 I ④、⑧）、遠期支票（票據法125 I ⑤、128 II）。

(2) 僅得附始期，不得附終期：例如債務免除（民法343）。

---

[260] 最高法院94年度台上字第2894號判決。

（四）附期限法律行為的效力

1.期限到來前

當事人一方取得**期待權**，亦受民法第100條保護（民法102 III），而對此期待權的侵害，其賠償責任須待期限到來時才發生。

2.期限到來時

(1)始期屆至

附**始期**的法律行為，於期限屆至時，發生效力（民法102 I）。

(2)終期屆滿

附**終期**的法律行為，於期限屆滿時，失其效力（民法102 II）。

例：甲向乙承租公寓A，租賃期間自2022年7月1日（始期）至2023年6月30日（終期）。

例：丙向自由時報公司訂閱自由時報，期間一年，自今年5月1日（始期）起至明年4月30日（終期）止。

四、條件與期限的主要區別

條件與期限都是法律行為的附款，雖同屬於當事人得以顧及到未知者或未來發展的方法，二者主要區別在於條件係以**不確定事實**為內容，而期限則以**確定事實**為內容。就條件而言，其「是否」（das Ob）不確定，但其決定的時間點則是可以確定（*certus quando*）或不確定（*incertus quando*）。就期限而言，其「是否」則為確定，但其「何時」（das Wann）可以是確定的，例如2022年10月10日；也可以是不確定，例如至某甲死亡止。[261]

---

[261] *Medicus*, Allgemeiner Teil des BGB, 2010, Rn. 828.

第二十六節　第三人的同意

一、概說

依法律規定，一定的法律行為以第三人的**同意**為其生效的要件（**特別生效要件**），此等法律行為，在此統稱為**須得第三人同意的法律行為**。

同意，乃是有相對人的意思表示（民法94、95），其得向法律行為的當事人一方為表示（民法117）。因同意本身並不屬於該「須得第三人同意的法律行為」的一部，無須具備與該法律行為相同的方式，例如於民法第758條第2項的書面、第422條的字據規定情形，亦即原則上屬於不要式行為。

法律行為須得**第三人同意**的原因有二，或在於直接牽涉該第三人**利益**，或由於該第三人應**監督**該法律行為的內容，以保護其當事人。

二、同意與拒絕

同意，就財產行為依其表示的時間，可分為二種：事前的同意稱**允許**（Einwilligung）；事後的同意稱**承認**（Genehmigung），例如民法第77條、第79條、第118條、第170條、第301條規定作此區分。就身分行為，例如民法第974條、第981條規定的**同意**，則僅限於事前同意；民法第15條之2規定的同意亦同。相反地，不同意的表示，稱為拒絕承認或拒絕，例如民法第80條第2項、第170條第2項、第117條規定。

同意	允許：事前的同意，例如民法第77條
	承認：事後的同意，例如民法第79條、第118條

（一）允許

1.概念

允許，指有同意權人對於法律行為的**事前同意**之（意思）表示，例如民法第77條、第84條、第85條、第1186條規定的允許。

2.方式

有同意權人的允許，得向當事人一方為表示（民法117），此表示原則上為不要式行為。

3.效力

有允許權人的允許，使該法律行為於行為時立**即生效**。限制行為能力人未得允許而為法律行為，若是單獨行為則**無效**（民法78），若是契約則**不生效力**（民法79），即效力未定。

（二）承認

1.概念

承認，乃有同意權人對於法律行為的**事後同意**之（意思）表示，例如民法第79條、第118條第1項、第170條第1項規定的承認。

2.方式

承認，得向當事人一方為表示（民法117），此表示亦為不要式行為。

3.效力

事後的承認，原則上使該法律行為**溯及地**發生效力；例外：當事人特別訂定無溯及效力（民法115）。

（三）拒絕

1.概念

拒絕（Verweigerung）或拒絕承認，乃有同意權人對某法律行為所

為不同意的表示行為，性質上應是有相對人**意思通知**，[262] 屬於準法律行為。

2.方式

拒絕，得向當事人一方為表示（民法117），亦為**不要式行為**。

3.效力

效力未定的法律行為經拒絕承認，**確定地不生效力**，僅就行為人所想要的法律效果而言，與自始無效沒有差別。

第二十七節　代理

一、概說

當事人在訂立契約或做其他法律行為時，得使用一個以一定方式被賦予資格的協助人（所謂的代理人），代替該當事人自己作出（積極地「為」）或接受（消極地「受」；Empfang）意思表示，而其法律效果發生在該當事人身上（民法103）。民法所設此一法律制度，稱為代理制度。

民法關於代理的規定（民法103-110、167-171）給予一種可能性：一人（代理人）為他人（本人或被代理人）代做法律行為，該法律行為的法律效果直接發生於該**被代理人**身上，而不發生在做該法律行為的**代理人**身上。

> 例：甲授權乙（民法167）將甲的空拍機A以適當價格出售，乙即以甲的名義，與丙訂立價金5萬元的A買賣契約（民法345 II）；此買賣

---

[262] 不同見解，鄭玉波、黃宗樂，民法總則，2008年9月，370頁謂拒絕僅為一種知的表示行為，亦即認為屬於一種觀念通知。因拒絕乃含有不同意的意思，因此應認為是一種意的表示行為，且又以劃歸為意思通知較意思表示為宜。

> 契約的當事人為出賣人甲及買受人丙，法律效果也發生在甲及丙
> 身上（不發生在代理人乙身上），甲對丙負有交付買受物A並移轉
> 其所有權的義務（民法348 I），並對丙有支付價金5萬元的請求權
> （民法367）。

代理制度屬於民法上一個重要制度，有其自己的獨特性與完整體系，因其在債編及物權編均得適用，部分在親屬編亦有適用，故宜於民法總則中為一體規定。然我國民法卻將代理制度不當割裂，分別規定於總則編（民法103-110）及債編（民法167-171）；尤其將代理權授與（民法167-171）與契約等並列為債的發生原因，可能是立法者對此制度有誤解，造成立法體系的割裂及錯誤，而普遍受到學說批評。基於完整性，本書將民法總則編（民法103-110）及債編（民法167-171）關於代理的規定，於此一併介紹。

（一）概念及當事人間的利益

1. 概念

代理（Vertretung），謂代理人在代理權限內，以本人（即被代理人）的名義，向第三人「為」或由第三人「受」意思表示，而其法律效果直接歸屬於本人的行為（民法103），有時也被用於指稱該一法律制度。

◈ 代理的當事人及其關係

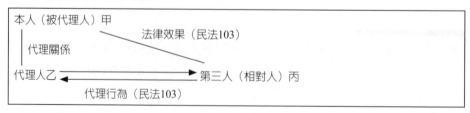

2. 代理的當事人及其利益

如法律行為是由代理人所作成，形成有三方當事人相對的法律關係。其中，代理人（Vertreter）是該法律行為的行為人，其以被代理人（Vertretener）的名義為或受意思表示；代理人所作成的法律行為（意思表示）之法律效果，則直接發生在被代理人身上；而代理人與之作成法律行為的第三人（Dritter），則為該法律行為相對人。

(1) 第三人的利益

行為人對之為法律行為的第三人（相對人）必須知悉，該法律行為的他方為何人，例如借貸契約的貸與人必須知道，誰是他的借用人（民法464、474）。如第三人無法看出該行為人（代理人）是為他人而為法律行為，則該第三人將會認為，該行為人即為自己的法律行為的相對人。假使第三人嗣後必須出乎意料地得知，自己的法律行為（契約）之相對人，並不是該如其所得認定的，自己所認識之可靠且有支付能力的行為人，而是被認為不可靠且無資力的其他人，如此是不符合該第三人的利益。所以為保護該第三人的利益，該行為人係為他人而此他人究竟是誰，必須明確；就此**明確性**（Offenkundigkeit）的必要，民法第103條第1項規定已為考量，特別要求代理人「以本人名義」即以被代理人名義（im Namen des Vertretenen）而為意思表示。[263] 若是不具備此明確性的要件，則該第三人的法律行為他方即是該行為人，該法律行為是行為人自己的法律行為（Eigengeschäft des Handelnden）。

> 例：乙在丙的書店中找到一本書，並對丙表示是為甲買該本書，請丙將書費記到甲的帳上。此對丙而言，可以知道乙是為甲而作出購買該書的要約，甲應為丙之買賣契約的相對人。相反地，如果對丙而言，不能得知買賣契約相對人為他人，則乙自己是該書的買受人。

---

[263] 民法第103條的立法例為德國§ 164 BGB，二者在解釋及適用上應相同。參閱*Brox/Walker*, Allgemeiner Teil des BGB, 2019, Rn. 510。

(2) 被代理人的利益

於代理人做法律行為情形，不單第三人（相對人）應受保護，被代理人亦應受保護。如果任何人以被代理人的名義做法律行為都能對被代理人發生效力，將無助於被代理人的利益。被代理人應受保護，以免於任何該被代理人可能認識的或認為不可靠的人做法律行為，而對其發生拘束力。然而，若被代理人自己或一項法律規定授與代理人，得為被代理人做法律行為並對之發生拘束力的權限，則被代理人即能受到足夠的保護。[264] 因此，民法第103條要求代理人「於代理權限內」做法律行為（為或受意思表示）。假如代理人欠缺代理權，其以被代理人名義所做的法律行為之法律效果不會發生在被代理人身上。

> 例：甲授權給乙，代理甲購買A車（民法167）。對於乙以甲的名義為買A車要約，第三人丙為承諾（民法153 I、345）。該A車買賣契約在當事人甲、丙二人間成立且生效，被代理人基於該A車買賣契約享有權利及負有義務（民法348、367）。
>
> 如果乙未被甲授與代理權，乙即無對甲的代理權，該A車買賣契約對甲不生效力，甲不負有支付價金的義務（民法367）。

---

(3) 當欠缺代理權時第三人的利益

代理人無代理權而以被代理人的名義簽訂契約時，不僅被代理人值得保護，第三人（相對人）亦同樣值得保護。此第三人信賴代理人的表示，因代理人以被代理人的名義訂立契約，第三人（相對人）會相信他方契約當事人為被代理人；然事實並非如此，因為代理人欠缺代理權，其所訂立的契約對被代理人不生效力。另一方面，代理人亦非該第三人的他方契約當事人，因為代理人顯然是以被代理人的名義，而非以自己的名義訂立契約，民法第110條規定賦予該應受保護的善意相對人（第三人）對無

---

[264] *Brox/Walker*, Allgemeiner Teil des BGB, 2019, Rn. 511.

權代理人一個損害賠償請求權；但如果相對人明知該代理人無代理權（惡意），即不值得保護，而不賦予損害賠償請求權。[265]

例：無代理權的乙以甲的名義為買A車要約，第三人丙為承諾（民法153 I、345）。該A車買賣契約在當事人甲、丙二人間不生效力（民法170 I）。如甲嗣後拒絕承認該A車買賣契約，則依民法第110條規定，乙應對善意的丙負損害賠償責任。

（二）功能

　　一個人為意思表示，通常為自己而為，而該法律行為的法律效果也由該行為人自己承擔。例如甲與乙合意，乙將其B腳踏車以2,000元售予甲（民法345 II），則此買賣契約所生的權利及義務，由甲與乙雙方當事人享有及負擔。

　　然而在日常生活中，常有某人為他人而為法律行為的需要，其可能是基於事實上原因，例如該他人不在場、欠缺必要的知識，尤其是在現代經濟生活的複雜多樣性；其亦可能基於法律上原因，例如該他人欠缺為有效意思表示的能力（民法75），而致有必要藉力於協助人為其作成法律行為。由此可知，不同性質的代理，在不同情形各具有不同的功能。

1.意定代理

　　意定代理具有擴充能力的功能。

　　例如一家大賣場的所有人事實上無法自己採購所有的銷售商品，因此

---

[265] 民法第110條未限定該善意相對人須無過失。德國民法典第179條（§ 179 BGB）則是賦予相對人一項對無權代理人的履行請求權或損害賠償請求權；如第三人明知或可得而知代理人無代理權，無前揭請求權。瑞士債務法第39條（Art. 39 OR）則亦僅賦予第三人一項對無權代理人的損害賠償請求權；如第三人明知或可得而知代理人無代理權，無前揭請求權。

必須雇用一位或數位採購人員負責採購；另一方面，該所有人更無能力自己服務所有的顧客，因而也必須雇用大量的銷售人員。

2. 法定代理

法定代理具有補充能力的功能，以協助或保護被代理人。

例如一位無行為能力人繼承一間廠房，他不能自己將該廠房出租，因為他無法為必要之有效的意思表示（民法75）；該無行為能力人須由其法定代理人（民法76），即由他的父母親（民法1086 I）或監護人（民法1098 I）代為與承租人訂立租賃契約。

（三）分類

1. 意定代理與法定代理

代理關係及代理權，若是基於當事人的法律行為（授權行為）而發生的，稱為意定代理（民法167）；若是基於法律規定而發生的，稱為法定代理，例如夫妻於日常家務互為代理人（民法1003 I）、[266] 父母為其未成年子女的法定代理人（民法1086 I）、監護人於監護權限內為受監護人之法定代理人（民法1098 I、1113）、輔助人為受輔助宣告之人之法定代理人（民法1113之1僅準用1098 II而漏未規定準用1098 I）。

◆意定代理的法律關係

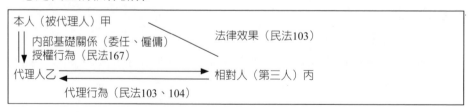

---

[266] 戴炎輝、戴東雄、戴瑀如，親屬法，2019年8月，143頁；林秀雄，親屬法講義，2020年3月，143頁。

◈法定代理的法律關係

2.有權代理與無權代理（**民法**103、169-170）

代理，依代理人是否有代理權，區分為有權代理與無權代理。代理人無代理權情形（廣義的無權代理），再以被代理人是否有民法第169條所規定足以讓相對人信賴的行為，進一步區分為表見代理（民法169）與狹義的無權代理（民法170）。

代理	有權代理	代理人有代理權，代理行為對本人生效（民法103）	
	廣義的無權代理	表見代理	代理人無代理權，本人對相對人負授權人責任（民法169）
		狹義的無權代理	代理人無代理權，代理行為經本人承認才生效（民法170）

3.單獨代理與共同代理（**民法**168）

當代理人有數人時，其中一人即得有效為代理行為時，為**單獨代理**；必須二人以上共同才能有效地為代理行為時，為**共同代理**，例如乙、丙共同以甲的名義，將甲的H屋以800萬元出售予丁。

代理人有數人時，除非法律另有規定或本人另有意思表示外，其原則上應共同為代理行為（民法168共同代理原則）；違反共同代理規定的代理，亦屬於無權代理（民法170）。

4.積極代理與消極代理（**民法**103）

代理人於代理權限內，以本人名義「為」意思表示，稱積極代理（aktive Stellvertretung，民法103 I），例如乙以甲的名義，向丙為出售A空拍機的要約（Angebot）；若以本人名義「受」意思表示，稱消極代理

（passive Stellvertretung，民法103 II），例如乙以甲的名義，接受丙為買受A空拍機的承諾（Annahme）。[267]

5. 顯名代理與隱名代理

代理人於為代理行為時，使相對人得知被代理人為何人，為顯名代理；否則為隱名代理。

6. 本代理與複代理（復代理）

代理人自己直接為代理行為，稱**本代理**；若代理人不直接為該代理行為，而是以自己的名義為本人（被代理人）選任代理人（複代理人），使其代理本人為法律行為，稱為**複代理**。複代理人是本人的代理人，而非代理人的代理人。

> 例：本人甲授權給乙（代理人），代理甲與出賣人丁簽訂A物的買賣契約。乙又以自己名義，為甲選任代理人丙（複代理人），代理甲與出賣人丁簽訂A物的買賣契約。

民法對於複代理無原則規定，[268] 僅設有少數的明文禁止規定，例如民法第484條第1項、第537條、第680條等。除上述特別規定外，基於當事人間信賴關係的要求，解釋上應認為除非本人同意，原則上不允許複代理。[269]

7. 常態代理與變態代理[270]

(1) 常態代理：例如法定代理、意定代理、表見代理等。

---

[267] 關於契約的要約與承諾，規定於民法第154條以下。

[268] 日本民法第104條至第107條設有複代理的規定。

[269] 相同見解，施啓揚，民法總則，2009年8月，330頁。

[270] 詳閱鄭健才，代理之常態與變態，收錄於：楊與齡主編「民法總則爭議問題研究」，1999年9月，295-324頁。

(2) 變態代理：例如自己代理、雙方代理（民法106）、空名代理[271]、託名代理[272]、破隱代理[273]、緊急代理[274]、從屬代理[275]及其他變態代理等。

（四）類似的概念或制度

1. 代表

　　法人的代表為法人的必設機關，屬法人的一部（民法27 II）。代表所做的行為，即為法人本身的行為；相對地，代理人所做的法律行為，仍屬代理人的行為（民法105），僅其法律效果歸屬於本人（被代理人），此即所謂的代理人行為說。

2. 使者

　　使者，乃傳達本人已決定的意思表示之傳達機關（民法89），例如送達書信、電報，或表示本人已決定的意思表示之表示機關，即為本人的使用人或執行人，例如代為傳言或實施行為。在禁止代理的法律行為，得以使者作為傳達機關或表示機關。[276]

3. 代位與代位權

　　債權人為自己的利益，而以自己名義行使債務人的權利，稱為**代位**

---

[271] 謂代理人消極地未以本人名義所為的代理行為。

[272] 謂代理人以本人名義為代理行為，惟該本人並不存在，或雖存在但為與代理人通謀虛偽的本人並非真正授權的本人。

[273] 謂「隱名」代理人於為服務而與相對人交易時，突破不用本人名義的限制，而以本人名義完成交易所為的代理行為。

[274] 謂發生不屬於代理權限範圍而與代理權限有牽連關係的情事，為本人利益須為緊急處理，然又不及通知本人時，代理人逕以本人名義為處理的代理行為。緊急代理為美國普通法所承認。在我國宜依情形以無權代理、無因管理、緊急避難等制度為解決。不同見解，鄭健才，代理之常態與變態，收錄於：楊與齡主編「民法總則爭議問題研究」，1999年9月，323頁。

[275] 謂代理人為完成代理行為，須先完成從屬於該代理行為的另一（未被授權的）代理行為。對於該未被授權的代理行為，解釋上宜依無因管理為解決。

[276] 參閱司法行政部（59）令民字第9036號令；施啟揚，民法總則，2009年8月，327頁。

（民法242），而該權利稱為**代位權**。

4.信託行為

委託人授與受託人某法律地位並移轉一定財產，使受託人以自己名義為法律行為（信託法1）。

二、有權代理

（一）代理權

1.概念

代理權，謂以本人名義，代本人「為」（積極代理）或「受」（消極代理）意思表示的權限。

代理權僅使代理人所為代理行為的法律上效果，直接歸屬於本人的法律上地位或資格而已，故代理權與一般的權利有別。[277]

2.發生

(1)代理權的授與（民法167）

授權行為，係有相對人的單獨行為，[278] 可以內部授權或外部授權的方式（民法167）。授權行為，原則上為**不要式行為**；例外有特別規定為**要式行為**者，例如民法第531條後段規定，為委任事務的處理，須為法律行為，而該法律行為，依法應以文字為之者，其授與代理權者，代理權的授與亦應以文字為之；民法第554條第2項規定，經理人為不動產的買賣或設定負擔，應有書面的授權；民法第558條第3項規定，代辦商，除有書面的授權外，不得負擔票據上的義務，或為消費借貸，或為訴訟。

---

[277] 參閱最高法院89年度台上字第222號判決。

[278] 通說，參閱施啟揚，民法總則，2009年8月，337頁。

◆ 有授與代理權的代理

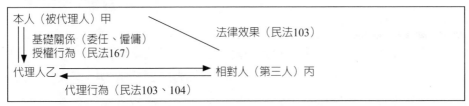

(a) 外部關係與內部關係

代理權授與，通常在授權人（本人）與被授權人（代理人）之間有契約關係存在，稱為**基礎關係**（Grundverhältnis），例如僱傭契約或委任契約關係。

代理權涉及授權人（本人）與第三人的**外部關係**（Außenverhältnis），其僅賦予被授權人權利，而不使其負義務。作為**單獨行為**，授權行為不需要被授權人的承諾表示（Annahmeerklärung）。

授權人（本人）與被授權人（代理人）之間的契約關係，涉及此二人間的內部關係（Innenverhältnis），其使被授權人對授權人負有義務，為其做行為。該契約的訂立，需要雙方當事人之合致的意思表示（合意）。

(b) 無因性原則

授權行為的性質，我國舊通說謂其為**有因行為**，並以民法第108條第1項為論點（**有因說**）：[279] 德國通說及我國目前多數說則以其為**無因行為**，以民法第108條第1項規定雖表示代理權的授與應受到其**基礎關係**影響，但僅限於基礎法律關係消滅的特別情形，至於其他情形，即原則上不受基礎本法律關係影響（**無因說**）。[280] 就結論而言，國內的有因說與無

---

[279] 鄭玉波、黃宗樂，民法總則，2008年9月，334-335頁認為我民法第108條第1項採有因說，惟僅指代理權的「存續」，不含授權行為的「成立」。施啟揚，民法總則，2009年8月，339頁稱有因說為我國通說，並不符事實。

[280] 梅仲協，民法要義，1959年12月，103-104頁；王澤鑑，民法總則，2014年2月，515頁；王澤鑑，債法原理（一），2012年3月，326-328頁；黃立，民法總則，1999年10月，380、389頁；施啟揚，民法總則，2009年8月，338-339頁。並參閱陳自強，台灣民法百年，月旦法學雜誌186期，117頁。

因說並無差異。

> 例：甲明知乙未成年，與乙締結僱傭契約（基礎法律關係），並授權乙
> 以甲名義，販售貨物。乙的法定代理人對該僱傭契約拒絕承認，因
> 而該僱傭契約確定不生效力（民法79），但授權行為仍有效，因為
> 乙接受授權，取得代理權，並不負擔義務，適用（或類推適用）
> 民法第77條但書純獲法律上利益行為規定，毋庸法定代理人的允
> 許。[281] 故乙有代理權，而且其所為代理行為不因其僅有限制行為
> 能力而受影響（民法104）。

(2) 法律規定

　　法定代理權係基於法律規定而發生，通常以具有一定**身分關係**者為基礎，例如民法第1086條、第1098條、第1113條、第1113條之1。

3. 限制與撤回（民法107、108 II）

　　代理權的限制及撤回，不得以之對抗善意第三人；但第三人因過失而不知其限制或撤回事實，則得對抗之。換句話說，代理權的限制及撤回，不能對抗無過失的善意第三人。民法第107條（僅）適用於意定代理的**外部授權**，而由授權人於內部對代理人為代理權的限制或撤回之情形。[282]

> 例：甲向丙表示，以代理權授與乙，由乙代理甲，為與丙間供應貨物的
> 交易。二個月後，甲撤回乙的代理權，並發函通知丙該撤回代理權
> 一事。惟丙收信後忘記閱讀，並繼續與乙代理甲簽訂G貨物買賣契
> 約。之後丙向甲要求支付G的價金時，甲得否拒絕？

---

[281] 比較施啓揚，民法總則，2009年8月，340頁。
[282] 王澤鑑，民法總則，2014年2月，510頁。

甲得拒絕，因甲已發函通知丙該撤回代理權一事，丙因過失而不知撤回代理權的事實，甲得對抗丙（民法107但書）。

票據法第10條規定：「無代理權而以代理人名義簽名於票據者，應自負票據上之責任。代理人逾越權限時，就其權限外之部分，亦應自負票據上之責任。」此規定為民法代理規定的特別法，於票據代理情形應優先適用。

(1) 限制：解釋上指代理權的一部撤回，即原有代理權的**縮減**。

(2) 撤回：概念上雖可區分為全部撤回與一部撤回，但民法第107條並列限制與撤回，則此之撤回解釋上應僅限指全部撤回，即代理權的全部**消滅**。

代理權的撤回	一部撤回	限制（民法107）：代理人仍擁有一部的代理權，可有越權代理問題
	全部撤回	撤回（民法107、108 II）：代理人喪失全部的代理權，可有無權代理問題

4.消滅

(1) 一般的消滅原因

一般的消滅原因，指法定代理與意定代理的代理權之共通的消滅原因，其包括下列情形：代理權發生原因（基礎關係）終了（民法108 I）；本人死亡（例外：民法550但書、564、民訴法73）；代理人死亡或喪失行為能力。惟法律有特別規定者，依其規定，例如民法第564條。代理人受監護宣告，喪失其行為能力；代理人受輔助宣告，仍有限制行為能力，（類推）適用民法第104條規定，應解釋為代理權不因之而消滅。[283]

實務上認為，代理權僅使代理人所為代理行為的法律上效果，直接歸屬於本人的法律上地位或資格而已，其本質並非權利，不得為繼承之標

---

[283] 不同見解，鄭玉波、黃宗樂，民法總則，2008年9月，345頁。

的，並因本人或代理人一方的**死亡**而歸於消滅。[284]

> 例：甲僱用乙為店員，以甲名義出售店中貨物，訂立僱傭契約（民法
> 482），並授與代理權（民法167）。後來甲合法解僱乙（僱傭契約
> 終止），乙的代理權隨之消滅（民法108 I）。

(2) 意定代理的特別消滅原因

代理權的限制或撤回（民法107、108 II）；本人喪失行為能力；代理權授與的解除條件成就（民法99 II）或終期屆滿（民法102 II）。

(3) 法定代理的特別消滅原因

法律規定法定代理權消滅，例如未成年子女已經成年或監護宣告已經撤銷；父母濫用代理權，法院依聲請或依職權，為子女的利益，宣告停止其權利的全部或一部（民法1090）；法院依聲請或依職權，另行選定監護人（民法1106）；因繼承人有無不明的情形所選定的遺產管理人，其代理權於有繼承人承認繼承時消滅（民法1184）；另如破產法第85條規定破產管理人的撤換，此亦使其法定代理權消滅。

(4) 效果

代理權消滅後，原代理人即無代理權，須交還授權書（民法109）；若仍為代理行為，則構成（廣義的）**無權代理**（民法170 I、169）。

（二）要件

1. 代為或代受意思表示

代理，原則上僅限於**意思表示**（法律行為）範圍以內，意思表示以外的行為不得代理，故**不法行為**及**事實行為**不僅不得成立代理，且亦不得成立表見代理。[285]

---

[284] 最高法院89年度台上字第222號判決。
[285] 最高法院96年度台上字第2425號判決。

準法律行為（觀念通知、情感表示、意思通知）準用法律行為規定，亦得代理。

2. 以本人（被代理人）名義（顯名代理）

以本人名義，即以**被代理人**的名義，而非以**行為人**自己名義，其可能有如下二種表示方式：

(1) 同時表示本人及代理人的姓名：此為通常的表示方式。

(2) 僅表示本人姓名：實務上亦承認此種表示方式。[286]

3. 代理權限內（民法170-171、110）

代理人為代理行為，受其代理權的範圍的限制。若未經授權而根本**無代理權**，或雖經授權卻**逾越代理權限**而為代理行為，構成**無權代理**。

（三）法律效果

民法採所謂**代理人行為說**（Repräsentationstheorie），該代理行為仍屬代理人的行為，惟其**法律效果**由被代理人（本人）承擔，亦即代理行為直接對本人發生效力（民法103）。

三、自己代理與雙方代理

（一）概念

◆自己代理與雙方代理的關係人

自己代理	雙方代理
本人甲 　┃代理權 甲的代理人乙 ⟷ 乙 　　代理行為	本人甲　　　　　本人丙（第三人） 　┃代理權　　　　　┃代理權 甲的代理人乙 ⟶ 丙的代理人乙 　　　　代理行為

---

[286] 最高法院57年台上字第3273號判例（舊）。

1. 自己代理

所謂自己代理，指代理人代理本人（被代理人），與代理人自己為法律行為（民法106），即實際上為該法律行為的人為該代理人，其同時兼具代理人與當事人的雙重身分。例如乙代理甲，與乙自己簽訂（甲、乙間的）買賣契約。

例：甲欲購買土地，委任並授權乙代為選購。乙有L地，有意售予甲。
試問以下情形，L地的買賣契約是否對甲生效：

1. 乙代理甲，與乙自己簽訂L地買賣契約，價金800萬元？
   此屬民法第106條規定的自己代理，該買賣契約對甲不生效力。
2. 如乙授權丙代理自己，與乙代理甲簽訂L地的買賣契約，約定價金800萬元？
   因乙買賣契約當事人一方，利益衝突情形仍存在，故亦應屬民法第106條規定的自己代理，該買賣契約對甲亦不生效力。

---

2. 雙方代理

代理人同時代理本人與第三人，而為本人與第三人的法律行為（民法106），即實際上為該法律行為的人為該代理人，其同時兼具本人的代理人與第三人的代理人雙重身分。例如乙代理甲，同時又代理丙，簽訂甲、丙間的買賣契約。

有學者將上述自己代理與雙方代理二者，統稱為「雙方代理」。[287]

（二）效力

為避免利益衝突，以保護本人，原則上禁止自己代理與雙方代理；惟其並非強行規定，違反該禁止規定的代理行為，通說認為其構成無權代理

---

[287] 例如鄭玉波、黃宗樂，民法總則，2008年9月，331、336-337頁。

而不生效力，得經本人承認而發生效力（民法170 I）。[288]

例外地於二種情形，允許自己代理與雙方代理（例外不禁止）：

1.本人許諾

基於私法自治，如本人信賴代理人而許諾其為自己代理或雙方代理，法律上無禁止必要。

2.專履行債務

債務履行係法律所要求，其內容通常亦為確定，而無須避免利益衝突。

> 例：甲（買受人）向乙（出賣人）購買L地，甲代理出賣人乙申請L地移轉登記予甲自己，雖屬自己代理，但係乙專為履行債務的行為（民法348 I），依民法第106條但書規定不被禁止。[289]

民法第106條規定，於法定代理及意定代理均有適用。[290]

（三）民法第106條規定之目的性限縮

為避免違背法律保護無行為能力人之規範目的，對於民法第106條的適用範圍，作符合法律精神與目的之限縮，即所謂之**目的性限縮**（teleologische Reduktion），而將一部分法律事實雖符合該規定的表面文字適用範圍，卻將該部分**排除**在適用範圍以外，例如父、母贈與財物給無

---

[288] 最高法院65年台上字第840號判例（舊）、85年度台上字第106號判決、87年度台上字第948號判決、98年度台上字第1650號判決；王澤鑑，民法總則，2014年2月，520、523頁；鄭玉波、黃宗樂，民法總則，2008年9月，338頁。少數說則認為「無效」，施啟揚，民法總則，2009年8月，281頁，惟結論亦認為得因本人承認而生效，與通說並無實質上差異。

[289] 最高法院90年度台上字第1946號判決。

[290] 最高法院65年台上字第840號判例（舊）。

行為能力的子女。立法目的為與本人利益相符，不致利益衝突，此時父、母得代理該無行為能力的子女（自己代理）。[291]

例：單親媽媽甲欲分別贈與其10歲兒子乙（民法77但書）A地及5歲女兒丙（民法75、76）B地，如何作成土地贈與契約（民法406、166之1未施行）及如何移轉A、B地的所有權（民法758）？

四、代理人的能力

（一）權利能力

多數說主張，代理人通常有權利能力，惟就該代理行為的效果而言，代理人不以具有權利能力為必要。[292] 本書則認為，事實上並不可能存在「無權利能力的代理人」。

（二）行為能力

代理人有限制行為能力即為足夠，不以具備完全行為能力為必要（民法104）。不受影響者，限於代理人所為的「代理行為」本身，至於其他法律行為，例如授權行為、內部基礎關係行為等，不適用民法第104條規定。

（三）意思能力

因代理人須為或受意思表示，故須具備意思能力（包括認知能力及判

---

[291] 王澤鑑，民法總則，2014年2月，521-522頁。

[292] 施啓揚，民法總則，2009年8月，339頁舉例外國人代理台灣人取得土地；鄭玉波、黃宗樂，民法總則，2008年9月，338頁。按外國人的（一般）權利能力，我國通說認為應以其屬人法為準據法，而不以法院地法或行為地法為決定標準。

斷能力）。

五、代理人的意思表示瑕疵或知情與否

（一）決定標準

◈代理人或本人被詐欺

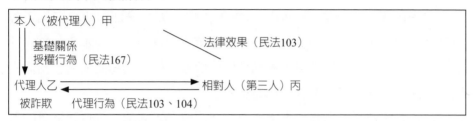

　　因該代理行為屬於代理人所為的法律行為，其意思表示是否有瑕疵（不一致或不自由），或就一定事情明知或可得而知，以致影響該法律行為的效力（民法86-92），原則上應以**代理人本身**為決定標準（民法105本文）。在**共同代理**情形，任一代理人的意思表示有瑕疵，該代理行為即應認定有瑕疵。[293]

　　例外地，於**意定代理**，代理人依照本人指示為代理行為時，始就本人決定之（民法105但書）。民法第105條但書規定，依其文義僅適用於意定代理，不適用於法定代理。

> 例：甲的代理人乙被丙詐欺，進而代理甲與丙簽訂貨物買賣契約。

　　最高法院認為，**使用人**係為本人服勞務之人，本人藉使用人之行為輔助以擴大其活動範圍，與本人藉代理人之行為輔助者相類，且使用人為本人所為之意思表示，即為本人之意思表示，故使用人為本人所為的意思表

---

[293] 通說，鄭玉波、黃宗樂，民法總則，2008年9月，341頁。

示，因其意思欠缺、被詐欺、被脅迫或明知其事情，或可得而知其事情，致其效力受影響時，宜**類推適用民法第105條**規定，其事實的有無，應就使用人決之；但其意思表示，如依照本人所指示之意思而為時，其事實之有無，應就本人決之。[294]

（二）撤銷權歸屬

該代理行為有得撤銷的原因事實存在時，因該代理的法律行為之效果歸屬於本人，即本人受該代理行為的拘束，故**通說認為僅本人**（被代理人）才有撤銷權；代理人得否撤銷，取決於本人的授權範圍是否包括撤銷權，此應於個案解釋授權表示以為認定。[295]

惟基於代理行為乃是代理人所為的法律行為，對於自己行為瑕疵的效果，應由行為人自行解決；尤其於被詐欺或被脅迫而為意思表示規定（民法92），主要在保護表意人（於此為代理人）的意思決定自由，而非財產利益；最後，瑕疵的意思表示，通常亦有立即撤銷的必要，故宜認為原則上代理人得逕代理為撤銷行為，除非本人有特別限制的表示，甚至不妨承認該**代理人**亦有撤銷權。[296]

第二十八節　無權代理

一、概念

無權代理（Vertrettung ohne Vollmacht; *falsa procuratio*），指無代理

---

[294] 最高法院90年度台上字第4號判決、104年度台上字第206號判決。

[295] *Larenz/Wolf*, Allgemeiner Teil des Bürgerlichen Rechts, 1997, § 46 Rn. 100；*Brox/Walker*, Allgemeiner Teil des Bürgerlichen Rechts, 2019, § 24 Rn. 23；*H. Köhler*, Allgemeiner Teil des Bürgerlichen Rechts, 2019, § 11 Rn. 48；王澤鑑，民法總則，2014年2月，503頁；鄭玉波、黃宗樂，民法總則，2008年9月，342頁。

[296] MünchKommBGB/*Schramm*, 2006, § 166 Rn. 7亦認為代理人原則上有權為撤銷，但未明確表示是以表意人或代理人的身分撤銷。

權之人（*falsus procurator*）以被代理人（本人）名義，為法律行為。依其表面上有無使人相信其有代理權的事實，可區分為**表見代理**（民法169）與**狹義的無權代理**（民法170、110）。

二、狹義的無權代理

（一）概念

狹義的無權代理，係表面上無使人相信其有代理權的事實之無權代理（民法170、110）。換句話說，其係不構成民法第169條所規定**表見代理**的無權代理；惟表見代理僅適用於意定代理情形，狹義的無權代理則可能於法定代理或意定代理情形發生。

（二）要件

1.代為或代受意思表示

原則上代理本人為**法律行為**（為或受意思表示）；另亦得代為**準法律行為**（觀念通知、情感表示、意思通知）。

2.以被代理人（本人）名義

（無權）代理人於為法律行為時須以**被代理人**的名義，而非以**行為人**自己的名義。

3.欠缺代理權

代理人就該代理行為無代理權，包括代理人完全無代理權及逾越代理權（所謂的越權代理）二種情形。[297]

4.表面上無使人相信其有代理權的事實

被代理人須無民法第169條所規定二種構成表見代理的任一情形；否則，即構成表見代理。

---

[297] 最高法院23年上字第3888號判例（不再適用）。

（三）效力

◆無權代理的法律關係

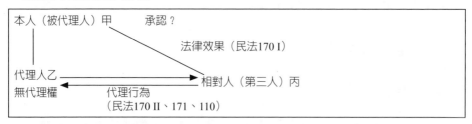

本人（被代理人）甲　　　承認？

法律效果（民法170 I）

代理人乙　　　　　　　　　相對人（第三人）丙
無代理權　　　　　代理行為
　　　　　　　（民法170 II、171、110）

　　無代理權人所為的代理行為，對被代理人（本人）不生效力（效力未定），須經被代理人**承認**（genehmigen）始生效力（民法170 I）；惟此承認僅適用於意定代理。

1.對被代理人而言

　　被代理人不受該無權代理行為拘束；惟得經**承認**，而使代理行為對自己發生效力（民法170 I），故被代理人在此有承認權，乃一種**形成權**。有學者將被代理人的承認，解為**代理權的補授**，性質上為有相對人的**單獨行為**；[298] 惟最高法院則認為，承認係對於已經存在的法律行為**補正授**權行為的欠缺，並非事後**授與**代理權，故無權代理行為，經本人（被代理人）承認而補正欠缺者，與曾授與代理權的有權代理，本質上仍有不同。[299]

2.對代理人而言

　　無代理權人以他人（被代理人）的代理人名義所為之法律行為，對於善意的相對人，負損害賠償責任（民法110）；票據法第10條規定：「無代理權而以代理人名義簽名於票據者，應自負票據上之責任。代理人逾越權限時，就其權限外之部分，亦應自負票據上之責任。」為民法第110條

---

[298] 施啟揚，民法總則，2009年8月，349頁。

[299] 最高法院95年度台上字第2282號判決。

的為特別規定。

3. 對相對人而言

為 使 相 對 人 得 以 早 日 確 定 其 法 律 關 係，民 法 第170條 規 定 相
對 人 得 **催告** 被 代 理 人 確 答 是 否 承 認，第171條 則 賦 予 其 一 個 **撤回權**
（Widerrufsrecht），此 性 質 上 為 **形成權**；並 為 保 護 善 意 的 相 對 人，賦 予
其 **損害賠償請求權**（民 法110）。民 法 第170條、第171條 不 適 用 於 法 定 代
理。

(1) 催告

無 代 理 權 人 以 代 理 人 的 名 義 所 為 之 法 律 行 為，非 經 本 人 承 認，對 於 本
人 不 生 效 力（民法170 I）。於 該 情 形，法 律 行 為 的 相 對 人，得 定 相 當 期
限，**催告**（auffordern）本 人 確 答 是 否 承 認，如 本 人 逾 期 未 為 確 答 者，**視
為拒絕承認**（民法170 II）。[300]

(2) 撤回權

無 代 理 權 人 所 為 之 法 律 行 為，其 相 對 人 於 本 人 未 承 認 前，得 撤 回
（widerrufen）該 法 律 行 為（意 思 表 示）；但 為 法 律 行 為 時，如 明 知 其 係
無 代 理 權，則 不 得 撤 回（民法171）。

> 問題：相對人於本人未承認前，得撤回該法律行為，其撤回後，得否
> 　　　依民法第110條向該無權代理人請求損害賠償？本書認為否定
> 　　　為宜，善意的相對人應於（意定代理的）被代理人拒絕承認，
> 　　　使該代理行為確定不生效力後，始得請求損害賠償。

(3) 損害賠償請求權

無 代 理 權 人，以 他 人 的 代 理 人 名 義 所 為 之 法 律 行 為，對 於 **善意的相對
人**，負 損 害 賠 償 責 任（民法110），惟 此 賠 償 義 務 應 僅 於 該 他 人（本 人）
拒 絕 承 認 時 才 發 生。至 於 該 無 權 代 理 人 是 否 有 **過失**，並 無 影 響。

---

[300] 國內多數說將此催告亦解為催告權，並認其性質上為形成權。

德國民法典第179條第3項第2句（§ 179 III 2 BGB[301]）對限制行為能力人設有免責規定、日本民法第117條第2項[302] 則是對無行為能力人的免責規定。在立法政策上，我國未設有限制行為能力人的相關減免責任規定，顯然對限制行為能力人保護不周。

例：未成年的甲受僱於A公司，負責代理客戶申辦電話業務而獲取報酬，其父母丙、丁皆未為反對表示。乙女身分證遺失後補辦新證。甲持乙遺失的（舊）身分證及私刻乙的印章，以乙的名義向中華電信公司申辦電話，雙方簽訂中華電信公司提供的定型化電信契約，中華電信公司依甲指定的地點裝機，嗣後該門號有電話費70餘萬元未繳。中華電信公司向甲請求賠償該筆未繳的電話費70餘萬元及利息。甲以乙的代理人名義簽訂上述電信契約，屬執行營業的行為，就此有行為能力；乙既未授權予甲，亦未承認甲代理訂立該電信契約，此電信契約對於乙不生效力。因此，無代理權人甲對於善意的相對人中華電信（股）公司，負損害賠償責任（民法110）。[303]

無代理權人以被代理人（本人）名義所為法律行為，僅發生其法律行為是否對被代理人發生效力的問題，並不因被代理人的拒絕承認（否認），而使原法律行為的主體發生變更，成為該無代理權人的法律行為。[304] 因此，相對人不得依該法律行為而請求無權代理人實現該法律行

---

[301] § 179 III 2 BGB: Der Vertreter haftet auch dann nicht, wenn er in der Geschäftsfähigkeit beschränkt war, es sei denn, dass er mit Zustimmung seines gesetzlichen Vertreters gehandelt hat.

[302] 日本民法第117條第2項：「前項の規定は、他人の代理人として契約をした者が代理権を有しないことを相手方が知っていたとき、若しくは過失によって知らなかったとき、又は他人の代理人として契約をした者が行為能力を有しなかったときは、適用しない。」

[303] 台灣高等法院90年度上易字第369號判決。

[304] 最高法院69年台上字第3311號判例（舊）。

為的效果。[305]

三、表見代理

（一）概念

表見代理，指表面上有使人相信其有代理權的事實之無權代理（民法169）。民法第169條關於表見代理的規定，唯**意定代理**始有適用，法定代理與代表均無適用餘地。[306] 德國民法典並無明文如我國民法第169條關於表見代理的規定，其表見代理是由其司法裁判發展出來的民法上制度；由其民法典第170條以下（§§ 170 ff. BGB）可得出此一般法律觀念：引起有代理權的權利表象（Rechtsschein）的人，必須讓該代理人所做的法律行為對自己發生效力。[307]

（二）要件

1.代為或代受意思表示

即代理為法律行為，準法律行為亦得準用表見代理的規定。

2.以被代理人（本人）名義

代理人須以被代理人的名義為法律行為，非以自己的名義。

3.欠缺代理權

表見代理亦屬於廣義的無權代理，須代理人無代理權。

4.表面上有使人相信其有代理權的事實

被代理人本身有民法第169條所規定的二種情形之一，或由自己的行為表示（**觀念通知**）以代理權授與他人（該無權代理人），或知他人（該

---

[305] 德國民法典第179條第1項（§ 170 I BGB）則賦予相對人（信賴）損害賠償請求權及履行請求權，得選擇其一行使，相對人有選擇權。

[306] 最高法院93年度台上字第2196號判決。

[307] *Brox/Walker*, Allgemeiner Teil des BGB, 2019, §23 Rn. 26 ff.

無權代理人）表示為其代理人而不為反對的表示。[308]

◆表見代理的法律關係

（三）發生

1.狹義表見代理（民法169）

(1)由自己行為表示以代理權授與他人

由自己的行為「表示」以代理權授與他人，指對外表示「有授權予他人」，但事實上並無「代理權的授與」即並未授與代理權，此「表示」性質上是一種虛偽內容的**觀念通知**。[309] 此種表見代理權，在德國稱為**表象代理權**（Anscheinsvollmacht）。表見代理效果為對於第三人應負授權人之責任，必須本人有表見的事實，足使第三人信該他人有代理權的情形存在，始足以當之。[310]

所謂「由自己之行為表示以代理授與他人」，必須本人有具體可徵的**積極行為**，足以表見其將代理權授與他人的事實，方足以構成；倘無此事實，即不應令其對第三人負授權人的責任。[311]

過去實務上以我國人民常將自己印章交付他人，委託該他人辦理特定事項者，倘持有印章的該他人，除受託辦理的特定事項外，其他以本人

---

[308] 比較上述的狹義無權代理的要件。

[309] 施啓揚，民法總則，2009年8月，236頁稱「授與代理權的表示」。此表達易使人與「授與代理權的意思表示」混淆。

[310] 最高法院60年台上字第2130號判例（舊）。

[311] 最高法院100年度台上字第596號判決。

名義所為的任何法律行為，均須由本人負表見代理的授權人責任，未免過苛；故不應僅憑交付印章的事實，即令負授權人責任。[312]

> 由自己之行為表示以代理權授與他人，或知他人表示為其代理人而不為反對之表示者，依民法第169條之規定，對於第三人固應負授權人之責任。惟關於由自己之行為表示以代理權授與他人者，對於第三人應負授權人之責任，原以本人有使第三人信為以代理權授與他人之行為，為保護代理交易之安全起見，有使本人負相當責任之必要而設，故本人就他人以其名義與第三人所為之代理行為應負授權人之責任者，須以他人所為之代理行為，係在其曾經表示授與他人代理權之範圍內，為其前提要件。不得徒憑曾**將印章交付**之事實，即認除受**託辦理之特定事項**外，其他以本人名義所訂立之**保證契約**等法律行為，均須由本人負表見代理之授權人責任。[313]

(2)知他人表示為其代理人而不為反對的表示

他人表示為其代理人，指該他人表示已受本人授權，而有權代理本人而言，性質上亦是該無權代理人的一種虛偽內容的**觀念通知**。

知「他人表示為其代理人」而不為反對的表示，以本人實際知道該事實「他人表示為其代理人」為前提，其主張被代理人（本人）知此事實者，應負舉證責任。[314]

此種表見代理權，在德國稱為**容受代理權**（Duldungsvollmacht）。

依最高法院見解，所謂知他人表示為其代理人而不為反對之表示者，係指知他人表示為其代理人而與相對人為法律行為時，原即應為反對的表示，使其**代理行為無從成立**，以保護善意之第三人，竟因其不為反對

---

[312] 最高法院70年台上字第657號判例（舊）。

[313] 最高法院70年台上字第657號判例（舊）。

[314] 最高法院68年台上字第1081號判例（舊）。

的意思表示【按：誤解，應是觀念通知】，致第三人誤認代理人確有代理權而與之成立法律行為，自應負授權人的責任者而言。如於法律行為「成立後」，知其情事而未為反對的表示，對業已成立的法律行為已不生影響，自難令負授權人的責任。[315]

表見代理，乃代理人雖無代理權，但因有可信其有代理權的正當理由，遂由法律課以授權人責任之謂；代理僅限於意思表示範圍以內，不得為意思表示以外的行為，故**不法行為**及**事實行為**不僅不得成立代理，且亦不得成立表見代理。[316]

2.**廣義表見代理**（民法107）

除民法第169條直接規定表見代理外，學說上有將民法第107條對無過失的善意第三人的保護規定，劃歸為廣義表見代理者。惟實務上則以表見代理（民法169），係為保護第三人而設，本人如有使第三人信以為其有以代理權授與他人之行為，而與該他人交易，即應使本人負授權人責任；此項表見代理，原係指代理人雖**無代理權**，而有可使人信其有代理權之情形而言，其與民法第107條所定**代理權的限制**及**撤回**情形無關。[317]

（四）效力

本人對無過失的善意第三人，應負授權人的責任。實務上曾認為，本人應負表見代理的責任，必須於該當法律行為（代理行為）發生「前或後」，有表見的事實存在，且該第三人係善意無過失者，始足當之。[318]本書認為，該表見事實應於該代理行為發生之前或同時存在；如係在該代理行為發生之後有表見的事實，應得解釋為默示承認（民法170 I），而

---

[315] 最高法院100年度台上字第596號判決。不同見解，最高法院96年度台上字第1051號判決。

[316] 最高法院96年度台上字第2425號判決。

[317] 最高法院70年台上字第3515號判例（舊）。

[318] 最高法院96年度台上字第1051號判決。不同見解，最高法院100年度台上字第596號判決認為不包括在法律行為發生「後」。

不適用表見代理規定（民法169）。

　　此授權人責任屬履行責任，非損害賠償責任；[319] 惟實務上認為第三人得主張表見代理，但也得主張狹義無權代理。[320]

第二十九節　不完全的法律行為

一、概說

（一）概念

　　已成立的法律行為，依其是否具備生效要件，可區分為完全的法律行為與不完全的法律行為。

1.完全的法律行為

　　完全的法律行為，指具備法定或約定要件之有效的法律行為，它會發生當事人想要（所欲）發生的效力。

2.不完全的法律行為

　　不完全的法律行為，又稱有瑕疵的法律行為，指已成立但欠缺一定的**生效要件**之法律行為，例如意思表示不健全、違背強行規定或公序良俗。

　　不完全的法律行為，依其瑕疵性質與違背法定要件的程度，可能有**無效、得撤銷**及**效力未定**三種不同的法律效果。[321] 無效的法律行為，是自始確定無效；得撤銷的法律行為，則是已經生效，但撤銷權人得嗣後撤銷使之成為無效，此原則上溯及無效（民法114 I）；效力未定的法律行為，是其行為是否生效，暫時尚未確定（schwebend unwirksam），猶待其他

---

[319] 最高法院44年台上字第1424號判例（舊）。

[320] 最高法院60年台上字第1130號判例（舊）。

[321] 謝哲勝，無強制實現力的契約——兼評民法債編增訂條文第一六六條之一，收錄於：氏著「財產法專題研究（三）」，2002年3月，102-106頁認為此傳統分類並不足夠，並進一步提倡所謂「無強制實現力法律行為類型」。

（特別的）生效要件具備，始得生效，如生效亦原則上溯及生效。

二、無效的法律行為

（一）概念

無效的法律行為（nichtiges Rechtsgeschäft），指已經成立，但因欠缺一定的生效要件，而確定不發生行為人想要的效力之法律行為。無效的法律行為，係當然、自始、確定的無效。

無效，乃當然且確定的不生效力，與**效力未定**不同，不因當事人的事後承認，而使無效的法律行為發生效力。[322]

（二）分類

1.自始無效與嗣後無效

以法律行為**成立時**為基準點作區分，無效的法律行為有自始無效與嗣後無效二種，例如民法第1201條規定，受遺贈人於遺囑發生效力前死亡，遺贈不生效力，可解釋為遺贈嗣後無效的一種情形；惟此規定亦得解釋為確定不生效力。

法律行為的無效，原則上為自始無效。

2.絕對無效與相對無效[323]

(1) 絕對無效：任何對該法律行為無效的宣告具有利害關係的人，都享有得否認或質疑該法律行為效力的權利。此無效法律行為不生因權利人的承認，而成為有效的問題；其不發生效力的事實，亦不因時間的經過而受影響。

(2) 相對無效：僅有法律規範所要保護的特定人（當事人或第三人），始

---

[322] 最高法院96年度台上字第2870號判決。

[323] 詳閱陳忠五，法律行為絕對無效與相對無效之區別，台大法學論叢27卷4期，1998年7月，157-258頁。

得享有得否認或質疑該法律行為效力的權利，例如民法第87條第1項但書或第92條第2項規定情形。此特定利害關係人得依其意思承認該法律行為，使其確定有效；其不發生效力的事實，將因時間的經過而受影響。

3. 全部無效與一部無效

法律行為的一部分無效（一部無效），原則上全部皆為無效（全部無效）；但除去該部分亦可成立之可分的法律行為，則其他部分，仍為有效（民法111）。法律行為是否具有此**可分性**（Teilbarkeit），屬於事實認定的問題，且不應以**給付可分**為唯一標準。實務上一貫見解認為，民法第111條但書規定，「非謂凡遇給付可分之場合，均有其適用。尚須綜合法律行為全部之旨趣，當事人訂約時之真意、交易之習慣、其他具體情事，並本於誠信原則予以斟酌後，認為使其他部分發生效力，並不違反雙方當事人之目的者，始足當之」。[324]

> 例：甲男為舉辦「home party」，向某乙訂購啤酒、果汁、冰塊、紙巾及搖頭丸各一定數量，買賣契約中關於搖頭丸部分為無效（民法71），為一部無效。

民法第111條所稱的法律行為，如當事人於從事該行為時有統一的意思（Einheitlichkeitswille），亦即依當事人之意思各該法律行為一起存在及消滅時，亦得為數個各自獨立的法律行為所組合而成的**法律行為一體**（Geschäftseinheit）。[325] 在一份文書中包含多個法律行為的表示，可作為有該一體意思的間接證據；相反地，如果將數個契約分別寫在不同的契

---

[324] 最高法院75年台上字第1261號判例（舊）、87年度台上字第127號判決、91年度台上字第821號判決；*Köhler*, BGB Allgemeiner Teil, 2019, § 15 Rn. 7。

[325] BGH NJW 2011, 2874 Rn. 24; 2012, 296 Rn. 55; *Köhler*, BGB Allgemeiner Teil, 2019, § 15 Rn. 5.

約書中，則推定該多數法律行為不具有法律上關連，即不是法律行為一體。[326]

至於負擔行為與處分行為得否組合成法律行為一體，學說上有爭議，在遵守無因原則下，原則上應將二行為認定為相互獨立的；基於私法自治，當事人仍得約定履行行為（處分行為）的生效，取決於負擔行為的生效（附停止條件）。於授權行為與基礎關係行為（例如僱傭或委任）之間，得基於當事人之意思成為行為一體。[327]

民法第205條規定：「約定利率，超過週年百分之十六者，超過部分之約定，無效。」此為一部有效、一部無效的明文規定。

（三）回復原狀或損害賠償義務

無效的法律行為，不發生行為人想要以該法律行為發生的法律效果，例如以債權行為發生債權債務、以物權行為發生物權變動；除此之外，民法第113條規定，當事人於行為時知其無效或可得而知，負回復原狀或損害賠償責任（義務）。此一規定為我國立法者所獨創，無相當的立法例，對於民法第113條的效力，實務與學說上有不同的見解。

1.獨立的請求權說[328]

實務以民法第113條為獨立的請求權基礎，可與其他請求權（例如民法247 I）競合；彼此間構成要件亦不同。

最高法院曾表示：「雙務契約之無效，乃法律上當然且確定的不生效力，其當事人於行為當時，知其無效或可得而知者，依民法第一百十三條之規定，應負有回復原狀之責任，以免他方當事人因此受有不利益。是當事人**雙方均負有回復原狀之義務**，故就其所受領之給付，互負返還之義

---

[326] *Köhler*, BGB Allgemeiner Teil, 2019, § 15 Rn. 5.

[327] *Köhler*, BGB Allgemeiner Teil, 2019, § 15 Rn. 6.

[328] 最高法院87年台上字第1396號判決、93年台上字第910號判決、99年台上字第870號判決；施啓揚，民法總則，2009年8月，360頁。

務，此係基於同一雙務契約之無效而發生，具有牽連關係，應可**類推適用**民法第二百六十四條規定，雙方就此得為**同時履行**之抗辯，始與立法之趣旨相符。」[329]

2. 多餘說[330]

學說上有認定民法第113條為「贅文」，其以法律行為無效，可分別情形適用侵權行為、締約上過失、不當得利、所有物返還請求權等規定，即足合理規範當事人間關係，故民法第113條為多餘的規定。

（四）無效法律行為的轉換

1. 概念

無效法律行為的轉換（Umdeutung; conversion），係將一無效的法律行為，轉換成另一有效的法律行為（民法112），例如本是無效的票據簽發行為，轉換為有效的普通證券簽發行為；原是無效的地上權設定，轉換為有效的土地租賃契約；無效之期限「屆滿前」勞動契約的終止，轉換為期限「屆滿時」勞動契約的終止。[331]

2. 要件

依民法第112條規定，無效法律行為的轉換應具備以下要件：

(1) 原來的法律行為無效。

(2) 具備其他法律行為的要件。

(3) 當事人有為該其他法律行為的意思。

例如甲、乙訂立A契約為無效，但卻具備B契約的要件，而甲、乙有訂立B契約的意思。

---

[329] 最高法院99年度台上字第870號判決。

[330] 王澤鑑，民法總則，2014年2月，542-543頁。黃立，民法總則，1999年1月，此書忽略民法第113條規定的存在。

[331] 施啟揚，民法總則，2009年8月，360頁。

3. 原因或方式

(1) 法律規定

基於法律規定而轉換，為**當然轉換**，例如民法第160條第1項（遲到的承諾，轉換為新要約）、第422條（不動產的定期租賃，轉換為不定期租賃）、第1193條（密封遺囑，轉換為自書遺囑）等規定。至於民法第87條第2項規定的隱藏行為，並非法律行為轉換。

(2) 當事人意思

基於私法自治及契約自由原則，得基於當事人自己的意思，將一無效的法律行為轉換為另一個有效的法律行為（民法112），例如設定**地上權**而未登記，依當事人意思轉換為**土地租賃**。

三、得撤銷的法律行為

（一）撤銷

1. 概念

所謂撤銷（Anfechtung），指撤銷權人行使**撤銷權**，使該有瑕疵而得撤銷之有效的法律行為或意思表示，溯及地變成為無效。

撤銷權行使的當事人，包括撤銷權人及其相對人。

2. 客體及原因

(1) 客體

民法規定撤銷的客體，有**法律行為**本身，例如民法第74條、第244條；有法律行為要素的**意思表示**，例如民法第88條、第89條、第92條。

(2) 意思表示的撤銷原因

意思表示或法律行為的撤銷，以法律有明文規定的撤銷原因為限。

民法總則選擇為意思表示的撤銷原因，是根據相對人的保護與表意人利益的權衡；相對人信賴該意思表示的有效存在，而表意人則想要除去自己的瑕疵意思表示。因意思表示撤銷導致嚴格的無效效果（民法114 I），

基於交易上的法律安定及信賴保護，撤銷必須限於狹小範圍內，唯有對表意人不能忍受之重大的意思表示瑕疵，才允許撤銷。[332]

3. 行使撤銷權的方式

(1) 單方的意思表示

撤銷權人以單方的意思表示向相對人為撤銷（民法116），此為有相對人的單獨行為。

(2) 提起形成之訴

依法律規定，部分法律行為（或意思表示）的撤銷，撤銷權人須以提起民事訴訟（起訴）方式，藉由法院的形成判決行使，例如社員總會決議的撤銷（民法56 I）、暴利行為的撤銷（民法74）、詐害債權行為的撤銷（民法244）、婚姻的撤銷（民法989-997）。

（二）撤銷的法律效果

1. 法律行為的效力

被撤銷的意思表示或法律行為，視為自始無效（民法114 I），即撤銷具有溯及效力。雖然已經履行一段期間的**僱傭契約**非不得撤銷，但從社會及經濟觀點，應得承認其撤銷得僅向將來發生效力，即例外地無溯及效力。[333]

至於民法第85條第2項規定，法定代理人得將其允許「撤銷」，應是法律概念不當的混用，其意為收回或廢止（zurücknehmen），並無溯及效力，其與此所指之將意思表示溯及地推翻的撤銷（anfechten），實不相同。

2. 當事人的責任

當事人於行為時知其得撤銷或可得而知，負回復原狀或損害賠償責任（民法114 II準用113）。

---

[332] *Rüthers/Stadler*, Allgemeiner Teil des BGB, 2011, § 25 Rn. 19.
[333] BAG NJW 1980, 1302; *Köhler*, BGB Allgemeiner Teil, 2019, § 7 Rn. 34.

四、效力未定的法律行為

（一）概念

所謂效力未定的法律行為（schwebendes Rechtsgeschäft），指已經成立，但其發生效力與否尚未確定的法律行為；其猶待其他行為或事實的介入，才能確定生效或確定不生效力。

效力未定的法律行為，在此區分為二種類型：一是**須得第三人同意的法律行為**（民法117）；另一是**無權處分**（民法118），此係行為人自己所做的處分行為，涉及他人的法律關係。

（二）第三人的同意法律行為

民法中規定法律行為必須得到第三人的同意，其**同意的型態**有下列三種：

1.允許

允許，乃事前的同意，例如民法第77條、第79條、第1101條規定。

2.承認

承認，乃事後的同意，例如民法第79條、第118條、第170條、第301條。

3.同意

與財產法規定不同，在身分行為的同意，條文不使用行為前、後區別的「允許」、「承認」，而單純使用「同意」，例如民法第974條、第981條、第1033條、第1049條、第1076條。至於民法第15條之2第1項規定的同意，應解釋為允許（事前同意）。

（三）無權處分

1.概念

民法第118條規定的「處分」，應作狹義解釋，僅指**處分行為**，不包括負擔行為（債權行為）。[334] 因此，無權處分（Verfügung eines Unberechtigten），即指無權利人以自己的名義，就他人的權利標的所為之處分行為。[335]

處分行為，乃直接以權利的變動（發生、移轉、變更或消滅）為內容的法律行為，包括**物權行為**，例如所有權的移轉行為、抵押權的設定行為，以及**準物權行為**，例如債權讓與；至於**負擔行為**，例如買賣契約、租賃契約，並不會構成無權處分。[336]

> 甲偽稱乙所有的H屋為自己所有，與丙簽訂租賃契約，此租賃契約為負擔契約，非無權處分，不適用民法第118條第1項規定。

> **買賣**並非處分行為，故公同共有人中之人，未得其他公同共有人的同意，出賣公同共有物，應認為僅對其他公同共有人不生效力，而在締約當事人間非不受其拘束。如當事人甲簽立的同意書為買賣，縱出賣之標的為公同共有土地，而因未得其他公同共有人的同意，對其他公同共有人不生效力。在甲與他方當事人乙間既非不受拘束，如該土地其後已因分割而由甲單獨取得，乙得請求甲就該土地辦理所有權移轉登記。[337]

---

[334] 最高法院71年台上字第5051號判例（舊）：買賣非處分行為。

[335] 通說，最高法院73年度台上字第90號判決、83年度台上字第2828號判決；王澤鑑，民法學說與判例研究（七），1992年9月，153頁；鄭玉波、黃宗樂，民法總則，2008年9月，371頁。

[336] 過去，最高法院常混淆概念，例如最高法院39年台上字第105號判例（舊）、69年台上字第588號判例（舊）將「出賣他人之物的買賣契約」誤解為「無權處分」。

[337] 最高法院71年台上字第5051號判例（舊）。

◈法律行爲分類與處分行爲

法律行為	財產行為	負擔行為	債權行為	例如民法345買賣契約、民法421租賃契約
		處分行為	物權行為	例如民法758 II物權移轉契約
			準物權行為	例如民法294債權讓與、民法343債務免除
	身分行為			例如民法982結婚、民法1065認領

◈法律行爲的成立要件與生效要件

2. 無權處分的效力

無權處分，其效力未定（民法118 I）；但其得因下列事實而發生效力：[338]

◈無權處分的法律關係

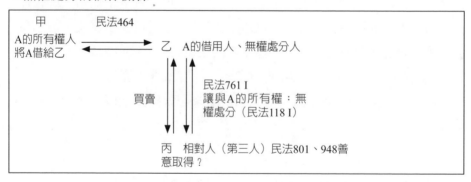

(1) 有權利人的承認：無權利人就權利標的物所爲的處分，經有權利人的承認始生效力，並且溯及地生效（民法118 I、115）。此所謂有權

利人的承認，無須踐行一定的方式（不要式行為），如有權利人就此有明示或默示的意思表示，雖未以書面為之，亦無妨於承認效力的發生。[339]

(2) 處分人事後取得權利：無權利人就權利標的物為處分後，取得其權利者，其處分自始有效，即溯及生效；惟原權利人或第三人已取得的利益，不因此而受影響（民法118 II）。若無權利人就權利標的物為的數個處分互相牴觸，僅**最初處分**有效（民法118 III）。

例：甲於丙生前，將丙的A物讓與於乙，雖當時係無權處分，但其後甲已因繼承丙的遺產，而取得此A物的所有權，依民法第118條第2項本文規定，其處分自始有效。[340]

例：丁有母犬D一隻，於4月1日遭戊無權處分讓與知情的庚，5月1日D產下5隻可愛的幼犬。6月1日，戊始取得D犬的所有權。依民法第118條第2項，戊的讓與自始有效，惟該5隻幼犬仍應屬於丁所有（已取得的利益）。

---

3. 善意取得

相對於無權處分不生效力，如具備物權法或土地法中特別規定的善意取得要件，讓與人雖無移轉所有權的權利，受讓人仍取得其所有權（民法801、948、土地法43、民法759 II）。[341]

關於**借名登記**，出名者違反借名登記契約的約定，將登記的財產為物權處分，是否構成無權處分，見解分歧。

---

[339] 最高法院33年上字第6950號判例（不再適用）。
[340] 最高法院31年上字第2898號判例（不再適用）。
[341] 同說，王澤鑑，民法總則，2014年2月，566頁。

【否定說】查不動產借名登記契約為借名人與出名人間之債權契約，出名人依其與借名人間借名登記契約之約定，通常固無管理、使用、收益、處分借名財產之權利，然此僅為出名人與借名人間之內部約定，其效力不及於第三人。出名人既登記為該不動產之所有權人，其將該不動產處分移轉登記予第三人，自屬有權處分，無**無權處分**可言。

【肯定說】按稱「借名登記」者，謂當事人約定一方將自己的財產以他方名義登記，而仍由自己管理、使用、處分，他方允就該財產為出名登記的契約，其成立側重於借名者與出名者間的信任關係，在性質上應與委任契約同視，倘其內容不違反強制、禁止規定或公序良俗者，固應賦予無名契約的法律上效力，並類推適用民法委任的相關規定。惟出名者違反借名登記契約的約定，將登記的財產為物權處分者，對借名者而言，即屬無權處分，除相對人為善意的第三人，應受善意受讓或信賴登記的保護外，如受讓的相對人係惡意時，自當依民法第118條無權處分之規定而定其效力，以兼顧借名者的利益。[342]

就此問題，本書贊同**無權處分說**；惟最高法院自2017年起採**有權處分說**為實務上的統一見解。[343]

最高法院106年度第3次民事庭會議決議
討論事項：105年民議字第1號提案
院長提議：借名人甲與出名人乙就特定不動產成立借名登記關係，乙未經甲同意，將該不動產所有權移轉登記予第三人丙，其處分行為效力如何？

---

[342] 最高法院98年度台上字第76號判決。
[343] 最高法院106年度第3次民事庭會議決議，2017年2月14日。

甲說（有權處分說）：

不動產借名登記契約為借名人與出名人間之債權契約，出名人依其與借名人間借名登記契約之約定，通常固無管理、使用、收益、處分借名財產之權利，然此僅為出名人與借名人間之內部約定，其效力不及於第三人。出名人既登記為該不動產之所有權人，其將該不動產處分移轉登記予第三人，自屬有權處分。

乙說（原則上有權處分，例外於第三人惡意時無權處分）：

借名登記契約乃當事人約定，一方（借名者）經他方（出名者）同意，而就屬於一方現在或將來之財產，以他方之名義，登記為所有人或其他權利人。出名人在名義上為財產之所有人或其他權利人，且法律行為之相對人係依該名義從形式上認定權利之歸屬，故出名人就該登記為自己名義之財產為處分，縱其處分違反借名契約之約定，除相對人係惡意外，尚難認係無權處分，而成立不當得利。

丙說（無權處分說）：

出名者違反借名登記契約之約定，將登記之財產為物權處分者，對借名者而言，即屬無權處分，除相對人為善意之第三人，應受善意受讓或信賴登記之保護外，如受讓之相對人係惡意時，自當依民法第一百十八條無權處分之規定而定其效力，以兼顧借名者之利益。

以上三說，應以何說為當？請公決。

決議：採甲說（有權處分說）。

第三十節　期日與期間

一、概念與適用範圍

時間，常為法律效力發生或障礙的要件，或是給付或行為的決定標準，因而民法設有時間的**期日**與**期間**的規定。

（一）概念

1.期日

所謂期日（Termin），指不可分的某一特定時點（Zeitpunkt），於該時點某些事實或某一法律效力（Rechtswirkung）應發生或消滅。期日係時間流中的一點，在法律上屬於**點**的概念。

例如明年2月1日；2022年7月1日下午2點。

2.期間

所謂期間，是一段有限制的時間範圍（Zeitraum），其或為確定或為可得確定。期間通常為兩個特定期日之間的時期，在法律上屬於**線**的概念。

期間，得以法律規定或以法律行為（尤其是契約）訂定，而其型態有依民法規定以日、星期（週、禮拜）、月或年所定的期間（民法121 I），亦得約定以旬、季、（世）代、甲子等定期間。此外，期間亦得以一個需加以填補的概念為定義，例如即、立即、即時（民法35 I、120 I、152 I、159 I、162 I）。[344]

例如2022年6月1日至2022年7月31日；今天起10日內。

期間，尤其是對於請求權的發生或消滅、對於權利地位（例如民法254-255：到期及給付遲延）及對於給付拒絕權（特別是消滅時效完成，民法144 I）等，具有重要性。

（二）適用範圍

民法有關時間的**期日**與**期間**的規定，除有特別規定外，適用於**法令、審判**或**法律行為**（民法119、民訴法161、刑訴法65），例如租賃契約的期間；訴訟程序的準備期日、言詞辯論期日、訴訟文書送達的生效期間（民訴法138 II、152）、上訴期間（民訴法440）、再審期間。

---

[344] *Brox/Walker*, Allgemeiner Teil des BGB, 2019, § 37 Rn. 1.

　　此所稱的**特別規定**，例如中央法規標準法第13條規定，法規明定自公布或發布日施行者，自公布或發布之日起算至第三日起發生效力；票據法第22條第1項規定，票據上權利，對匯票承兌人、本票發票人的三年消滅時效，自票據的「到期日」或「發票日」起算。[345]。

　　除民法第124條第1項關於年齡的起算規定屬強行法外，本章關於期日、期間的規定，性質上屬**任意法**（*ius dispositivum*; dispositives Recht），為補充性規定，當事人得作不同的約定；其為解釋性規定（Auslegungsvorschriften），得適用於法定期間及約定期間（民法119）。

二、期日的決定

　　期日，除法律規定者外，原則上由各該關係人約定或指定，例如契約的履行期日、訴訟程序上的言詞辯論期日或準備期日。於一定期日，應為意思表示或給付，如該期日為星期日、紀念日或其他休息日時，以其休息日的次日代之（民法122）。

> 例：甲、乙二人於2022年3月7日約定，乙應於同年6月3日匯款100萬元至甲在B銀行的A存款帳戶，約定時雙方未注意到，該6月3日是端午節（休息日），依民法第122條規定「以其休息日之次日代之」，因3日至5日為「連假」，故乙應於6月6日（週一）完成匯款。

　　其他法律設有特別規定者，優先適用，如票據法第68條第3項規定月初、月中、月底，謂該月的一日、十五日、末日。[346]

---

[345] 最高法院91年度第10次民事庭會議決議，2002年9月3日，廢止最高法院53年台上字第1080號判例。

[346] 月的末日，例如元月31日、2月28日（平年）、3月31日、4月30日，依此類推。

三、期間的計算

> 例：甲向網路賣家乙訂購商品A，當收到A時發現有嚴重瑕疵，立即於6月3日通知乙退換貨，並給予10日期限寄到。新的商品A於6月15日（週一）寄到，甲卻拒絕受領及付款。有理由嗎？

期間的開始、終結及其計算，規定於民法第120條至第124條。

（一）方法

期間的計算方法有二：

1.曆法計算法

依曆法（西曆、陽曆或國曆、農曆或陰曆）計算期間，日：0時至24時；週：週一至週日；月：1日至月的末日，例如2022年2月為1日至28日。

民法對於**連續計算**的月或年，採曆法計算法為計算（民法123 I）。

2.自然計算法

依單位時間統一計算，一日24時；一週7天；一月30天；一年365日。

民法對於**非連續計算**的月或年，採自然計算法為計算（民法123 II）。

> A營造有限公司向B公司承攬急症醫療大樓新建工程，約定工程總價含追加部分預計為新臺幣（下同）1億6,214萬1,198元，結算金額則按實做數量計算，施工期限連同展期在內為「600個日曆天」。[347]此「600個日曆天」應如何計算？

---

[347] 參閱最高法院95年度台上字第627號判決。

（二）起算點

1.時

以時定期間者，**即時起算**（民法120 I）。

2.日、星期、月、年

以日、星期、月或年定期間者，其**始日不算入**（民法120 II），即自始日的次日起算。

例：甲、乙於今日下午2：10約定，甲應於24小時內將乙交託的S物，送交給第三人丙，應「即時」起算。

例：甲於去年12月20日向乙貸款20萬元，約定借貸期間一年，該12月20日（始日）不算日，應自其次日12月21日起算。

（三）終止點

1.日、星期、月、年

以日、星期、月或年定期間者，以**期間末日的終止**，即該末日的下午12時，為期間的終止（民法121 I）。

2.不自星期、月、年的始日起算

期間不以星期、月或年的始日（週一、初一、元旦）起算者，以最後的星期、月或年與起算日相當日的前一日，為期間的末日；但以月或年定期間，於最後的月，無相當日者，則以其月的末日，為期間的末日（民法121 II）。例如平年的2月無相當日29日、30日、31日，則以2月28日為期間的末日；4、6、9、11月無相當日31日，則以該月30日為期間的末日。

例：民國100年9月9日50歲的甲失蹤，法院受聲請宣告甲死亡，應宣告
甲於何時死亡？

100年9月9日失蹤日（**始日不算入**，民法120 I）

100年9月10日（次日為**起算日**）

107年9月10日（**相當日，民法121 II**）

107年9月9日（**前一日**）為期間末日，此期間末日之終止（下午12
時）為期間之終止（民法121 I）。

結論：法院應宣告甲於民國107年9月9日下午12時死亡。

（四）末日的延展

如於一定期日或一定期間內，應為意思表示或給付，而該期日或其期
間的末日，正好是星期日、紀念日或其他**休息日**時，以其休息日的次日代
替（民法122）。

例：原告甲第一審敗訴，其上訴期間20日（民訴法440）的末日為週
日，以「次日」週一代之。

（五）期間的逆算

就期間的逆算，民法沒有另設規定，應類推適用（**準用**）期間的計
算法，例如依民法第51條第4項規定，社員總會應於開會的30日前通知，
類推適用期間的計算法規定（民法120-121），計算出最後的合法通知發
出日期（民法51 IV）。另外，如公司法第172條關於股東常會及股東臨時
會的召集通知，亦類推適用上述民法規定，以逆算出其合法發出通知的日
期。

四、年齡的計算

（一）起算日

年齡自出生之日起算（民法124 I），即出生日亦算入，此規定屬強制法。

例如甲於民國100年10月10日出生，自118年10月10日上午零時起滿18歲的成年人。

（二）生日的推定

如某一人出生的月及日均不確定，推定其於7月1日（15日）出生；如僅知其出生的月份而僅不知其出生的日期，則推定為該月15日出生（民法124 II）。因社會醫療衛生制度的進步及醫療院所的普及，今日在我國鮮有人不確定其出生日者，故此規定已罕有適用機會。

第五章

法律關係與主觀權利

第三十一節　私法的法律關係

> 例：老翁甲將自有H屋出租予承租人乙，月租2萬元，租期自今年元旦
> 至年底。甲有獨子丙，預計是甲將來的唯一繼承人，期望能因繼承
> 而取得H屋；甲卻與老情人丁女約定，將H屋贈與，並過戶予丁。

一、概念

　　私法規定人與人相互間，或人與物間的關係，而各個法律所規定的
人與他人，或人與物的關係，稱法律關係（Rechtsverhältnisse）。[1] 故法
律關係是人與人或人與物間的特別關係。法律關係不是一種固定不變的關
係，而是一種會變動的特別關係。

（一）存在人與人或人與物之間

　　法律關係，多存在於人與人之間，尤其是債權債務關係（債之關
係）、身分關係等。例如買受人與出賣人的買賣關係、承租人與出租人的
租賃關係、定作人與承攬人的承攬關係、配偶關係、父母子女關係或其他
親屬關係。

　　部分的法律關係，是直接存在於人與特定物之間，因此亦稱「人與人
之間涉及物的法律關係」，包括其他人對該物的關係在內。例如所有人對
所有物支配關係（所有權）。

---

[1] 王澤鑑，民法總則，2014年2月，105-106頁謂法律關係僅存在於人與人間（此僅是觀
察角度上的差別）。

（二）法律關係的變動

1.型態

　　法律關係不是一種固定不變的關係，而是可變動的，其變動可分下列三種型態：發生、消滅及變更。發生，指法律關係新產生（從無到有），例如甲、乙因締結租賃契約，產生租賃關係；消滅，指既存法律關係消失而不再存在（從有到無），甲、乙間的租賃契約因租期屆滿，原有租賃關係因而消滅；變更，則泛指發生與消滅二者以外的其他變動，例如主體變更，或內容變更，甲、乙間的不定期租賃契約，雙方合意自次月起月租提高5%。

2.原因

　　法律關係變動的原因，可歸納為二大類，一為法律規定，另一為法律行為。基於法律規定而變動的法律關係，例如無因管理債權（民法172、176、177）、不當得利債權（民法179）、侵權行為損害賠償債權（民法184-196）、因被繼承人死亡而發生財產關係變動（民法1148繼承）；基於法律行為而變動法律關係，例如因買賣契約而發生買賣關係（民法345以下）、因僱傭契約而發生的僱傭關係（民法482以下）。

二、要素

　　法律關係的要素（內容），為主觀權利與義務，例如買賣關係，買受人得請求出賣人交付標的物並移轉所有權；相對地，出賣人有交付標的物並移轉所有權的義務（民法348 I）；租賃關係（民法423）。

（一）私法上主觀權利

　　私法上主觀權利，或稱主觀的私權利（subjektives Privatrecht），乃客觀的私法所賦予個人的力或權能（Macht），亦即享受特定利益之法律

上的力；² 另有公法上主觀權利，例如憲法第7條至第23條規定人民對主權擁有者（Hoheitsträger）之基本權利。

> 按建築物所應留設之法定空地，為建築基地之一部分，不得重複使用，建築法第11條定有明文。又法定空地作為防火間隔使用，目的在阻隔火勢蔓延，藉以逃生避難，非供公眾平常通行之用，不得以防火間隔作為主要進出通路。再者，公法上權利與私法上權利兩者之權利性質、目的各有不同，私人間不得逕援為私法上請求權基礎。查同條第2項固規定，法定空地之留設，應包括建築物與其前後左右之道路或其他建築物間之距離，其寬度於建築管理規則中定之。惟核該項規定性質為公法上之行政管制規定，非謂逕給予同一建築建築執照基地所有人**私法上主觀權利**，自不得以之作為其對法定空地通行權存在之請求權基礎。³

1. 法律關係的最重要要素

私法上的主觀權利是私法法律關係的最重要要素，一項法律關係通常包含一系列的主觀權利，有時則僅有單一的主觀權利。例如基於買賣契約（法律關係），買受人取得數個請求權，包括交付並移轉所有權、物有瑕疵的減少價金⁴、或損害賠償的請求權（民法348 I、359、360）；基於無償消費借貸契約（法律關係），產生貸與人的唯一權利，得請求借用人於約定期限返還借用物（民法478）。

2. 取得權利的希望

取得權利的希望（Erwerbaussicht），只不過是將來取得權利的機會，尚非主觀權利，法律原則上不予以保護。

2　王澤鑑，民法總則，2014年2月，110頁。
3　最高法院104年度第2303號判決。
4　物有瑕疵的減少價金請求權（民法359），究竟是請求權或形成權，有爭議，形成權說較有利於買受人。

> 例：今尚健在的父親甲，在其遺囑中指定（民法1187），長子丙繼承特定的一棟房子H。

3. 期待權

期待權（Anwartschaft; Anwartschaftsrecht）是將來取得權利的期待，其部分的「權利取得要件」已經實現。期待權具有財產價值，為主觀權利的「前階段」，得轉讓、加以查封或扣押。

> 例：附條件買賣（動產擔保法26，亦稱保留所有權買賣）的買受人對於標的物之期待權。

（二）法律上義務

所謂法律上義務（Rechtspflicht），係法律上的**當為要求**，亦即對負義務者為一定的**作為**（Tun）或**不作為**（Unterlassen）的拘束。

> 例：出賣人交付標的物並移轉所有權的義務（民法348）、買受人支付價金的義務（民法367）；每個人有不侵害他人所有權的義務（民法767 I）。

1. 權利、義務相對應

通常一項法律義務對應一項主觀權利，義務為權利的反面，其使權利受尊重並不受侵害。例如買受人的支付價金義務，對應出賣人的價金請求權；不侵害他人所有權的義務，對應所有人的權利。

2. 無權利相對應的義務

一人於例外情形負有義務，然受益人自己並無（主觀）權利，不能向該義務人請求履行；其事實上的受益，只是客觀法律的反射作用。

> 例：甲贈與好友乙土地一筆，附有部分土地無償供與蓋孤兒院的負擔（民法412）；道路中設置禁止跨越或超車標誌（公法上義務）。

3. 對己義務

對己義務（Obliegenheit），或稱**自益義務、不真正義務**，[5] 其與法律上義務有別，是一種較低度的行為要求。此係以有利於他人為目的，但負擔者並無配合行為的法律上義務；若不履行對己義務，自己將因而受到不利益，故負擔者為該配合行為，乃是為了**符合自己利益**。例如買受人的檢查及通知義務（民法356）；[6] 被害人的避免與有過失（民法217 I）。

> 民法第235條及第507條第1項規定，債務人的給付兼需債權人的行為，或承攬人的工作需定作人的行為始能完成而不為其行為之「協力行為」，原則上僅係**對己義務**或**不真正義務**，並非具有債務人或定作人給付義務的性質。於此情形，債權人或定作人祇是權利的不行使而受領遲延，除有民法第240條的適用，債務人或承攬人得請求賠償提出及保管給付物的必要費用，或承攬人具有完成工作的利益，並經當事人另以契約特別約定，使定作人負擔應為特定行為的法律上義務外，不負任何的賠償責任。[7]

5　王澤鑑，民法總則，2014年2月，107頁。

6　楊芳賢，第一章買賣，收錄於：黃立主編「民法債編各論（上）」，2002年7月，121頁。

7　最高法院97年度台上字第360號判決。

第三十二節　主觀權利

> 例：甲與乙約定，甲將己有的A車，以120萬元出售給乙，於乙支付20
> 萬元時交車，並於交車後5日內再付款100萬元（民法345、348、
> 367）。豈知乙取得A車後未依約付餘款，經附期限催告仍無效
> 果，甲對乙表示「解除契約」，並要求乙返還A車（民法254、
> 2591）。甲對乙行使什麼權利？

一、概念

主觀權利（subjektives Recht），指得享受特定利益之法律上的力
（**法力說**），[8] 是屬於特定主體的權利，是為滿足人的利益，由法律規範
授與個人的意思力（Willensmacht）。最高法院就權利與利益的區別，曾
如此表示：「所謂**權利**乃得享受特定利益之法律上之力，**利益**係指私人享
有並為法律（私法體系）所保護，尚未賦予法律之力者而言。」[9] 亦採法
力說。

因權利是人的意思力，其必歸屬於特定的人，即歸屬於一定的權
利主體，故為一**主觀權利**，也可稱為主體的權利；沒有歸屬主體的權利
（subjektlose Rechte）是不能存在的。[10]

---

[8] *Köhler*, BGB Allgemeiner Teil, 2019, § 17 Rn. 5；鄭玉波、黃宗樂，民法總則，2008年
9月，54-55頁。對於「權利」的解說，有三個較為重要的學說：一、意思說（主觀
說）：權利係意思支配的範圍；二、利益說（客觀說）：權利係法律所保護的利益；
三、法力說：權利是一種可以享受特定利益之法律上的力。

[9] 最高法院100年度台上字第943號判決。

[10] *Köhler*, BGB Allgemeiner Teil, 2019, § 17 Rn. 5.

二、內容

（一）依據客觀法律

權利須依據客觀法律（objektives Recht），而非單只是道德或風俗習慣。

> 例：甲的好友乙對甲表示，最近失業，生活拮据，請求甲借給他5萬元，暫度眼前困境。甲口頭上答應，卻一直不願給予答應借給乙的5萬元現金（民法474 I）。乙無權利要求甲交付給自己5萬元現金。

> 例：牌友甲向乙在牌桌上擊掌承諾，將自己一塊L建地以10萬元廉讓給乙，未簽經公證的買賣契約（民法166之1 I）。如依民法第166條之1第1項規定，該買賣契約無效，乙無權利請求甲移轉L地所有權【按：民法第166條之1公布後至今仍未施行，本例以假設該民法第166條之1規定已施行為前提；如就目前實際情況而言，乙有權利請求甲移轉L地所有權】。

（二）歸屬於人

權利必須歸屬於權利主體，即歸屬於人，包括自然人與法人，例如動物、死人或屍體不能享受權利；但胎兒（民法7、6）則可享受權利。惟於特殊情形，實務上亦肯定某些**非法人團體**得享有一定的權利。

> 例：最高法院過去曾表示，「醫師公會」係由會員所組成的團體，為非法人團體的社團（醫師法33、39），依其性質應「類推適用」民法總則第二章第二節法人的規定。[11]

---

[11] 最高法院92年度台抗字第141號裁定。

（三）個人的意思力

權利為意思力，其賦予權利享有者一項決定權（Bestimmungs-befugnis），使個人自由得以確保，例如民法第765條的所有權、第367條的出賣人請求權、第343條的債權免除權。

（四）為滿足人的利益

權利之目的，在於滿足人的利益。何種利益受保護，依各該法律規定。

利益，包括權利享有者自己（民法767）或他人（民法1084 I的子女）的經濟上（例如民法367出賣人）或身分上（例如配偶）利益。此不單牽涉權利人的利益，也涉及其他人利益；因個人自由擴張，他人自由範圍就會隨之受到限縮，所以個人之法律上的力（權利）不能毫無限制（民法148、149但書、765），而應由權利的目的決定其範圍與界限。

三、種類

權利，得依不同的標準予以分類，以下介紹其中較為重要者。

（一）依權利的內容分類

依權利的內容，權利可區分為人格權、支配權、請求權與形成權。

1.人格權

依其一般組織架構，人格權（Persönlichkeitsrecht）為**受尊重的權利**（Rechte auf Achtung），即承認（Anerkennung）並不侵害（Nichtverletzung）其人的尊嚴與身體、精神的存在之權利。[12] 國內學說上對人格權的解說，或謂係以人格為內容的權利，[13] 或謂其係存在於權利

---

[12] *Wolf/Neuner*, Allgemeiner Teil des Bürgerlichern Recht, 2012, § 20 Rn. 15.
[13] 王澤鑑，人格權法，2012年1月，49頁。

人自己人格的權利。[14] 如此解說，不足以使一般人理解人格權。

性質上，人格權是一種法律為保障人的生存與尊嚴所賦予，而與其人格有不可分離關係的權利。在概念上，人格權有一般人格權與特別人格權，前者為每個人受尊重的權利整體，雖在法律上未明確規定為一種權利類型，卻是普遍被承認的一種權利；後者例如生命權、身體權、健康權，名譽權、貞操權、姓名權等在法律規定中，明文列舉或例示的各個保護特定人格法益的權利（民法18、19、195）。

2.支配權

支配權（Herrschaftsrecht），乃直接支配其權利標的（物、權利或智慧財產）的權利，具有排他性。其依支配標的之不同，可再區分為對物的支配權（物權）、對權利的支配權（例如權利質權，民法900）及對智能產物的支配權（智慧財產權，例如著作權、專利權）。

物的所有權為典型的支配權，是對該標的物之繼續且排他的權利，藉由此支配權，得排除其他人對該物體的介入或干涉。因此，民法第765條規定：「所有人，於法令限制之範圍內，得自由使用、收益、處分其所有物，並排除他人之干涉。」相對於所有權是一個廣泛的支配權，限制物權（beschränkte dingliche Rechte，或稱定限物權）作為由所有權所分出的一部內容，則是賦予權利人僅有在內容上及大多也在時間上受限制之對物的支配權，例如地上權（民法832、841之1）、農育權（民法850之1）。

3.請求權

對於請求權（Anspruch），我國民法並未如同德國民法典第194條（§194 I BGB）設有定義規定；然因債權屬於請求權的一種，由民法第199條第1項對於債權效力的規定「債權人基於債之關係，得向債務人請求給付」，及其立法理由「僅按債權者，即得向債務人請求作為或不作為之相對權」，可推論得知請求權的意義：**請求權，謂得要求義務人為一定行為**

---

[14] 鄭玉波、黃宗樂，民法總則，2008年9月，118頁。

（作爲或不作爲）的相對權。

　　請求權屬於相對權，僅得對特定的義務人主張，例如所有權人得請求無權占有人返還其所有物（民法767 I前），此為物上請求權；買受人得請求出賣人交付標的物並移轉所有權（民法348），此為債的請求權，即為債權（Forderung; Forderungsrecht）。[15]

　　請求權可再細分為獨立的請求權與非獨立的請求權（selbständige und un selbständige Ansprüche）。

　　獨立的請求權有自己的意義，其不依存其他權利而自己獨立存在，亦不涉及其所輔助或所源生的其他權利。[16] 屬於此種請求權者，尤其是債權（民法199 I）、親屬法上的扶養請求權（民法1114）或繼承法上的特留分請求權（民法1223）。

　　非獨立的請求權具有輔助的功能，其有助於其他權利（絕對權）的實現與保護，尤其是對於人格權與支配權。此種請求權的意義與目的，僅在於產生或維護符合該絕對權的狀態，其因而歸屬於該絕對權的享有者，並且是針對該絕對權的干擾者；其不得與該絕對權脫離而為轉讓，並隨同該絕對權的讓與而移轉。[17] 屬於此種請求權者，例如所有人的物上請求權（民法767 I）。

4.形成權

　　形成權，指得依權利人一方的表示（法律行為或準法律行為[18]），或透過法院的判決，使當事人間（共同）的法律關係變動（發生、變更或消滅）的權利，例如承認權（民法79、81、115、118、170 I）、選擇權（民法208）、撤銷權（民法114、244）、解除權（民法254）、抵銷權（民法334）。

---

[15] 關於債權與請求權的關係，本書第三十三節一、（二）1。

[16] Vgl. *Wolf/Neuner*, Allgemeiner Teil des Bürgerlichern Recht, 2012, § 20 Rn. 25.

[17] Vgl. *Wolf/Neuner*, Allgemeiner Teil des Bürgerlichern Recht, 2012, § 20 Rn. 23.

[18] 形成權得否以準法律行為（意思通知）行使，學說上有爭議。

　　國內通說認為，民法中規定的「催告」是一項催告權（民法80、170、210、229），其亦屬於形成權。[19] 本書認為，民法中的催告（德國民法典有Aufforderung與Mahnung二種）性質上為一意思通知，屬於準法律行為，[20] 催告的效力是由法律直接賦予一定的法律效果，並不是行使形成權的效果，並無所謂的催告權。

（二）法律力的作用

　　依法律力的作用，權利可區分為支配權、請求權、抗辯權與形成權。支配權、請求權與形成權三者，已介紹如上。

　　抗辯權（Einrede），是得對抗他人權利（主要是請求權）的權利。抗辯權依其效力，可分為**延期性（或暫時性）的抗辯權**及**永久性的抗辯權**。前者又有「障礙抗辯權」之稱，例如同時履行抗辯權（民法264）、先訴抗辯權（民法745）；後者又有「滅卻抗辯權」之稱，例如消滅時效完成的拒絕給付權（民法144 I）。[21]

（三）權利之標的

　　權利依其標的為財產法益或非財產法益，可區分為財產權（例如債權、物權、準物權、智慧財產權）、非財產權（例如人格權、身分權）。

　　身分權，係存在於一定的身分關係上的權利，例如配偶權、親權、子女權、家長權。

---

[19] 史尚寬，民法總論，1970年11月，327頁；鄭玉波、黃宗樂，民法總則，2008年9月，267頁。王澤鑑，民法總則，2014年2月，371頁亦稱「催告權」，但未指其為形成權；施啟陽，民法總則，2009年8月，267頁亦同。

[20] 施啟揚，民法總則，2009年8月，267頁。

[21] 本書第三十四節五。

（四）負義務者（效力範圍）

依負擔義務者為所有的人或特定的人，權利可區分為絕對權、相對權。

相對權，也稱對人權，指僅得對特定人（相對人）主張的權利，例如債權。

絕對權，也稱對世權，指得對任何人主張的權利，例如物權、智慧財產權、人格權。絕對權通常表現於消極地要求一般人不為一定的作為，即不要侵害自己的權利。當絕對權受侵害時，在法律上常賦予權利人一項損害賠償債權（相對權），例如民法第184條、第192條至第195條。

四、權利的取得

（一）概念

權利的取得，謂權利與特定人連結，而歸屬該特定人。權利得原始地在取得人的人身上發生，但亦得由另一人移轉到取得人。於此，可能是個別權利或整個法律地位的承接。通常權利的取得是來自有權利的人，但亦可能例外地來自無權利的人。

（二）型態

1.原始取得或繼受取得

權利的取得，若是非基於他人已經存在的權利而取得，為**原始取得**（originärer oder ursprünglicher Erwerb）；若是基於他人已經存在的權利而承繼取得，為**繼受取得**（derivativer oder abgeleiter Erwerb），亦即自權利享有者而受讓取得該權利。權利原則上得讓與；惟權利的讓與性，得依其性質或依法律規定或因法律行為而被排除或受限制，例如民法第195條2項規定、第294條、第977條第3項、第979條第2項、第988條之1第6項。

　　繼受取得，可再區分為特別繼受取得與概括繼受取得，或再區分為移轉與創設繼受取得。[22] 創設繼受取得，是基於權利享有者的權利，為寄售人創設出一新的權利，例如L地的所有權人甲為乙在L地上設定抵押權（民法860）。

　　特別繼受取得（Sigularsukzession; Einzelnachfolge）涉及個別的權利，其為生存的人之間繼受取得的常見型態，並且原則上藉由法律行為。**概括繼受取得**（Universalsukzession; Gesamtnachfolge）涉及權利整體的取得，通常是因法律特別規定，常見的原因為繼承、公司合併。就個別權利的移轉所設規定，不得適用於概括繼受取得（民法1148 I）。[23]

> 例：雕刻家甲以2萬元向乙購買一塊原木W，經過一個月的細心雕刻，完成一件市價50萬元的藝術品S，而以45萬元賣給收藏家丙。甲繼受取得W及原始取得S，丙繼受取得S。

2. 自有權利者或自無權利者取得

　　權利的取得，依取得權利人的權利所受讓的另一方，是否擁有讓與該權利的權限（處分權），又可以區分自有權利者與自無權利者取得。其中自無權利者取得者，即所謂的**善意取得**、善意受讓或即時取得（民法759之1、801、948、886、土地法43）。[24]

---

[22] 參閱王澤鑑，民法總則，2014年2月，262頁；鄭玉波、黃宗樂，法學緒論，2010年10月，163-164頁。

[23] *Köhler*, BGB Allgemeiner Teil, 2019, § 17, Rn. 23 f.

[24] 善意取得，究竟屬於原始取得或是繼受取得，在學說上有爭議，因其兼具二種取得的部分要件。

> 例：甲將所有的N筆記型電腦贈與並移轉所有權且交付給乙，乙將N出借給好友丙，丙偽稱N屬於自己所有，將N以1萬元售讓給善意的丁，丁用了一個月後，又將N以1萬元售讓給戊。乙及戊是自有權利者取得N的所有權，丁是自無權利者取得（善意取得）。

第三十三節 請求權與抗辯權

> 例：三年前，甲向商人乙購買商品M，價金5萬元未付。現在乙要求甲付該筆價金，甲表示經過太久，不願意付了。乙遂在Facebook貼文，用「騙子、無恥之徒」形容甲，甲的朋友閱後通知甲，甲要求乙移除該文，並賠償精神損害1萬元。甲、乙各對他方行使什麼權利？

一、請求權

（一）概念

所謂請求權（Anspruch），乃是一個人（權利人）得要求他人（義務人）為一定行為的權利；此一定的行為，可以是作為（Tun）或不作為（Unterlaasen）。民法第199條第1項規定：「債權人基於債之關係，得向債務人請求給付。」此為債權人的請求權，即債之請求權、債權；民法第767條第1項前段規定：「所有人對於無權占有或侵奪其所有物者，得請求返還之。」此為所有權人的所有物返還請求權，屬於物上請求權。

請求為一定的作為，例如請求交付買受物並移轉所有權、給付價金（民法348、367）。請求一定的不作為，即請求消極的不為一定的作為，例如不為競業行為、承租人不在承租的房屋內養狗。

例：台積電研發處長梁孟松離職並率領一批人員投效南韓三星，台積電
懷疑梁洩漏奈米技術給對手，提起洩漏營業秘密訴訟。2015年1月
經最高法院判決梁孟松禁止使用、洩漏台積電的營業秘密及人事
資料，並判決梁在「競業禁止期限結束後」，2015年底前仍不准到
三星工作（不作為）。張忠謀在2014法說會上，坦承16奈米技術被
南韓三星超前，震驚原本看好台積電的外資法人與半導體產業分析
師，使台積電一度股價大跌、評等遭降。[25]

（二）種類

請求權，依其發生的基礎法律關係之不同，得分為債之請求權、物上
請求權、人格權上請求權及身分權上的請求權等。

1.債之請求權（債權）

基於債之關係所生的請求權，即為債權（Forderung; Forderungs-
recht）。民法第199條第1項規定債權的效力：「債權人基於債之關係，得
向債務人請求給付。」

請求權為一般的概念，債權是一種債之關係的請求權（obligatorischer
Anspruch），故請求權概念較廣泛，債權為較狹義的概念，屬請求權的一
種。[26]

然國內通說卻認為，債權的請求權乃債權的「作用權」，其通常伴隨
債權成立而發生；債權的本質在於有效受領債務人的給付，其不僅有請求
的權利，尚可發生抗辯、抵銷、解除、撤銷及代位等權利，惟以請求權為

---

[25] http://www.cw.com.tw/article/article.action?id=5063951（瀏覽日期：2017年10月12日）

[26] *Brox/Waliker*, Allgemeiner Teil des BGB, 2016, Rn. 628; *Jauernig/Mansel*, BGB, 2007, §
241 Rn. 4；史尚寬，債法總論，1990年，1-2頁；楊芳賢，民法債編總論（上），
2016年初版，16頁指出「債權乃請求權與相對權」；陳啓垂，消滅時效因於外國法
院起訴而中斷——兼評最高法院105年度臺上字第1165號民事判決，政大法學評論165
期，2021年6月，148-150頁。

其最重要的內容。[27] 最高法院亦曾表示，**債權**與其滋生的**請求權**，並非同一；債權若附有**停止條件**，或約定有**清償期日**，或有其他**妨礙其請求履行的情事**時，於停止條件成就，或清償期日屆至，或妨礙請求履行的情事除去前，其債權雖然存在，但履行請求權則自不存在。[28] 目前在德國、瑞士及奧地利未見有人採此我國國內通說見解。

2.物上請求權

物上請求權，又稱物權的請求權，是因物權或物之占有受到不法侵害或妨害，法律所賦予權利人的作用權，其目的在於保護並實現物權，例如民法第767條第1項、第962條。

3.人格權上請求權

人格權上請求權，是因人格權受到不法侵害，法律所賦予權利人的作用權，例如民法第18條第1項的除去侵害或防止侵害請求權；至於民法第184條、第193條至第195條的損害賠償請求權，性質上為債權。

4.身分權上的請求權

身分權上的請求權，是基於身分關係而發生的請求權，例如民法第1001條的同居請求權、第1116條的扶養請求權。

（三）法律規定

民法第125條以下有請求權消滅時效的一般規定；此外，個別請求權的具體內容，則分散於民法各條文中，例如民法第176條、第179條、第184條、第199條第1項、第348條、第367條、第767條第1項、第962條、第1001條等。

---

[27] 鄭玉波、黃宗樂，民法債編總論，2003年10月，54頁；鄭玉波、陳榮隆，民法債編總論，2002年6月，7頁；王澤鑑，債法原理（一），1999年10月，9-10頁。

[28] 最高法院86年度台上字第3785號判決。

二、請求權基礎

所謂請求權基礎（Anspruchsgrundlagen），指請求權發生的根據，亦即請求權所據以發生的來源。

（一）種類

請求權的基礎可能有二，一為**法律規定**，即所謂的請求權規範（Anspruchsnorm）；一為**法律行為**（Rechtsgeschäft），尤其是債權契約（負擔契約）。

1.請求權規範

請求權的發生是基於法律規定，此法律規定稱為請求權規範，例如民法第174條、第176條、第179條、第184條、第191條之3、第245條之1。

例：甲故意將乙的機車燒燬，乙得依民法第184條第1項前段規定（請求權規範），向甲請求損害賠償。

2.法律行為

請求權亦得因法律行為而發生，尤以債權契約（負擔契約）最為主要，但不以債權契約為限。

例：甲、乙簽訂買賣契約，乙以20萬元將所有的C車賣給甲，甲、乙得向對方要求履行該買賣契約所生的債務（民法345、348、367）。

例：研究生丙與房東丁簽訂租約，自即日起以月租8,000元承租丁的H屋，丙、丁得向對方請求履行該租賃契約所生的債務（民法421、423、367）。

（二）應用

1. 選擇

如上所述，得作為請求權基礎者繁多，如請求權基礎為法律規定（請求權規範），適用法律的人須尋找及選擇可能適用的相關條文。

2. 涵攝

選擇可能適用的相關條文後，適用法律的人比對具體的生活事實（案件事實），是否符合其所選擇的法律條文（請求權規範），即該案件事實是否「歸屬於」該請求權規範所規定的範圍。此一比對生活事實及劃歸於法律規定適用範圍的程序，稱為涵攝（Subsumtion），乃以法律解決生活上法律問題的必經過程。

（三）請求權競合與請求權基礎競合

在概念上應注意區別的，是請求權競合（Anspruchskonkurrenz）及請求權基礎競合（Anspruchsgrundlagenkonkurrenz）。

1. 請求權競合

請求權競合，指同一目的之二個以上的請求權同時並存，例如被詐欺取財者的侵權行為損害賠償請求權與不當得利返還請求權。權利人得就競合的請求權中擇一行使；因其數個請求權有同一目的，當其中一請求權已經滿足而消滅，其他請求權亦隨同消滅。

2. 請求權基礎競合

依新訴訟標的理論中的「新實體法說」，或稱「請求權基礎競合說」（Theorie der Anspruchsgrundlagenkonkurrenz）、「請求權規範競合說」，請求權基礎競合亦稱為請求權規範競合（Anspruchsnormenkonkurrenz），指實體法上的一個請求權，有數個法律規範的依據。「新實體法說」係德國學者所提出，試圖藉以解決「舊實體法說」在訴訟法上所產生之「訴訟標的」不合理問題之學說。

★**區別概念：「法條（或規範）競合」、「請求權基礎競合」與「請求權競合」！**

三、異議與抗辯權

在此，要嚴格區分三個概念：異議、抗辯權與抗辯。其區分，不論在實體法上或在訴訟法上，皆有重要性；惟國內學說上因中文翻譯的不一致，導致概念上有混淆情形。[29]

（一）異議

異議（Einwendung[30]），國內或稱**抗辯**，係指權利存在的根本否定，常以法律行為無效、撤銷、解除，或以債務已履行等事實為基礎。[31]

1. **權利障礙的異議**（rechtshindernde Einwendung）：謂所涉及的權利未有效成立，為該權利**成立的否定**，例如基於V契約而生的A請求權，該V契約並未成立或無效。

2. **權利消滅的異議**（rechtsvernichtende Einwendung）：謂雖不否定被主張的權利曾經發生，惟主張其現在已經消滅，乃為該權利**現存的否定**，例如基於V債權契約的A給付請求權，已經因為債務人的履行而消滅。

（二）抗辯權

如上所述，**抗辯權**（Einrede; *exceptio*），是得對抗他人權利（主要是請求權）的權利，依其效力可分為**延期性（或暫時性）的抗辯權**及永久性

---

[29] 王澤鑑，民法總則，2014年2月，121-122頁稱為「權利毀滅的抗辯與抗辯權」。

[30] 德文的Einwendung與Einrede二概念，國內學者間翻譯及用語並不一致。施啟揚，民法總則，2009年8月，57頁譯為「異議與抗辯權」，本書亦同。另外，王澤鑑，民法總則，2014年2月，121-122頁譯為「抗辯與抗辯權」；黃茂榮，債之關係、債權、債務與責任，植根雜誌17卷2期，13-16頁則稱前者為「能夠根本消滅債務之抗辯」。

[31] 鄭玉波、黃宗樂，民法總則，2008年9月，59-60頁；鄭玉波，論抗辯權，收錄於：氏著「民商法問題研究（四）」，1985年9月，44頁。

的抗辯權。[32] **抗辯權**，是一種對抗請求權行使的一種實體法上權利，例如請求權的消滅時效完成，義務人有拒絕給付權（抗辯權，民法144 I），得用以對抗請求權人。[33]

實體法上的**抗辯權**與上述的**異議**有別，**抗辯權**所對抗的權利（抗辯客體）現在仍存在，僅妨礙或阻礙其行使或現在實現而已（民法144、198、264、745）。

（三）抗辯

訴訟法上的**抗辯**（Einrede; defence; plea），屬於**訴訟行為**（Prozesshandlung），係指訴訟上當事人一方（常為原告）主張一定的權利存在，而他方（常為被告）主張一定的事實，以否定或對抗他方所主張的權利。抗辯與抗辯權亦應嚴格區分，前者是訴訟行為，後者在歐陸法及我國法是實體法上權利。[34]

訴訟法上的抗辯，包括三種類型：[35]

1. 權利障礙抗辯（rechtshindernde Einrede）

被告主張，原告所主張的權利**不曾發生**，例如原告主張基於V契約的A請求權，被告抗辯，該V契約不成立（因未達成合意）或無效（因通謀虛偽意思表示或違背公序良俗），因此A請求權不發生。

2. 權利消滅抗辯（rechtsvernichtende Einrede）[36]

被告不否認原告所主張的權利曾經發生，惟主張該權利**已經消滅**，即

---

[32] 本書第三十二節三、（二）。

[33] 本書第三十四節五。

[34] 此所稱的抗辯及抗辯權，因德文用同一字「Einrede」，因此德國民法總則書中通常會說明此一概念的在訴訟法上及實體法上二種不同意義與性質，例如*Brox/Walker*, Allgemeiner Teil des BGB, 2019, § 31 Rn. 1, 5; *Köhler*, BGB Allgemeiner Teil, 2019, § 18 Rn. 11, 17.

[35] *Köhler*, BGB Allgemeiner Teil, 2019, § 18 Rn. 17.

[36] 王澤鑑，民法總則，2014年2月，121-122頁稱為「權利毀滅的抗辯與抗辯權」。

現在已經不存在，例如原告主張基於V契約的請求權，被告抗辯，原告主張的A請求權已經消滅（因為被告已經履行債務或已經抵銷）。

3.權利妨阻抗辯（rechtshemmende Einrede）

此在國內或（翻譯）稱為**權利排除抗辯**或**權利受制抗辯**，指被告不否認原告所主張的權利存在，但主張自己有實體法上的拒絕給付權（民法264、745、144 I、198），可妨礙原告所主張的權利之行使，即在訴訟上行使實體法上**抗辯權**以對抗原告主張的實體法上**請求權**，例如原告主張基於V契約的A請求權，被告抗辯，A請求權的消滅時效已經完成，因此拒絕給付（民法144 I）。

實體法上抗辯權，用以對抗權利人行使權利（主要是請求權），有學者謂其性質上屬形成權。[37] 抗辯權，依其效力，可分為**延期性（或暫時性）的抗辯權**，又稱障礙抗辯權，例如同時履行抗辯權（民法264）、先訴抗辯權（民法745），以及**永久性的抗辯權**，又稱滅卻抗辯權，例如消滅時效完成的抗辯權（民法144 I）、侵權被害人的拒絕履行權（民法198惡意抗辯權）。[38]

在訴訟上主張實體法上抗辯權，即為訴訟法上的**權利妨阻抗辯**，屬於訴訟行為。實體法上抗辯權，在訴訟上必須當事人主張，法院才得採為裁判基礎的訴訟資料。[39]

由上可知，異議、抗辯權與抗辯此三個概念，有嚴格區分的實益與必要性。

---

[37] 例如鄭玉波，論抗辯權，收錄於：氏著「民商法問題研究（四）」，1985年9月，42頁。本書反對如此歸類，就其效力而言，與形成權仍有差異。

[38] 黃茂榮，債之關係、債權、債務與責任，植根雜誌17卷2期，14-15頁。

[39] *Köhler*, BGB Allgemeiner Teil, 2019, § 18 Rn. 17.

第三十四節　消滅時效

例：【電話費轉錯帳十四年，討回26萬】[40]

　　2008年間，宜蘭縣林女甲整理父親存摺時，發現自1994年被多扣一筆電話費，十四年內共被扣26萬餘元，她向中華電信申訴討回，中華電信向原用戶乙追繳欠款，乙收到26萬餘元帳單嚇一跳，認為求償不合理。中華電信強調於法有據，但願與乙協調。

　　甲於2008年8月4日整理79歲父親物品，發現一本郵局存摺，翻閱存摺發現，自1994年10月起，即有轉帳代繳兩支電話費紀錄，其中一支電話號碼並非家人所有；甲向中華電信宜蘭營運處調查，確定誤扣電話費，十四年來，幫別人繳了26萬餘元，每個月平均繳1,000多元。中華電信在2008年9月7日退款給甲的父親。

　　中華電信宜蘭營運處服務中心主任江乾鐘說，被扣款的兩支電話，只有一個數字不同，末兩碼分別是「03」與「23」，幫人代繳的是「23」那支電話；甲的父親申請資料已逾保管年限而被銷毀，有可能是1994年8月甲的父親申請轉帳代繳扣款，認為沒有扣款成功，同年9月又申請一次，筆誤造成兩次申請資料的電話號碼不同而被同時扣款。

　　中華電信2008年8月27日以電話聯繫末兩碼為「23」的電話用戶乙，告知要追繳十四年來26萬餘元電話費，用戶還以為是詐騙電話；中華電信2008年8月29日發函並檢具帳單送交，用戶看了當場傻眼。

　　乙認為，甲的父親誤填電話號碼，別人造成的錯誤，卻要他們承

---

[40] 自由時報，2008年10月28日，A10版（生活新聞），記者游金明、劉力仁綜合報導，網址：http://iservice.libertytimes.com.tw/inform/news_1.php?no=253964（瀏覽日期：2008年11月2日）。

擔，26萬餘元不是小數目，中華電信請求權是否適當，請求期限14年是否合理，**「他們請教過律師，電話費請求權只有二年」**（指消滅時效期間）。

江乾鐘指出，**「民法規定，請求權有十五年時效」**，台北地院2008年8月已有類似扣款錯誤的判決，中華電信勝訴，該案被告須補繳十年34萬元電話費。

一、概說

（一）概念

消滅時效（Verjährung），指基於一定期間的經過，發生權利減損（Entkräftung）的制度。義務人因消滅時效的完成，取得一拒絕給付權（民法144 I），性質上屬於永久的抗辯權。[41] 消滅時效此一概念，應是源自日本民法第一編第七章第三節的「消滅時効」（166-174之2），但我國的消滅時效的效力與日本不同，（亦）稱為消滅時效，並不適當。

民法上的時效制度，除消滅時效外，另有**取得時效**制度（民法768-772），使占有人因長期繼續占有而取得物權或其他權利。

◆時效制度

種類	概念	民法規定
消滅時效	基於一定期間的經過，發生權利減損的制度	125-147
取得時效	基於一定期間的經過，發生權利取得的制度	768-772

---

[41] 本書第三十三節三。

（二）立法理由

消滅時效制度的立法理由，可歸納為下列三點：[42]

1. 尊重現存新秩序

請求權人長久不行使其權利，得以推論權利人對於給付欠缺興趣；義務人逐漸形成不再行使其權利的信賴，而鬆懈履行義務的準備。因而形成一新的法律秩序，此已形成的新秩序應給予相當的尊重，不宜再加以推翻，以確保法秩序的安定（法之和平：Rechtsfrieden）。

2. 避免舉證困難

經過長久時間，義務人（債務人）所可能擁有的證據已經滅失，至少要證明久遠以前的事實，顯然更為困難（Beweisnot）；從訴訟經濟考量，亦不宜任由當事人無限制地在訴訟上主張與防禦，使訴訟久延不決，或難以舉證，徒增法院負擔。以時效為理由，明確劃分權利狀態，並以時效代替證據，使法律關係早日確定，乃是時效制度的技術性考量。

3. 給予權利人壓力，使其盡早行使其請求權

怠於行使請求權的人，法律上不值得長期給予保護。因時效完成後，國家放棄或降低對其請求權的保護，可迫使請求權人盡早行使其權利。

因消滅時效規定在於維持交易安全及法秩序的安定，具有公益性，故屬於**強行法**。其時效期間長度，不得以法律行為予以**加長**或**減短**；並且不得預先拋棄時效的利益（民法147）。[43]

---

[42] 參閱鄭玉波、黃宗樂，民法總則，2008年9月，394-395頁；施啓揚，民法總則，2009年8月，379-380頁；*Larenz/Wolf*, Allgemeiner Teil des Bürgerlichen rechts, 1997, § 17 Rn. 1 ff.

[43] 德國原則上准許當事人加長或縮短消滅時效期間，就故意責任，§ 202 I BGB禁止以法律行為縮短其消滅時效期間，而§ 202 II BGB則禁止加長消滅時效期間至超出三十年。並參閱網址：http://de.wikipedia.org/wiki/Verj%C3%A4hrung#Vereinbarungen_.C3.BCber_die_Verj.C3.A4hrung （瀏覽日期：2007年6月16日）。

二、消滅時效的客體

（一）請求權

依民法第125條以下規定，消滅時效的客體或消滅時效的適用範圍，為實體法上**請求權**，僅請求權有消滅時效規定的適用，其他權利，如絕對權、形成權等，皆不適用。[44]

民法中有些規定雖用「請求權」或「請求」概念，其性質卻是**形成權**，所以不適用無消滅時效規定，例如社團總會決議的撤銷請求權（民法56 II）、買受人的價金減少請求權（民法359以下）、定作人的減少報酬請求權（民法494、514 I）、[45] 共有物分割請求權（民法823）、[46] 遺產分割請求權（民法1164）、離婚請求權（民法1052）。[47]

（二）請求權的分類及其適用

1.債之請求權

基於債之關係的請求權，稱為債權，均有消滅時效的適用。請求權為一般的概念，債權則是一種債之關係上的請求權，故請求權概念較廣泛，包含較狹義的概念「債權」在內。[48] 票據法第22條第4項規定：「票據上之**債權**，雖依本法**因時效**或手續之欠缺**而消滅**，執票人對於發票人或承兌人，於其所受利益之限度，得請求償還。」即明文規定票據債權有消滅時效的適用。依瑞士債務法規定，消滅時效的適用客體限於債權（Art. 127 ff. OR）。

---

[44] 德國民法典第194條第1項（§ 194 I BGB）亦規定消滅時效的客體為請求權（Ansprüche）；瑞士債務法第127條以下（Art. 127ff. OR）規定為債權（Forderungen）；日本民法第166條規定債權等的消滅時效（債権等の消滅時効）。

[45] 最高法院71年台上字第2996號判例（舊）。

[46] 最高法院29年上字第1529號判例（不再適用）。

[47] 鄭玉波、黃宗樂，民法總則，2008年9月，398頁；王澤鑑，民法總則，2014年2月，587頁。

[48] 參閱本書第三十三節一。

惟國內有採不同見者解謂：「消滅時效乃德文Verjährung的迻譯，其因時效而消滅者，不是權利本身，而是請求權。」[49] 並進而表示：「**債權請求權**罹於消滅時效時，**債權本身**仍屬存在，債務人仍為履行之給付者，不得以不知時效為理由，請求返還（第一四四條第二項）。」[50] 此種將債權拆解為債權本身與債權的請求權為二種不同權利的誤解，是導致國內無法正確解釋及適用仿自德國舊民法典（BGB a.F.）的消滅時效規定之主因。

2. 物上請求權[51]

物上請求權，或稱物權的請求權，其有無消滅時效的適用，學說上有爭議。

(1) 肯定說：物上請求權，與其他財產上請求權（如債權）同為請求他人為一定行為的權利。[52]

(2) 否定說：有物權，即有物上請求權，因此不適用消滅時效規定。

司法院釋字第107號、第164號解釋，原則上採**肯定說**；惟對於不動產物權所生請求權予以區分，若是**未登記**的不動產物權所生之物上請求權，有消滅時效適用；相對地，**已登記**的不動產物權所生之物上請求權，則無消滅時效適用。[53]

> **司法院釋字第107號解釋**：**已登記**不動產所有人之**回復請求權**，無民法第一百二十五條消滅時效規定之適用。

---

[49] 王澤鑑，民法總則，2014年2月，581頁。

[50] 王澤鑑，債法原理（一），1999年10月，9-10頁。

[51] 關於物上請求權（物權的請求權），參閱黃宗樂，物權的請求權，台大法學論叢11卷2期，1982年6月，221-256頁。

[52] 實務上採此說，司法院30年院字第2145號解釋；最高法院40年台上字第258號判例（舊）、42年台上字第786號判例（舊）；惟司法院釋字第107號、第164號解釋認為，消滅時效不適用於已登記不動產物權。

[53] 鄭玉波、黃宗樂，民法總則，2008年9月，400頁。

司法院釋字第164號解釋：**已登記**不動產所有人之**除去妨害請求權**，不在本院釋字第一○七號解釋範圍之內，但依其性質，亦無民法第一百二十五條消滅時效規定之適用。

最高法院87年度台上字第2313號判決：司法院大法官會議釋字第一○七號及第一六四號解釋，謂已登記不動產所有人之**回復請求權**或**除去妨害請求權**，無民法第一百二十五條消滅時效規定之適用。所謂已登記不動產所有人，係指原已依土地法辦理登記之**不動產真正所有人**而言，並非指已登記為其名義之不動產所有人而言，良以不動產真正所有人之所有權，不因他人無權占有或侵奪其所有物或基於無效原因所為之移轉登記而失其存在，苟已依土地法等相關法令辦理登記，其**回復請求權**或**除去妨害請求權**即不罹於時效而消滅，以免發生權利上名實不符之現象。而因繼承、強制執行、公用徵收、法院之判決或其他法律規定，於登記前已取得不動產物權者，均不以登記為生效要件，祇是非經登記不得處分其物權而已，此觀民法第七百五十九條規定自明。又繼承人於被繼承人死亡時，當然承受被繼承人財產上之一切權利義務，為民法第一千一百四十七條、第一千一百四十八條所明定。故**被繼承人**基於已登記為其所有之不動產所有權所生之回復請求權或除去妨害請求權，既不罹於時效而消滅，則**繼承人**承受其權利後，自亦無罹於時效而消滅之可言。

　　基於不動產**相鄰關係**所生的請求權（民法774以下），亦不適用消滅時效規定。[54]

　　比較法上，瑞士民法典（ZGB）及債務法（OR）僅規定債權有消滅時效規定的適用，其他權利（含物上請求權）均不適用。德國民法典消滅時效規定的適用於請求權，不限於債權，但設有排除適用的個別請求權規定，例如家事關係的請求權（§ 194 II BGB）、基於已登記權利所生的請

---

[54] 施啓揚，民法總則，2009年8月，387頁。

求權（§ 902 BGB）、相鄰關係的請求權（§ 924 BGB）。日本民法的消滅時效適用於債權及所有權以外的財產權（民法第166條：債権又は所有権以外の財産権）。由此可知，上述國內通說主張「債權」不適用消滅時效的見解有誤。

3. 身分上請求權

基於身分關係所發生之親屬法上或繼承法上的請求權，依其性質可分為下列二類：

(1) 純粹身分關係的請求權：不適用消滅時效規定，例如夫妻間的履行同居請求權、履行婚約請求權。[55] 對此，2001年修正前德國民法典（舊）第194條第2項（§ 194 II BGB a.F.）規定明文排除其適用，現行法第194條第2項（§ 194 II BGB）亦同。

(2) 以財產利益為目的之請求權：有消滅時效規定的適用，例如民法第1057條規定的贍養費請求權、第1114條以下的規定扶養請求權、第195條第3項規定的損害賠償請求權。[56]

4. 人格上請求權

如**除去侵害請求權**，不適用消滅時效規定；但基於侵害所生的**損害賠償請求權**，性質上屬於債權，有消滅時效規定的適用（民法18、19、192-195 II、197）。

三、期間

（一）種類

依民法或其他法律規定，不同請求權的消滅時效期間有各種不同的長度。消滅時效規定屬於強行法，其期間禁止當事人以法律行為予以加長或縮短；時效的利益，並且不得預先拋棄（民法147）。

---

[55] 最高法院48年台上字第1050號判例（舊）。

[56] 王澤鑑，民法總則，2014年2月，588頁。

1.一般時效期間

民法第125條規定：「請求權，因十五年間不行使而消滅；但法律所定期間較短者，依其規定。」依此規定，消滅時效期間，原則上為十五年。

> 最高法院98年度第6次民事庭會議（一）：（採乙說）按**土地法第六十八條第一項**規定：「因登記錯誤、遺漏或虛偽致受損害者，由該地政機關負損害賠償責任」，無非係就職司土地登記事務之公務員因故意或過失不法侵害人民權利，而該公務員所屬地政機關負損害賠償責任之規定（參照國家賠償法第二條第二項、第九條第一項），核係**國家賠償法之特別規定**。惟土地法就該賠償請求權既**未規定其消滅時效期間**，即應依國家賠償法第八條第一項：「賠償請求權，自請求權人知有損害時起，因二年間不行使而消滅；自損害發生時起，逾五年者亦同」之規定，據以判斷損害賠償請求權是否已罹於時效而消滅。

2.特別時效期間

(1) 五年短期時效期間

(a) 一年或不及一年的定期給付債權：民法第126條規定：「利息、紅利、租金、贍養費、退職金及其他一年或不及一年的定期給付債權，其各期給付請求權，因五年間不行使而消滅。」

民法第182條第2項所定的**附加利息**，性質上雖屬不當得利，惟既明定以利息為計算標準，其請求權之時效期間仍應依民法第126條規定為五年。[57]

民法第126條規定的一年或不及一年的定期給付請求權，指基於一定

---

[57] 最高法院95年度第17次民事庭會議決議，2006年11月28日。

法律關係，因每次一年以下期間的經過，而順次發生的債權（請求權）；若是清償期在一年以內的債權，係一時發生且因一次的給付即消滅，則不包括在內。[58]

> 合會會首甲受領合會金給付後，無法一次償還予得標的會腳乙，二人約定，就應返還的合會金分期清償，如有一期遲延，即全部到期。此合會金債權，本質上為一次給付的債權，特別約定其給付方法為分期給付而已，即甲如有一次遲延償還，即喪失分期償還的權利。因此，其不屬民法第126條所規定的定期給付債權。[59]

最高法院謂：「本院二十二年上字第一四八四號判例既有『所謂利息包括遲延利息在內』之文句，可見遲延利息亦為利息，縱解釋遲延利息係賠償債務給付遲延所生相當利息之損害，亦應有民法第一百二十六條所定短期消滅時效之適用。參照本院四十九年台上字第一七三〇號判例及六十五年六月八日總會決定事項（二）之意旨，對請求返還相當租金之不當得利請求權，對於相當於已罹短期消滅時效之租金利益，不得依不當得利之法則請求返還，則依同一法理，對相當於已罹短期消滅時效之利息損害，自亦不得請求為賠償而給付。」[60]

(b) 經確定判決所確定的請求權：經確定判決或其他與確定判決有同一效力的執行名義（強執法4）所確定的請求權，其原有消滅時效期間不滿五年，因中斷而重行起算的時效期間，延長為五年（民法137 III）。

(2) 二年短期時效期間

民法第127條列舉八款請求權，因二年間不行使而消滅：

---

[58] 最高法院28年上字第605號判例（不再適用）、81年度台上字第3004號判決。
[59] 最高法院81年度台上字第3004號判決。
[60] 最高法院66年度第7次民庭庭推總會決議（一），1977年9月26日。

(a) 旅店、飲食店及娛樂場的住宿費、飲食費、座費、消費物的代價及其墊款。

(b) 運送費及運送人所墊的款項。

> 民法第127條第2款規定，運送費及運送人所墊款項的請求權，因二年間不行使而消滅，法律所以對此特定短期時效，旨在從速解決：運送的「延滯費」，並非因債務不履行而生的損害賠償，而為對於運送人就運送契約上約定以外所為給付的報酬，名稱雖與運送費異，實質上仍為運送的對價，不因其為對於運送契約上約定以外所為給付的對價，而謂其時效的計算應有不同，應解為包括於第127條第2款所定短期時效之內，而不應適用一般的長期時效。[61]

(c) 以租賃動產為營業者的租價。

(d) 醫生、藥師、看護生的診費、藥費，報酬及其墊款。

(e) 律師、會計師、公證人之報酬及其墊款。

(f) 律師、會計師、公證人所收當事人物件的交還。

(g) 技師、承攬人之報酬及其墊款。

(h) 商人、製造人、手工業人所供給的商品及產物之代價。

　　依最高法院見解，民法第127條所定時效期間為二年的請求權，均為宜速履行或應速履行的性質，其第8款所謂「商人所供給之商品」，係指**動產**而言，並不包括**不動產**在內，此觀該款規定將商人所供給之商品，與製造人、手工業人所供給之產物並列，不難明瞭。[62] **船舶**建造的時間久，給付船價的期間長，船價給付請求權已非宜速履行或應速履行的請求權，且船舶所有權的取得、抵押權的設定，均須經登記，具有不動產的性質，

---

[61] 最高法院51年台上字第1940號判例（舊）。

[62] 最高法院77年度台上字第22295號判決、78年度台上字第21170號判決、86年度台上字第21586號判決。

故船舶非民法第127條第8款所謂之商人所供給之商品。[63]

　　民法第127條第8款的請求權，僅指商人、製造人、手工業人所供給之商品及產物之代價請求權而言，不包含**交付出賣標的物之請求權**在內，關於交付出賣標的物請求權之消滅時效，仍應適用民法第125條規定的十五年時效。[64]

例：民法第127條所定的請求權，在立法上均有宜速履行或應速履行之目的，因此民法第127條第8款所謂「商品」定義的範圍，應自該商品是否屬「日常頻繁之交易，且有促從速確定必要性」以為觀察。原告甲所請求者，係被告乙使用電力所產生的對價，而電力為現代人生活、經營事業不可欠缺之物，故電力使用者眾多，再參酌目前電費收取多以二個月為單位等情事，則電力供給者將會因提供電力而頻繁產生電費請求權，若不儘速確定電力的債權債務關係，將會產生債權彼此間混亂情形，故應認**電費請求權**屬民法第127條第8款的請求權，而有該條二年短期消滅時效的適用。[65]

---

(3) 其他請求權

　　部分請求權，法律特別設有消滅時效的規定，例如民法第197條第1項的侵權損害賠償請求權、第473條、第514條、第1146條等。

（二）起算點

　　消滅時效，**自請求權可行使時**起算（民法128前段）。所謂請求權可行使時，指請求權人得行使請求權的狀態，客觀上已無**法律上障礙**而言，

---

[63] 參閱最高法院86年度台上字第1586號判決。
[64] 最高法院31上字第1205號判例（不再適用）、39年台上字第1155判例（舊）、41年台上字第559判例（舊）。
[65] 台南地方法院98年度訴字第844號判決。

而與請求權人主觀上是否知悉無關；[66] 請求權人因疾病或其他**事實上障礙**而不能行使請求權，時效的進行不因此而受影響，[67] 權利人主觀上不知已可行使權利，為事實上障礙，非屬法律上障礙。[68]

　　債權如未定清償期，依民法第135條債權人得隨時請求清償，其請求**權自債權成立時**（發生時）即可行使，其消滅時效應自債權成立時起算；債權如定有清償期，則自**期限屆滿時**起始可行使，消滅時效亦應自期限屆滿時起算。[69]

1. 以作為為目的之請求權

　　通常於**請求權發生**時，為權利可行使時，消滅時效即開始計算（民法128前段）。

> 醫療契約屬勞務性契約，勞務性契約「報酬後付原則」，醫療費用（民法127④）在「醫療完成時」給付，故醫療完成時，醫療費用請求權可行使。[70]

> 民法所定侵權行為的賠償，旨在填補被害人所受損害，自以被害人之私益因不法侵害致受有損害為要件。而**損害發生**乃侵權行為的要件，倘健康未受有損害，即無因此所生的侵權行為損害賠償請求權存在，不生請求權可得行使的問題，其請求權消滅時效自無從開始進行，此於民法第197條第1項後段所定十年時效亦然。蓋於**毒物侵害**等事件，往往須經長久時日，甚至逾十年後始對健康造成損害，如以

---

[66] 最高法院96年度台上字第2326號判決、99年度台上字第297號判決、101年度台上字第1030號判決。

[67] 最高法院31年11月19日決議（一），1942年11月19日。

[68] 最高法院95年第16次民事庭會議決議貳，2006年11月14日。

[69] 最高法院98年度台上字第1848號判決。

[70] 最高法院89年度台上字第2663號判決。

加害行為發生時即起算十年時效，不啻使被害人的侵權行為損害賠償請求權形同具文，並造成損害未發生即開始起算時效，自非允當。而被害人在**損害發生前，其請求權時效既未開始起算，須待健康受有損害**，始得為侵權行為的損害賠償請求，對被害人而言，亦無不公平可言。[71]

關於未約定返還期限的消費借貸，其請求權的消滅時效應自何時起算，實務上認為，民法478後段規定：「消費借貸未定**返還**期限者，貸與人得定一個月以上之相當期限，催告返還。」所謂（按：漏了催告二字）**返還**，係指「終止契約之**意思表示**」而言，即貸與人一經向借用人催告（或起訴），其消費借貸關係即行終止，惟法律為使借用人便於準備起見，特設「一個月以上相當期限」的**恩惠期間**，借用人須俟該期限屆滿，始負遲延責任，貸與人方有請求的權利；若貸與人未定一個月以上的期限向借用人催告，其請求權尚不能行使，消滅時效自無從進行。故須貸與人定一個月以上的相當期限，催告返還，於該**催告所定期間屆滿**後，其消滅時效始開始進行。[72]

2. 以不作為為目的之請求權

義務人有違反行為時，消滅時效即開始計算（民法128後段）；特別規定，例如民法第563條第2項。

3. 因權利人的終止或撤銷等而發生的請求權

請求權係因權利人行使終止權、撤銷權等形成權而發生，消滅時效於其終止、撤銷時開始計算，例如因撤銷被詐欺所為的意思表示（民法92 I），依民法第114條第2項準用第113條規定所生的回復原狀或損害賠償請求權。

---

[71] 最高法院107年度台上字第267號判決。
[72] 最高法院99年度第7次民事庭會議決議，2010年10月26日。

定期催告請求返還時，該返還請求權的消滅時效自期限屆滿時開始計算，例如民法第478條規定的催告返還。

> **最高法院99年度第7次民事庭會議決議：**（採甲說）按民法第四百七十八條後段規定，消費借貸未定返還期限者，貸與人得定一個月以上之相當期限，催告返還。所謂返還，係指「終止契約之意思表示」而言，[73]即貸與人一經向借用人催告（或起訴），其消費借貸關係即行終止，惟法律為使借用人便於準備起見，特設「一個月以上相當期限」之恩惠期間，借用人須俟該期限屆滿，始負遲延責任，貸與人方有請求之權利。若貸與人未定一個月以上之期限向借用人催告，其請求權尚不能行使，消滅時效自無從進行。故須貸與人定一個月以上之相當期限，催告返還，於該催告所定期限屆滿後，其消滅時效始開始進行。

四、消滅時效的障礙

消滅時效開始進行後，因一定事實的發生或存在，使其時效**中斷**（Unterbrechung）、**暫停**（Hemmung）或**不完成**（Ablaufhemmung），為消滅時效的障礙。此消滅時效的障礙，我國民法僅規定有中斷與不完成，而無類似德國民法典規定的**暫停**（§§ 203-209 BGB）制度。

（一）中斷

1.概念

所謂消滅時效的中斷，指時效進行中，有與**消滅時效基礎**相反的法

---

[73] 終止消費借貸契約的意思表示，應不是如最高法院所稱的「返還」，而應是包含於返還的「催告」中。

定事實發生，時效因之不應進行，而使已進行的期間失其效果，重行起算
（民法129、137）。[74]

2.事由

消滅時效中斷的事由，於民法第129條列舉。

(1) 請求（民法129 I ①）

請求，是權利人向義務人要求履行義務的**意思通知**，[75] 僅有相對的中斷時效效力。請求，並無需一定的方式，指債權人對債務人發表請求履行債務的意思即為已足，如債權人為實現債權，對債務人起訴的**起訴狀**或聲請調解的**聲請狀**，已送達於債務人，即已為發表請求的意思；[76] 另請求權人於訴訟程序進行中的各次**書面或言詞請求**，均應視為請求權人已對義務人為履行的請求，同生時效中斷的效力。[77]

請求權人若於請求後六個月內不起訴，視為不中斷（民法130）。

例：民法第129條第1項將請求與起訴併列為消滅時效中斷的事由，可見涵義有所不同，前者係於訴訟外行使其權利的**意思表示**（應是意思通知），後者則為提起民事訴訟以行使權利的**行為**。甲之前所提起刑事附帶民事訴訟，因不合法而被駁回確定，依民法第131條其時效應視為不因起訴而中斷，依最高法院62年台上字第2279號判例

---

[74] 王澤鑑，民法總則，2014年2月，599頁。

[75] 最高法院26年鄂上字第32號判例（一）（不再適用）將請求解釋為「發表請求履行債務之意思」；施啟揚，民法總則，2009年8月，394頁；邱聰智，民法總則（下），2011年6月，368頁；陳聰富，民法總則，2014年12月，410頁。最高法院48年台上字第936號判例（舊）則表示「民法第一百二十九條第一項第一款所謂請求，係指於該條其他各款情形以外，債權人對於債務人請求履行債務之催告而言」。另有認為是意思表示者，如最高法院71年台上字第1788號判例（舊）；鄭玉波、黃宗樂，民法總則，2008年9月，413頁。

[76] 最高法院62年台上字第2279號判例（舊）、51年台上字第3500號判例（舊）、51年台上字第490號判例（舊）。

[77] 最高法院96年度台上字第106號判決。

（舊）意旨，雖可解為於甲**起訴狀**（**繕本**）**送達**於乙時，視為甲對之為履行的**請求**，仍有民法第131條的適用，如甲於請求後六個月內不起訴，時效視為不中斷。[78]

例：因消滅時效將完成，請求權人甲向義務人乙為「請求」（民法129 I ①），然其後甲未於六個月內起訴，但乙於該六個月起訴期限屆滿前夕為「承認」（民法129 I ②）。該消滅時效是否會因甲未於六個月內起訴，其「請求」視為不中斷，而導致其消滅時效將完成？否，蓋該尚未完成的消滅時效已經因義務人的承認而中斷，而應重行起算。

(2)承認（民法129 I ②）

　　此民法第129條第1項第2款所謂的承認，為義務人向請求權人表示認識他方請求權存在的**觀念通知**（知的表示，屬於準法律行為），[79] 必須義務人向權利人表示認識其權利存在，始得謂為「承認」。[80] 此之承認，僅因債務人一方行為而成立，與民法第144條第2項後段所謂的承認，須以契約為之者，性質迥不相同。[81] 債務人於時效完成後所為的承認，固無中斷時效可言，然既明知時效完成的事實而仍為承認行為，自屬**拋棄時效利益**的默示意思表示，且時效完成的利益，一經拋棄，即恢復時效完成前狀

---

[78] 最高法院71年台上字第1788號判例（舊）。同旨，最高法院101年度台上字第1858號判決。

[79] 最高法院26年鄂上字第32號判例（二）（不再適用）、61年台上字第615號判例（舊）、99年度台上字第2375號判決、101年度台上字第1307號判決；王澤鑑，民法總則，2014年2月，599頁。不同見解，王伯琦，民法總則，1963年3月，221頁認為是單獨行為；邱聰智，民法總則（下），2011年6月，402頁認為是意思通知。

[80] 最高法院106年度台上字第2628號判決。

[81] 通說，最高法院26年鄂上字第32號判例（二）（不再適用）、50年台上字第2868號判例、61年台上字第615號判例（舊）、101年度台上字第1307號判決；施啟揚，民法總則，2009年8月，395頁；林誠二，民法總則新解（下），2012年9月，301-302頁。

態，債務人顯不得再以時效業經完成拒絕給付。[82]

債務人就其債務支付利息，實為包含認識他方原本請求權存在的表示行為，應解為對於原本請求權已有默示的承認，消滅時效因而中斷。[83]

> 例：甲欠乙貨款6萬元，以所得佣金3,000元抵償其一部分，此係對債權
> 人乙為請求權存在的承認，該請求權的消滅時效因之中斷（民法
> 129 I②）。

(3) 起訴（民法129 I③）

起訴，有中斷時效的絕對效力，並於請求權人提出起訴狀於法院時，發生中斷效力；[84] 其以言詞起訴情形（民訴法261、428 II、436之23），應於其合法陳述而發生訴訟繫屬時，發生中斷效力。[85] 如請求權人起訴僅為一部請求，則僅該一部生中斷時效的效力。[86] 此起訴包括請求權人提起**給付之訴**及（積極的）**確認之訴**，且亦得以**反訴**的方式提起。[87] 在刑事訴訟程序提起附帶民事訴訟程序，亦得中斷消滅時效；然其起訴是否

---

[82] 最高法院50年台上字第2868號判例（舊）。

[83] 最高法院26年鄂上字第32號判例（三）（不再適用）。

[84] 鄭玉波、黃宗樂，民法總則，2008年9月，416頁；施啟揚，民法總則，2009年8月，396頁。

[85] 不同見解，施啟揚，民法總則，2009年8月，396頁認為「自在書記官前作成筆錄時」。

[86] *Henrich* in: *Bamberg/Roth*, BGB, 2012, § 204 Rn. 18 f.

[87] 最高法院93年度台上字第1509號判決；王澤鑑，民法總則，2014年2月，600頁；施啟揚，民法總則，2009年8月，396頁；陳聰富，民法總則，2014年12月，414頁；陳啟垂，消滅時效因於外國法院起訴而中斷——兼評最高法院105年度臺上字第1165號民事判決，政大法學評論165期，2021年6月，156-157頁。不同見解，台灣高等法院102年度建上易字第39號判決認為，請求權人於時效完成後起訴請求確認債權存在，雖獲勝訴判決確定，惟非給付之訴，不生中斷請求權時效的效力；林誠二，民法總則新解（下），2012年9月，301-303頁。

合法，在未移送民事庭前，應依刑訴法決定。[88] 若由義務人提起**消極的確認訴訟**，而請求權人僅於該訴訟單純為**防禦或應訴行為**，時效不因之而中斷。[89] 另依強執法第4條之1提起許可執行之訴，或在訴訟上主張抵銷，即所謂的**訴訟上抵銷**（民訴法400 II），亦生中斷消滅時效的效力。

最高法院認為：「按民法第一百二十九條第一項第三款及第一百三十一條所稱起訴及裁判，均係指於我國法院所為起訴及裁判，不包括於外國法院之起訴、裁判在內。」[90] 此見解完全不顧及國際司法的分工合作與相互尊重、國際裁判的一致，以及外國裁判的承認與執行制度。[91] 本書反對該見解並認為，民法第129條第1項第3款及第137條所稱起訴及裁判，應解釋為包括於外國的起訴及外國法院的裁判。[92]

時效因起訴而中斷者，若**撤回**其訴，或因**不合法**而受駁回的裁判，其裁判確定，視為不中斷（民法131）。請求權人的起訴狀送達於義務人（被告），即已為對義務人履行的請求，[93] 且於訴訟繫屬中，其請求可認為繼續，請求權人自該訴訟終結時起六個月內，得另行起訴（民法129 I①、130、137 I-II）。[94]

最高法院認為：「民法第一百二十九條第一項第三款所謂起訴，係指正當權利人對正當義務人為之者而言，故時效因起訴而中斷者，若因**當事人不適格**關係而受駁回之判決時，於其判決確定後，亦應視為不中斷。」[95]

---

[88] 最高法院97年度台上字第2430號判決。

[89] 最高法院46年台上字第1173號判例（舊）；邱聰智，民法總則（下），2011年6月，404頁。相反見解，鄭玉波、黃宗樂，民法總則，2008年9月，415頁。

[90] 最高法院105年度台上字第1165號判決。

[91] 參閱民訴法第182條之2、第402條。

[92] 詳閱陳啓垂，消滅時效因於外國法院起訴而中斷——兼評最高法院105年度臺上字第1165號民事判決，政大法學評論165期，2021年6月，186-218頁。

[93] 最高法院83年度台上字第1153號判決。

[94] 史尚寬，民法總則，1970年11月，593頁；最高法院90年度台上字第795號判決。

[95] 最高法院51年台上字第3624號判例（舊）；同旨，最高法院107年度台上字第520號判決。然對於欠缺當事人適格的訴訟，過去實務上係以「無理由」判決駁回，而非以

例：時效因**撤回起訴**而視為不中斷者（民法131），仍應視為請求權人
於提出訴狀於法院並經**送達之時**，已對義務人為履行之**請求**（民法
129 I ①），如請求權人於法定六個月期間內另行起訴者，仍應視
為時效於訴狀送達時中斷，然究應以訴狀送達時，時效尚未完成者
為限，否則時效既於訴狀送達前已完成，即無復因請求而中斷之可
言。[96]

(4) 與起訴有相同效力的事實

下列行為與起訴有同一的中斷時效的效力（民法129 II）：

(a) 依督促程序，聲請發支付命令

民訴法第508條第1項規定：「債權人之請求，以給付金錢或其他代
替物或有價證券之一定數量為標的者，得聲請法院依督促程序發支付命
令。」依此規定聲請發支付命令，得使其請求權的消滅時效中斷；惟如該
債權人撤回其聲請，或其聲請受駁回的裁判（裁定），或支付命令失其效
力時，則視為不中斷（民法132）。

(b) 聲請調解或提付仲裁

請求權人於起訴前依法聲請調解（民訴法403、404、鄉鎮市調解條
例10-11）或提付仲裁（仲裁法1、18），得使其請求權的消滅時效中斷；
但若是調解的聲請經撤回、被駁回、調解不成立或仲裁的請求經撤回、仲
裁不能達成判斷時，視為不中斷（民法133）。

民訴法第419條第1項至第2項規定：「當事人兩造於期日到場而調解
不成立者，法院得依一造當事人之聲請，按該事件應適用之訴訟程序，命
即為訴訟的辯論。但他造聲請延展期日者，應許可之。前項情形，視為
調解的聲請人自聲請時已經**起訴**。」故有民法第129條第1項第3款起訴的

「不合法」裁定駁回（民訴法249 I），實務見解自我矛盾。此問題自2021年民訴法第
249條第2項第1款修正改為「不合法」判決駁回後，已得到解決。
[96] 最高法院62年台上字第2279號判例（舊）。

中斷效力。同條第3項：「當事人聲請調解而不成立，如聲請人於調解不成立證明書送達後十日之不變期間內起訴者，視為自聲請調解時，已經**起訴**；其於送達前起訴，亦同。」因均視為自聲請調解時，已經**起訴**，亦有民法第129條第1項第3款起訴的中斷效力。

依仲裁法第32條第4項及第5項規定，合議仲裁庭的意見不能過半數，除當事人另有約定外，仲裁程序視為終結，並應將其事由通知當事人；此項情形不適用民法第133條視為不中斷的規定，但當事人於收受通知後，未於一個月內起訴，仍適用民法第133條視為不中斷的規定。

(c)申報和解債權或破產債權

債權人於債務人的破產程序，依破產法規定申報和解債權或破產債權（破產法12、65 I ⑤），與起訴有同一效力，其債權的消滅時效進行因之中斷。時效因申報和解債權或破產債權而中斷，若是債權人撤回其申報時，視為不中斷（民法134）。

(d) 告知訴訟

民訴法第65條規定：「當事人得於訴訟繫屬中，將訴訟告知於因自己敗訴而有法律上利害關係之第三人。受訴訟之告知者，得遞行告知。」依此規定告知訴訟，有中斷時效的效力（民法129 II ④、I ③）。

另法院依民訴法第67條之1為依職權通知訴訟，雖準用訴訟告知的效力，然因請求權人並未曾積極主張其請求權，應不能使時效中斷。

時效因告知訴訟而中斷者，若是於訴訟終結後，六個月內不起訴，視為不中斷（民法135）。

(e) 開始執行行為或聲請強制執行

此所謂的開始執行行為，原來指法院「依職權」所為的強制執行。[97]過去舊強執法曾規定，假扣押、假處分及假執行裁判的執行，得依職權為之；惟修法後，現行法已無此依職權開始執行的規定，[98] 故此開始執行行

---

[97] 史尚寬，民法總論，1970年11月，601頁。
[98] 張登科，強制執行法，2012年8月，107頁。

為及民法第136條第1項規定，皆因強執法的修正而無適用餘地。債權人聲請假扣押、假處分及假執行的執行，亦屬於聲請強制執行，而有中斷時效的效力。[99]

如債權人以執行名義，於強制執行程序中聲明參與分配，得類推適用民法第129條第2項第5款規定，而有與起訴同一效力，得中斷時效。[100]

強制執行應依債權人的聲請為之，債權人聲請強制執行（強執法5），有中斷時效的效力；但如果聲請執行的債權人撤回其聲請，或其聲請被駁回時，視為不中斷（民法136 II）。

消滅時效，因起訴而中斷；而開始執行行為或聲請強制執行，則與起訴有同一效力，為民法第129條第1項第3款及同條第2項第5款所明定。假扣押執行為強制執行程序之一環，因此，**聲請假扣押執行**亦有中斷時效之效力。然假扣押執行，則係債權人為保全金錢請求或得易為金錢請求之請求之強制執行，藉由聲請法院裁定，以禁止債務人處分財產之程序；既為保全金錢請求或得易為金錢請求之請求之強制執行，其請求自有一定金額或價額，則為確定假扣押所保全之債權額，並用以判斷假扣押債務人財產之範圍是否相當，乃至俾利法院酌定擔保金額，債權人聲請假扣押裁定時，如係金錢請求，自應表明其金額，其請求非關係於一定金額者，則應記載其價額，此為民事訴訟法第525條第2項所由規定。本此意旨，假扣押執行所保全債權之範圍，及因而生中斷時效之範圍，自應依債權人聲請假扣押裁定時所表明之請求金額及原因事實，以為判定。[101]

---

[99] 最高法院100年度台上字第2155號判決、103年度台上字第344號判決。

[100] 結論相同，最高法院82年度台上字第259號判決。不同見解，最高法院88年度台上字第1315號判決，將拍賣公告及通知送達於債務人，視為請求（民法129 I ①）。

[101] 最高法院103年度台上字第344號判決。

3. 效力

(1) 時的效力

時效中斷者，自中斷的事由終止時，重行起算（民法137 I），其前已經過的期間即歸於無效（民法137 I、II）。

最高法院民事庭會議決議：「消滅時效因**假扣押**強制執行而中斷者，於法院實施假扣押之**執行程序**，例如查封、通知登記機關為查封登記、強制管理、對於假扣押之動產實施緊急換價提存其價金、提存執行假扣押所收取之金錢（強制執行法第一百三十三條前段）等**行為完成**時，其中斷事由終止，時效重行起算。」[102]

若時效是因起訴而中斷，自受確定判決，或因其他方法訴訟終結時，重行起算（民137 II）。經確定判決或其他與確定判決同一效力的執行名義（強執法4 I）[103] 所確定的請求權，其原有期間短於五年者，改為五年（民法137 III），此為短期時效的法定延長。

(2) 人的效力

時效中斷，以**當事人**、**繼承人**、**受讓人**之間為限，始有效力（民法138）。此當事人，指中斷時效所涉及請求權的當事人，通常為該請求權人及其義務人。繼承人，指該請求權人及其義務人的繼承人；受讓人，指該請求權的受讓人或其義務的承擔人。

於多數的債權人或債務人情形，其中一人的時效中斷，除法律另有規定外，原則上中斷效力不及於其他的債權人或債務人，此為時效中斷的**相對效力**。[104]

法律另有中斷效力及於其他的債權人或債務人者，例如民法第285條、第747條規定。民法第285條規定「連帶債權人中之一人為給付之**請求**

---

[102] 最高法院103年度第2次民事庭會議決議（一），2014年2月11日。同旨，最高法院103年度台上字第344號判決。

[103] 例如訴訟上和解或調解成立（民訴法380 I、416 I）。

[104] 最高法院100年度台上字第1755號判決（民法279）。

者,為他債權人之利益,亦生效力」,依此,請求的中斷時效效力,亦及於其他債權人。民法第747條規定「向主債務人請求履行,及為其他**中斷時效之行為**,對於保證人亦生效力」,依此,中斷時效行為的效力,亦及於保證人。民法第747條規定的中斷時效行為,對於保證人亦生效力者,僅以債權人向主債務人所為請求、起訴或與起訴有同一效力的事項為限,若民法第129條第1項第2款規定的承認,性質上是主債務人向債權人所為的行為,既非民法第747條所指債權人向主債務人所為中斷時效的行為,對於保證人自不生效力。[105]

例:甲向乙借款100萬元到期未還,十年後乙死亡,丙為唯一繼承人。在乙死亡前數天,甲向乙承認所負100萬債務,而當乙死後五年,丙獲悉甲對乙的借貸債務後,向甲請求償還,甲主張消滅時效完成(民法125、138)。

(二) 不完成

1.概念

　　所謂時效不完成,乃時效期間行將完成之際,有不能或難於中斷時效的事由,而使時效於該事由終止後一定期間內,暫緩完成,俾請求權人得於此一定期間內行使權利,以中斷時效的制度。時效不完成,並非時效進行的停止,而是實際上發生時效期間延長的效果。若有時效不完成的事由時,於該時效不完成的法定期間內,如無時效中斷事由發生,其時效即告完成。

---

[105] 最高法院105年度台上字第1144號判決。

> 所謂**時效不完成**，乃時效期間行將完成之際，有不能或難於中斷時效之事由，而使時效於該事由終止後一定期間內，**暫緩完成**，俾請求權人得於此一定期間內行使權利，以中斷時效之制度。故有時效不完成之事由時，於該時效不完成之一定期間內，如無時效中斷事由發生，其時效即告完成。我國民法僅有時效**不完成**制度，未採**時效進行停止制度**（例如德國民法典），[106] 故時效進行中，不論任何事由，均不因而停止。第二審法院謂時效不完成，即指時效停止進行，有時效不完成之事由時，其消滅時效期間，以不完成事由發生前已進行之期間與不完成事由終止後又進行期間，合併計算之。最高法院指出該第二審所持見解，顯有違誤。[107]

2. 事由

有下列不能中斷時效的情事發生，消滅時效在一定期間內不完成（民法139-143）：

(1) 不可避事變

時效的期間終止時，因天災或其他不可避的事變，致不能中斷其時效情形，自其妨礙事由消滅時起，一個月內，其時效不完成（民法139）。

(2) 無繼承人或管理人，或受破產宣告

屬於繼承財產的權利或對於繼承財產的權利，自繼承人確定或管理人選定或破產的宣告時起，六個月內，其時效不完成（民法140）。屬於繼承財產的權利，指該請求權屬於所繼承財產的一部分；對於繼承財產的權利，指得對所繼承財產主張的請求權，即該繼承財產所負的義務。

(3) 欠缺法定代理人

無行為能力人或限制行為能力人的權利，於時效期間終止前六個月內，若無法定代理人，自其成為行為能力人或其法定代理人就職時起，六

---

[106] 例如德國民法第203條至第209條（§§ 203-209 BGB, Hemmung der Verjährung）。

[107] 最高法院80年台上字第2497號判例（舊）。

個月內,其時效不完成(民法141)。因無行為能力人或限制行為能力人自己不能或難以中斷消滅時效,且新法定代理人須調查該無行為能力人或限制行為能力人的財產,須耗費時間,故給予時效不完成的特別保護。

(4) 法定代理關係消滅

無行為能力人或限制行為能力人,對於其法定代理人的權利,於代理關係消滅後一年內,其時效不完成(民法142)。

(5) 婚姻關係消滅

夫對於妻或妻對於夫的權利,於婚姻關係消滅後一年內,其時效不完成(民法143)。避免因時效壓力,迫使夫或妻向對方行使請求權,以致破壞婚姻的和諧。

3. 效力

消滅時效不完成,有使時效於該事由終止後一定期間內,暫緩完成的效力,請求權人得利用該期間行使權利,以中斷消滅時效。

(三) 消滅時效的中斷與不完成的異同

1. 目的

消滅時效的中斷與不完成,均為**消滅時效的障礙**,其目的均在於保護因時效進行而受不利益的當事人(請求權人)。

2. 事由

消滅時效中斷的事由,均為當事人的行為(民法129);消滅時效不完成的事由,均為當事人的行為以外的事實(民法139-143),即權利的無法或不便行使。

3. 效力

消滅時效中斷,其時效期間已經過失其效力,並自中斷事由終止時起重行起算(民法137);其具有對人的相對效力(民法138)。消滅時效不完成,其時效期間已經過的仍有效力,停止事由終止後仍將時效完成;其具有對世的絕對效力。

五、消滅時效完成的效力

（一）沿革與立法主義[108]

1. 權利消滅主義

於羅馬法務官時代的**期限訴訟**（*actio temporalis*，相對於**永久訴訟** *actio perpetua*），若非於一年內起訴，則**訴權**及**債權**均消滅，例如日本民法第167條至第174條。

2. 訴權消滅主義

於羅馬*Theodosius*帝時代，則僅限於期限後不得再行起訴請求，即僅**訴權**消滅，**債權**不消滅，對債務人而言則成為**自然債務**（*obligatio naturalis*），例如法國民法典第2262條（Art. 2262 c.civ.）。英美法國家採行此類似制度，此種消滅時效制度，性質上被劃歸為**訴訟法上制度**。

3. 抗辯權發生主義

無論其本權，例如物權，及該請求權或訴權，皆不消滅，時效完成不是權利的消滅原因，僅義務人（債務人）取得**抗辯權**，即拒絕給付權（Leistungsverweigerungsrecht）。[109] 德國民法典第214條第1項（§ 214 I BGB）及（舊）第222條第1項（§ 222 I BGB a.F.）、瑞士債務法、奧地利普通民法典，及其部分繼受國採此主義，消滅時效性質上被劃歸為**實體法上制度**。德國民法典（舊）第222條第1項（§ 222 I BGB a.F.）原規定消滅時效完成後，義務人（der Verpflichtete）得拒絕給付，2001年修正後第214條第1項改為，消滅時效發生時，債務人（der Schuldner）得拒絕給付。

---

[108] 參閱鄭玉波、黃宗樂，民法總則，2008年9月，440-442頁「消滅時效制度在羅馬法上之形成」；鄭玉波，論抗辯權，收錄於：氏著「民商法問題研究（四）」，1985年9月，46頁；黃宗樂，物權的請求權，台大法學論叢11卷2期，1982年6月，221-256頁。

[109] *Larenz/Wolf*, Allgemeiner Teil des Bürgerlichen rechts, 1997, § 17 Rn. 42; *Brox/Walker*, Allgemeiner Teil des BGB, 2019, § 31 Rn. 24 ff.

（二）民法採「抗辯權發生主義」

1.拒絕給付的抗辯權

民法第125條以下雖用「消滅」一詞，但民法第144條仿德國民法典（舊）第222條（§ 222 BGB a.F.），第1項僅規定債務人「得拒絕給付」，依此義務人僅取得拒絕給付的抗辯權，而依國內通說**請求權本身**及其**本權**（例如物權）均**不消滅**，[110] 此見解有待修正，蓋如前所述，債權乃請求權之一種，非請求權的「本權」；瑞士債務法及日本民法均明文規定，消滅時效的適用客體為「債權」（債権）。此拒絕給付權性質上為**永久性的抗辯權**，一經行使，該請求權即確定無法訴請法院強制實現。[111]

> 「按時效完成後，債務人僅取得**拒絕給付之抗辯權**，債權人之**債權**並不因而消滅（民法第一百四十四條規定參照）。是否行使時效抗辯權，雖為債務人之權利，惟依民法第一百四十八條第二項規定，其行使權利，仍應依誠實及信用方法，如有違反，即為權利之不法行使，自應予以禁止。又誠信原則原具有衡平機能，因債務人之行為，**妨礙債權人行使權利**，致其請求權罹於時效，如許債務人為時效之抗辯，依其情形有失公允者，法院自得本於該特殊情事，禁止債務人行使該抗辯權。」[112] 【此判決亦誤解債權與請求權的關係】

拒絕給付權的行使（抗辯權），性質上屬於**意思通知**（準法律行

---

[110] 最高法院29年上字第1195號判例（不再適用）、85年台上字第389號判例（舊）、91年度台上字第2024號判決；王澤鑑，民法總則，2009年6月，581頁，惟2014年2月版已不再區別債權與請求權。最高法院99年度第5次民事庭會議決議，2010年7月6日：經義務人行使抗辯權後，權利人的請求權即消滅；施啓揚，民法總則，2009年8月，410頁【此觀點應是因對民法第144條及德國制度有所誤解】。

[111] 比較洪遜欣，中國民法總則，1981年9月修訂三版，625頁；鄭玉波，論抗辯權，收錄於：氏著「民商法問題研究（四）」，1985年9月，46-47頁。

[112] 最高法院103年度台上字第2501號判決。

為），係不要式行為，關於其生效時間點及解釋，應類推適用（準用）民法第94條、第95條及第98條規定。[113]

民法第144條第2項仿德國民法典（舊）第222條第2項（§ 222 II BGB a.F.）規定，請求權罹於時效【按原條文稱已經時效消滅，非精確表達】，債務人仍為履行的**給付**後，不得以不知時效為理由而請求返還；債務人**以契約承認該債務**，或**提出擔保**者，亦同（民法144 II），其本質上屬於時效**抗辯權的拋棄**。[114]

債務人於時效完成後所為的**承認**，屬拋棄時效利益的默示意思表示，性質上為**處分行為**，[115] 因之而恢復時效完成前的狀態，即不得主張時效已經消滅。[116]

最高法院曾指出：「時效完成後，債務人如**知其債務已罹於時效**，而仍以契約**承諾**該債務時，則可認為有時效抗辯權之拋棄。債務人縱**不知該請求權時效已完成**，然既經以契約**承諾**其債務，即仍有**無因的債務承認**之意思，自亦不得以不知時效為由，拒絕履行該契約。」[117] 惟有疑義的是，最高法院此所謂**承諾**，與民法第144條第2項的**承認**，是否同一。

> 民法第244條第1項的撤銷訴權，依民法第245條規定，自債權人知有撤銷原因時起，一年間不行使而消滅。該項法定期間為**除斥期間**，其時間經過時**權利即告消滅**。此項除斥期間有無經過，縱未經當事人主張或抗辯，法院亦應先為調查認定，以為判斷的依據。[118]

---

[113] MünchKommBGB/*Grothe*, 2001, § 222 Rn. 3.
[114] 最高法院89年度台上字第2638號判決。
[115] 最高法院53年台上字第2717號判例（舊）。
[116] 最高法院26年渝上字第353號判例（不再適用）、50年台上字第2868號判例（舊）。
[117] 最高法院88年度台上字第2775號判決。
[118] 最高法院85年台上字第1941號判例（舊）。

> 甲、乙買賣L地，出賣人甲已交付L地與買受人乙，而其買受人乙的所有權移轉登記請求權則已完成消滅時效，甲向乙主張所有物L的返還請求權（民法767 I前段）。因消滅時效完成，僅債務人取得拒絕履行的抗辯權，得執以拒絕給付而已（民法144 I），其原有的法律關係並不因而消滅，倘出賣人已交付土地與買受人，雖買受人的所有權移轉登記請求權之消滅時效已完成，惟其占有土地既係出賣人本於買賣的法律關係所交付，即具有**正當權源**，原出賣人自不得認係無權占有而請求返還。[119]

2.效力範圍（民法145-146）

除法律有特別規定者外，**主權利**因時效消滅者，其效力及於**從權利**（民法146），如保證債權、留置權、質權等。例如主債權罹於時效，效力及於保證債權。例外：依民法第145條第1項、第880條，（擔保債權的從屬權利）抵押權於五年後始「消滅」，此五年期間非消滅時效期間，而是抵押權的除斥期間。[120]

有疑問的是，**利息債權**是否有民法第146條的適用。按利息債權，可區分尚未發生（基本權的利息之債）及已發生（支分權的利息之債）二種情形。**已發生的利息債權**，學說上多以其已成為獨立債權，不應因主債權（本金債權）罹於時效而亦得拒絕給付。[121] 我國實務及德國學說則僅認其適用不同的時效期間，但仍受其主權利的消滅時效完成效力所及，不論是約定或法定利息；**違約金亦同**，[122] 此見解較符合消滅時效的立法目的，使被主張義務人免於被起訴請求及訴訟防禦。惟德國多數說以金錢

---

[119] 最高法院85年台上字第389號判例（舊）。

[120] 最高法院104年度台上字第1620號判決。

[121] 最高法院97年度台上字第477號裁定；施啟揚，民法總則，2009年8月，412頁；陳聰富，民法總則，2014年12月，424頁。

[122] 最高法院99年度第5次民事庭會議決議，2010年7月6日；MünchKommBGB/*Grothe*, 2021, § 217 Rn. 1。

借貸的利息（Darlehenszinsen）為借用人的主給付，因此不屬於此（貸與人）借貸債權的從權利。[123] 至於尚未發生的利息債權，因未發生而不存在或不能行使（民法128），無時效的起算可言；且自義務人行使拒絕給付權後，即不應再生新的利息債權及違約金債權。

最高法院99年度第5次民事庭會議決議[124]：院長提議：甲積欠乙借款新台幣（下同）一百萬元，於約定清償期民國七十四年十二月一日本息均未清償。乙於九十年一月五日訴請甲給付上開借款本息及違約金（逾期六個月以內者按約定利率百分之十，逾期超過六個月者按約定利率百分之二十計付），甲為時效抗辯。乙主張其仍得就甲為**時效抗辯前**已發生而尚未罹於時效之利息、違約金為請求，是否有理？
採乙說：
一、民法總則第六章消滅時效規定之立法理由：本法採德國制，消滅時效之結果，喪失其權利之請求權，而非權利本身之喪失。請求權經若干年不行使而消滅，蓋期交易之安全、維持社會之秩序。明確指出債務人於時效完成後行使抗辯權時，將使該當權利之請求權歸於消滅（按：錯誤見解）。
二、司法院院字第二四二四號解釋：「請求權之消滅時效完成後，民法第一百四十四條第一項僅認債務人有拒絕給付之抗辯權，非使請求權當然消滅，若債務人未以消滅時效之完成為拒絕給付之抗辯，法院自不得據此即認請求權已消滅」，及本院二十九年上字第一一九五號判例：「民法第一百四十四條第一項規定時效完成後，債務人得拒絕給付，是消滅時效完成之效力，不過發生拒絕

---

[123] MünchKommBGB/*Grothe*, 2021, § 217 Rn. 1. A.A. Staudinger/*Peters/Jacoby,* BGB, 2019, § 217 Rn. 6.
[124] 此決議見解與過去通說有相當出入，近似於日本制度。因其涉及金錢借貸的利息，是借款人的主給付，本書認為應無民法第146條規定的適用。

給付之抗辯權，並非使請求權當然消滅，債務人若不行使其抗辯權，法院自不得以消滅時效業已完成，即認請求權已歸消滅。」亦指出，債務人於請求權時效期間屆滿時，取得時效抗辯權，一經行使抗辯權，該當請求權即歸於消滅（按此為錯誤見解，請求權不因抗辯權的行使而消滅）。

三、利息債權為從權利。已屆期之利息債權，因具有獨立性，而有法定（五年）請求權時效期間之適用。而主權利因時效消滅者，其效力及於從權利，民法第一百四十六條定有明文。此從權利應包括已屆期之遲延利息在內。此觀該條文立法理由：「謹按權利有主從之別，從權利之時效，雖未完成，而主權利既因時效而消滅，則從權利亦隨之消滅，此蓋以從隨主之原則也」亦明。蓋僅獨立之請求權才有其獨特之請求權時效期間，未屆期之利息，債權人既無請求權，自無請求權時效期間是否完成之問題。

四、欠債還債，天經地義。債權人固應予保護，然因債權人之事由，使權利處於睡眠狀態，則為期交易安全、維持社會秩序，而有時效制度之設計。債務人於時效完成時，得行使抗辯權。一經行使抗辯權，該當權利之請求權即歸於消滅，從權利之時效雖未完成，亦隨之而消滅（按此為錯誤見解，請求權不因抗辯權的行使而消滅，從權利亦不消滅，只是無法經由訴訟貫徹其權利）。此為時效制度之使然。

五、債權受讓人之權利不得大於讓與人。已屆期之利息債權請求權，不因該當利息債權已讓與第三人而排除時效效力規定之適用。

　　最高法院近年來常見有如此的觀點，認為消滅時效完成，本權（如債權、物權）雖不消滅，但請求權於債務人在時效完成後行使抗辯權，

「歸於消滅」，[125] 似受到日本制度及其學說影響。我國民法使用「消滅時效」此一概念（民法總則第六章消滅時效），應是源自於日本民法用詞（民法總則第一章第三節消滅時効），然消滅時效完成的效力（民法144），卻是源自於德國民法典（§ 222 BGB a.f. = § 214 BGB）。德國民法典規定「Verjährung」（權利失效時效）的適用對象為請求權，而日本民法則是規定債權（債権）的消滅時效。立法者顯然未能區別兩國立法上的差異，此種立法上未經調適的「拼裝」，經常造成法律解釋與適用上的困擾。

第三十五節　人格權

一、概說

（一）概念

　　凡人均有權利能力（民法6），權利能力又稱**人格**。人格權，或謂係以人格為內容的權利，[126] 或謂其係存在於權利人自己人格的權利，[127] 乃法律為保障人的生存與尊嚴所賦予，而與其人格有不可分離關係的權利（民法17-19），例如生命權、身體權、健康權、名譽權、貞操權、姓名權（民法18、19、195）。所謂的人格，乃人之所為人的尊嚴與價值。人為權利主體，人格權為個人人格的基礎，與個人具有不可分離的關係。

　　人格權是一種母權，其概念隨著客觀環境而發展，今日其主要範圍包括：

1. **維護個人人格的完整性與不可侵犯性的權利**：例如身體權、健康權、貞操權、自由權等。

---

[125] 最高法院99年度第5次民事庭會議決議，2010年7月6日；最高法院100年度台上字第608號判決。

[126] 王澤鑑，人格權法，2012年1月，49頁。

[127] 鄭玉波、黃宗樂，民法總則，2008年9月，118頁。

2. 尊重個人尊嚴、稱呼的權利：例如名譽權、姓名權。
3. 保障個人身體與精神活動的權利：例如自由權。

（二）分類

　　20世紀以前的各國民法，傳統上偏重於財產權的保護，而忽略人格權的價值及其保護。蓋當時法律思潮，將個人意思的自由及個人人尊嚴的價值，表現於個人對財產的支配（所有權神聖不可侵犯、所有權絕對原則），對人格權本身的保護反而未加以重視，例如法國1804年拿破崙民法（Code civile）未規定人格權，德國1896年民法典（BGB）僅有特別人格權的規定；直至瑞士1907年民法典（ZGB）設有一般人格權規定（Art. 27-28 ZGB），而其1911年債務法（OR）更進一步規定侵害人格關係之一般的精神損害賠償請求權（Art. 49 OR）。

　　人格權，概念上可分為一般與特別人格權，自比較法與歷史發展觀之，法律人格權的尊重與保護，大都由**特別人格權**發展至更為廣泛、更具彈性的**一般人格權**之法律保護（民法17-19、192-195）。

1. 一般人格權

　　關於人的存在價值及尊嚴之普遍性權利，包括生命、身體、健康、自由、名譽、信用、隱私、貞操等人格法益，是相對於特別人格權的概念。一般人格權的內容，隨文化與經濟的改變而發展。

2. 特別人格權

　　法律有特別規定者，如姓名權（民法19）、身體權或健康權（民法193），1999年民法債編修正，由特別人格權的保護（舊民法195）改採一般人格權的保護（民法195 I：「其他人格法益而情節重大者」）。

二、民法上保護

　　民法對於人格權的保護，主要規定為民法第16條至第19條及第184條至第195條。

（一）權利能力及行為能力

民法強制規定，權利能力及行為能力，不得拋棄（民法16）。權利能力即人格，乃享受權利、負擔義務的資格；行為能力乃得單獨為有效法律行為的資格，得以法律行為塑造法律關係，此二種能力均不得拋棄。

（二）自由

自由不得拋棄；其雖得限制，惟以不違背公序良俗為限（民法17）。自由的限制，常見者為精神上，或經濟活動上的限制，就後者而言，法律允許職業或營業上必要且合理的限制，例如民法第562條規定經理人或代辦的競業禁止，公司法第54條、第209條。

（三）姓名

1.姓名的組成部分

自然人的姓名是由姓（Familienname; family name）與名（Vorname; first name）所組成，即戶籍登記上的姓名。職業上或政治上頭銜、學位等，例如董事長、總經理、醫生、博士，均不構成姓名的部分。

(1)姓的取得

姓氏的取得，依民法第1059條或第1059條之1規定。子女出生後，取得父姓或母姓之一；嗣後得依法變更其姓氏為父姓或母姓。

(2)名的取得

對於名字的取得，民法未設規定，原則上應由對該子女行使親權的人決定，通常由父母為剛出生子女命名。

(3)姓或名的更改

姓氏或名字的更改，依民法及姓名條例規定。

2.姓名的功能

姓名，乃用以區別自己與他人的一種語言文字上的標誌。透過姓名，將人予以個別化，其表現於外，以確定其人的同一性。同一性與個別

化，是姓名的二種主要功能。[128]

　　民法所保護的自然人的姓名，通說採廣義解釋，包括戶籍登記的姓名、字、號、筆名、藝名等。

　　姓名權的保護規定，亦得類推適用於自然人以外的法人、非法人團體的名稱或商號。

姓名乃用以區別人己之一種語言標誌，將人個別化，以確定其人之同一性，**公司名稱**之法律意義及功能亦在於識別企業之主體性，得以與其他企業主體區別。公司名稱依上開具有之意義與功能予以普通使用，與作為表彰商品或服務來源賦予表徵（**商標**）之積極使用，二者迥異。[129]

---

3. 姓名的保護

(1) 侵害姓名

(a) 盜用或冒用：未經同意而使用他人姓名，使用後可能使人誤認為被害人而生相同效果（**混淆危險說**），[130] 例如擅自以某知名醫學教授之姓名標示於自己所生產的保健食品包裝上。

(b) 不當使用：為達到不正當的目的（羞辱、揶揄、貶抑人格等），以不當的方法使用他人的姓名，例如為家中豢養的動物（寵物）取名為鄰居的姓名或其諧音。

例：【補教文宣藏尾詩咒對手滅判拘】[131]
　　台中市兩家「儒林」系列補習班，戰火持續延燒，「中儒林」補習

---

[128] 王澤鑑，人格權法，2012年1月，135頁。

[129] 最高法院101年度台上字第1868號判決。

[130] 施啓揚，民法總則，2009年8月，141頁。

[131] 自由時報電子報，2013年8月24日，記者林良哲台中報導，網址：http://www.liberty times.com.tw/2013/new/aug/24/today-so1.htm（瀏覽日期：2013年9月23日）。

班主任侯家元，以「隆重開**張**、再創精**進**、追求高**峰**、生生不**滅**」
字句當招生廣告，但每句的最後一字接起來竟是「張進峰滅」，引
起前「台中儒林」補習班執行長張鎮麟（原名張進峰）的不滿，認
為就是要讓他難堪，憤而告侯公然侮辱。台中地方法院審理後，法
官認為侯家元以「藏尾詩」（指將需要表達的內容，依次賦予每句
的最後一字，相對應為「藏頭詩」）攻擊對手。根據教育部重編國
語辭典修訂本，「滅」字有熄滅、除盡、消失、絕盡等，多屬於負
面詞語，依公然侮辱罪判刑拘役40日，得易科罰金，可上訴。[132]

例：「你好，我叫林鈴玲，一個林，再一個鈴，最後再一個玲。」苗栗
縣後龍鎮民林鈴玲，全名諧音就是「000」，名字簡單又好記，但
卻讓她很困擾，林鈴玲說，每一次都會被開玩笑，「問我兄弟姐妹
是00幾？」[133]

(c) 姓名使用的干涉：此種情形應認為（至少主要）是侵害自由權，而不
　　適用姓名權的保護規定。[134]

(3) 損害賠償

　　民法第19條規定：「姓名權受侵害者，得請求法院除去其侵害，並
得請求損害賠償。」除去侵害，例如銷毀冒名行騙用的名片、拆除冒名營
業的招牌或廣告看板。

　　民法第19條規定所稱的「損害賠償」，究竟指財產上或非財產上損
害賠償（慰撫金），頗有疑義，依多數說應為**非財產上損害賠償**。[135]

[132] 台中地方法院102年度易字第1113號刑事判決。

[133] 台中地方法院102年度易字第1113號刑事判決。

[134] http://www.merit-times.com.tw/NewsPage.aspx?unid=309764 （瀏覽日期：2019年4月
27日）。

[135] 最高法院50年台上字第1114號判例（舊）；施啓揚，民法總則，2009年8月，142

多數說認為，此民法第19條規定加害人的責任，屬無過失責任。[136] 然基於姓名權屬於人格權的一種，解釋上亦應是侵權行為（民法184-198）規定保護的權利之一，而民法對人格權侵權的損害賠償責任，採過失責任主義，基於體系制度的一致性，在法律未明文規定為無過失責任的前提下，宜解為（亦）以故意或過失為要件。[137]

（四）人格權受侵害

民法第184條第1項前段的「權利」包括（特別及一般）人格權，為其侵害的損害賠償請求權基礎。

1. **除去侵害請求權**：例如自網站上移除有損人格權的文章、圖片。
2. **防止侵害請求權**：例如查扣有妨害名譽內容的文書、雜誌。
3. **損害賠償請求權**（民法184、18 II）：依民法第18條第2項規定，人格權受侵害時，以法律有特別規定者為限，得請求**損害賠償**或**慰撫金**。此所稱「損害賠償」，指財產上損害賠償，而「慰撫金」則指非財產上損害賠償；[138] 民法第184條即屬民法第18條第2項所稱的「特別規定」，其賠償兼括財產上損害與非財產上損害賠償（慰撫金），屬雙重賠償性質。[139] 綜而言之，受精神的損害得請求賠償者，以法律有明文規定者為限（民法18 II），如民法第19條、第184條、第194條、第195條、第227條之1、第979條、第999條、第1056條等是。[140]

頁：王澤鑑，民法總則，2014年2月164-165頁。不同見解，鄭玉波、黃宗樂，民法總則，2008年9月，124頁則解為財產上損害賠償。。

[136] 史尚寬，民法總論，1970年11月，68頁；鄭玉波、黃宗樂，民法總則，2008年9月，123-124頁。

[137] 相同見解，王澤鑑，民法總則，2014年2月，164-165頁。

[138] 損害，得以金錢計算或衡量的，稱財產上損害；其不得以金錢計算或衡量的，稱非財產上損害。

[139] 王澤鑑，時間浪費與非財產上損害之金錢賠償，收錄於：氏著「民法學說與判例研究（七）」，1998年9月，148頁。

[140] 最高法院76年度台上字第2550號判決、台中地方法院94年度小上字第56號判決（原

例：名譽權的侵害非即與刑法的誹謗罪相同，名譽為人格的社會評價，名譽有無受損害，應以社會上對個人評價是否貶損作為判斷的依據，苟其行為足以使他人在社會上的評價貶損，不論故意或過失均可構成侵權行為，與刑法誹謗罪的構成要件不同。倘行為人所述事實足以貶損他人的社會評價而侵害他人名譽，而行為人未能證明所陳述事實為真，縱令所述事實係轉述他人的陳述，如**明知**他人轉述的事實為虛偽或**未經相當查證**即公然轉述該虛偽的事實，而構成故意或過失侵害他人的名譽，仍應負侵權行為損害賠償責任。[141]

對於飛機乘客甲請求航空公司賠償因二手煙侵害健康的**非財產上損害賠償事件**，過去最高法院以民法第18條第2項明定人格權受侵害，以法律有特別規定者為限，始得請求非財產上損害賠償，認為A航空公司係以運送旅客為營業，其與乘客甲間的契約上權利義務關係，應適用民法關於「旅客運送」規定，並以民法第654條規定：「旅客運送人對於旅客因運送所受之傷害及運送之遲到，應負責任。其傷害係因**不可抗力**，或因**旅客之過失**所致者，不在此限。」僅規定旅客運送人應就**通常事變**負責，至於**賠償範圍**無特別規定，而認為甲有關非財產上損害賠償的請求，不得依債務不履行的法律關係為請求；另對於甲主張得準用或類推適用民法第192條至第195條侵權行為規定，請求A賠償非財產上的損害，則以「債務不履行為債務人侵害債權的行為」，性質上雖亦屬侵權行為，因法律另有關於債務不履行的規定，認為「關於侵權行為規定，於債務不履行不適用之」【比較1999年增訂民法227條之1】，甲就此運送契約，除得根據債務不履行的法律關係請求「財產上的損害賠償」外，不得再準用或類推適用

告甲主張交通部公路總局台中區監理所未交付重型機車駕照，侵害甲「騎機車的權利」，造成其時間損失而精神痛苦，訴請台中區監理所應賠償損害）。

[141] 最高法院96年度台上字第793號判決。

侵權行為的規定，請求A為非財產上的損害賠償。[142] 惟現在類似此案件事實，應得適用1999年增訂民法第227條之1。

> 侵害「著作人格權」的型態：1.未經著作人同意，擅自公開發表著作人尚未公開發表的著作；2.未經著作人同意，擅自於著作人的著作原件或其重製物或於著作公開發表時，更改著作人的本名、筆名或擅自具名；3.未經著作人同意，擅自更改著作的內容、形式及名目等情形，致損害著作人的之名譽者。[143]

第三十六節　權利的保護

一、權利的保護

（一）公權力救濟為優先

主觀權利的承認，並非意謂當事人得自己有權製造符合此權利的狀態，而是通常必須尋求國家的協助。蓋唯有如此，弱者亦能貫徹其對強者的權利，也唯有如此才能避免伴隨不良現象的報私讎情形。所以，有權利，就有保護與救濟，並且在現代的法治國家，權利的保護與救濟應以國家的公權力為優先（**公權力救濟**），原則上禁止以自力實現權利（**自力救濟**）。

在現代的法治國家，解決私權爭執的民事訴訟程序及強制執行程序，均由國家所獨占。國家賦予人民以**司法保護請求權**（Justizgewährungsanspruch），即憲法保障人民得透過訴訟與執行程序，請求國家保護私權（憲法16）。

---

[142] 最高法院91年度台上字第1495號判決。
[143] 最高法院92年度台上字第5號判決。

◆ 權利保護的方式

原則	公權力救濟：國家公權力的保護			
例外	自力救濟	自衛行為	正當防衛（民149）	防衛性
			緊急避難（民150）	防衛性、攻擊性
		自助行為（民151-152）		

（二）國家保護權利的程序

1.民事訴訟程序

　　民事訴訟法及家事事件法的審判程序，主要功能在確定當事人間的法律關係。

2.強制執行程序

　　強制執行法的執行程序，主要功能在強制執行義務人的給付義務。

3.保全程序

　　民事訴訟法規定的保全程序，包括假扣押與假處分二種程序（民訴法522-538）的要件，主要功能係在判決未確定前，暫時性為強制執行，而其執行程序仍應適用強制執行法規定。

（三）自力救濟為例外

　　權利的保護與救濟，雖以國家公權力為原則，然因國家機關並不普遍，救濟亦須經一定程序，於情況急迫時緩不濟急。故在特殊的情況，為能維持公正的社會秩序及有效的權利制度，法律允許個人以自己的力量（武力）對抗權利或法益的侵害，即例外允許自力救濟。民法中關於自力救濟的規定，可區分為**一般規定**與特殊規定，前者如民法第149條至第152條規定的正當防衛、緊急避難、自助行為，後者如民法第447條、第773條後段、第779條第2項、第960條、第961條等。

二、自衛行為

自衛行為，乃對於侵害權利所為的**消極**排除行為，包括正當防衛與緊急避難二者。

（一）正當防衛

1.概念

正當防衛（Notwehr），乃對於現時不法的侵害（gegenwärtiger rechtswidriger Angriff），為防衛自己或他人的權利所做的行為（民法149）。正當防衛，性質上屬於**權利行為**。[144]

2.要件

民法第149條規定：「對於現時不法之侵害，為防衛自己或他人之權利所為之行為，不負損害賠償之責。但已逾越必要程度者，仍應負相當賠償之責。」依此規定，正當防衛須具備下列要件：

(1) 現時的不法侵害行為：必須為現在有不法的侵害行為存在。

「現時」，指侵害人已著手於侵害行為的實施，而尚未結束；倘侵害行為已結束或侵害業已過去，即無正當防衛可言。侵害是否為現時，應依具體情形判斷，例如竊賊正偷竊財物，為現時侵害；如已攜竊取得財物離開現場，非現時侵害。彼此互毆，必以一方初無傷人的行為，因排除對方不法的侵害而加以還擊，始得以正當防衛論；侵害已過去後的報復行為，與無從分別何方為不法侵害的互毆行為，均不得主張正當防衛。[145]

---

[144] 施啓揚，民法總則，2009年8月，439頁。

[145] 最高法院30年上字第1040號判例（舊）、64年台上字第2442號判例（舊）、台灣高等法院95年度訴字第48號判決。

例：正當防衛，係對於現時不法的侵害，為防衛自己或他人的權利所為
之行為而言。被告甲與乙互毆，既未能證明乙先行侵害，即無主張
正當防衛的餘地。[146]

(2) 防衛行為：正當防衛，乃對於現時不法的侵害，為防衛自己或他人的
權利，於不逾越必要程度範圍內所為的**反擊行為**。此反擊行為，必加
損害於侵害人，始生正當防衛之問題；否則，侵害人未受任何損害，
防衛人原無賠償責任，即無正當防衛可言。[147]

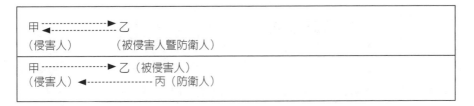

甲 ◀-------------▶ 乙
（侵害人）　　　（被侵害人暨防衛人）

甲 -------------▶ 乙（被侵害人）
（侵害人）◀------------- 丙（防衛人）

　　防衛行為之**目的**，在於防衛自己或他人的權利；至於所防衛權利的種
類與範圍，並無限制。[148]

　　防衛行為的**手段**須在必要程度內（**必要性原則**），否則為防衛過
當，仍應負損害賠償責任（民法149但）。其是否逾越必要程度，應依排
除權利侵害實際需要的程度為判斷。

例：甲男騎機車搶奪乙女皮包過程中，為計程車司機丙男撞見，開車將
甲所騎機車撞倒，致使甲左手骨折，及身上有多處擦傷。丙的行為
屬正當防衛。

---

[146] 最高法院73年台上字第4045號判例（舊）。
[147] 最高法院64年台上字第2442號判例（舊）。
[148] 施啓揚，民法總則，2009年8月，439頁。

> 例：丁、戊同住A大廈，戊利用大廈內住宅經營私娼館。丁勸戊遷移遭
> 拒，報警也無效果，於是率同部分住戶，搗毀戊的私娼館，致使戊
> 無法獲得每月數10萬元的可預期利潤。[149]

3. 法律效果

防衛行為人對侵害人因防衛行為所致的損害，不負損害賠償責任
（民法149本文）。

4. 不合法的防衛行為

(1) 防衛過當（Notwehrexzess）

防衛行為如逾越必要程度，為防衛過當，應負相當的賠償責任（民法
149但）。至於是否防衛過當，應視具體的**客觀情事**，及各當事人的**主觀
事由**定之，不能僅憑侵害人一方受害情狀為斷。[150]

> 例：甲、乙夫妻二人分居，平日感情不睦。乙透過第三人丙居間協調，
> 由丙約甲至R捷運站附近見面。當甲到達時見到乙在巷口，即騎機
> 車欲調頭離去，乙即時抓住機車後座欲留住甲，甲見狀竟猛踩油
> 門，於乙倒地後，仍將乙拖行10餘公尺，致乙受有雙膝挫傷併左膝
> 外側副韌帶斷裂的損害。[151]

(2) 誤想防衛（Putativnotwehr）

雖事實上無侵害行為，防衛行為人卻誤認為有侵害行為，而實施防衛

---

[149] 司法院（81）廳民一字第02696號函復台高院，81年2月27日，認為構成正當防衛。
對此案例深入分析，王澤鑑，搗毀私娼館、正當防衛與損害賠償，月旦法學雜誌13
期，1996年6月，77-86頁，收錄於：氏著「民法學說與判例研究（八）」，1998年9
月，211-232頁。
[150] 最高法院64年台上字第2442號判例（舊）。
[151] 台灣高等法院87年度上易字第49號判決。

行為。若因此侵害他人，依侵權行為原則（民法184以下），以其誤想有無過失，決定其賠償責任。

（二）緊急避難

1. 概念

緊急避難（Notstand），謂因避免自己或他人生命、身體、自由或財產上急迫的危險，所做的避難行為。緊急避難，在性質上屬**放任行為**。[152]

2. 種類

依避難人的行為是否致危險來源受到損害，可區分為下列二類：

(1) 防衛性的緊急避難（Verteitigungsnotstand）：某物為危險來源，因實施緊急避難行為而破壞或毀損該物（危險源）。

例：甲所養的狼犬H獸性大發，撲向驚嚇的女童丙，路人乙見狀，情急下拾起木棍反擊H，一棒將H的前腿打斷。

(2) 攻擊性的緊急避難（Angriffsnotstand）：因實施緊急避難而侵害與危險無關的他人權利（非危險源）。

---

[152] 施啓揚，民法總則，2009年8月，441頁。

> 例：甲受傷倒臥路旁，血流如注，生命危急，機車騎士乙經過見狀，
> 「盜駛」停在路旁之丙的轎車C，緊急將甲送到醫院急救。C車因
> 而車門損壞，車上沾滿血跡。

　　德國民法典區別防衛性與攻擊性的緊急避難，對後者的阻卻違法要求較高且應負賠償責任，而二者侵害客體均僅限於物，[153] 我民法未作類似區別及限制。

3. 要件

(1) 存在危險：須有自己或他人生命、身體、自由或財產上急迫的危險存在。危險，凡足以發生的一切危害情形，均屬之，而不論其原因為何；急迫危險，謂該危險迫在眼前，刻不容緩。

(2) 避難行為：須有為避免危險所必要的行為，且其未逾越危險所能致的損害程度。

　(a) 原因：其行為的原因係為避免危險。

　(b) 手段：其手段須為避免危險所必要（**必要性原則**）。

　(c) 程度：其行為須未逾越危險所能致的損害程度（**法益權衡原則**：Prrinzip der Güterabwägung），即避難行為所加於他人的損害，須小於或等於危險所能致的損害；[154] 如其逾越危險所能致的損害程

---

[153] § 228 BGB: "Wer eine fremde Sache beschädigt oder zerstört, um eine durch sie drohende Gefahr von sich oder einem anderen abzuwenden, handelt nicht widerrechtlich, wenn die Beschädigung oder die Zerstörung zur Abwendung der Gefahr erforderlich ist und der Schaden nicht außer Verhältnis zu der Gefahr steht. Hat der Handelnde die Gefahr verschuldet, so ist er zum Schadensersatze verpflichtet."; § 904 BGB: "Der Eigentümer einer Sache is t nicht berechtigt, die Einwirkung eines anderen auf die Sache zu verbieten, wenn die Einwirkung zur Abwendung einer gegenwärtigen Gefahr notwendig und der drohende Schaden gegenüber dem aus der Einwirkung dem Eigentümer entstehenden Schaden unverhältnismäßig groß ist. Der Eigentümer kann Ersatz des ihm entstehenden Schadens verlangen."

[154] 施啓揚，民法總則，2009年8月，442頁。

度，構成**避難過當**，即不能阻卻違法，而不能免除損害賠償的責任
（民法150 I但）。

例：甲在散步時遭乙所養的吉娃娃G吠叫及追逐，當G追近甲時，甲飛
　　腳踢死G。

4.法律效果

　　緊急避難的行為人雖侵害他人權利而導致他人的損害，符合侵權行
為的「構成要件」，但其為「阻卻違法事由」，故不負侵權行為的損害
賠償責任。此侵害他人的權利，依通說不限於財產上權利，亦包括**人格
權**。[155]

　　適用民法第150條規定的結果，僅由該無辜第三人單獨承擔損害，並
不符合**損害公平分擔原則**，在立法政策上有待商榷。在比較法上，德國
的緊急避難規定與我國有極大差別，德國民法僅允許避難行為人破壞或
毀損他人的**物**，而不允許侵害他人其他權利，例如人格權；此外，德國
民法典區分**防衛性的緊急避難**（§ 228 BGB）與**攻擊性的緊急避難**（§ 904
BGB），行為人僅就前者不必負損害賠償責任，較為符合**損害公平分擔
原則**。[156]

5.自招的危險

　　若行為人所欲避免的危險之發生，行為人有責任，是為**自招的危
險**，不論其就避難行為有無過失，仍應負損害賠償責任（民法150 II）。

例：甲故意逗弄鄰居所養的狼犬D，當D凶性大發追逐甲時，甲以隨身
　　攜帶的球棒將D擊斃。

---

[155] 比較上引的德國§§ 228, 904 BGB，其僅限於侵害他人的物。

[156] 施啓揚，民法總則，2009年8月，443頁亦批評民法第150條規定一方面免責範圍過於
　　　廣泛，另一方面有違「權利平衡保護」及「損害公平分擔的原則」。

被上訴人（原告）主張：上訴人（被告）郭恩鑫係上訴人（被告）米高交通股份有限公司（以下簡稱米高公司）僱用之司機，郭恩鑫於85年8月9日下午7時30分許駕駛車牌號碼HS-D35號**營業大貨車**（以下簡稱「郭車」），在國一道內側車道由北往南方向行駛，行經南向120公里550公尺處時，因過失駕車失控，車尾佔用外側車道，致被上訴人（原告）冠騰化工有限公司（以下簡稱被上訴人，或簡稱冠騰公司）僱用之司機邱碧銑，駕駛冠騰公司所有之車牌號碼SA-103號大貨車（以下簡稱「邱車」）行駛外側車道，因閃避不及，撞擊上訴人郭恩鑫所駕駛之前揭車輛之左後方，適有訴外人統聯汽車客運股份有限公司（以下簡稱統聯公司）所僱用之司機蔡武郎，於85年8月19日駕駛該公司所有FD-918號營業大貨車（以下簡稱「蔡車」），行經國道中山高速公路南下120公里550公尺處時，因故障而停放於外側路肩，致邱車於撞上郭車左後方之後，失控而再往前撞擊停放於路肩之蔡車，造成被上訴人所有之前揭車輛（即「邱車」）嚴重受損。

二審法院認為：上訴人謂郭恩鑫在肇事時地所以緊急煞車，實導因於前車之突然切入伊車道，郭恩鑫之行為實為**緊急避難**之行為，依民法第150條第1項規定，自不應負損害賠償之責云云。然查民法第150條第2項規定「前項情形，其危險之發生，如行為人有責任者，應負損害賠償之責」。本件事故之發生，既上訴人郭恩鑫**違規行駛於內側車道**，且**駕駛失控肇事**，其對危險之發生，顯然為有責任者，依前開說明，自不能免卻損害賠償責任。[157]

6.避難過當

　　若行為人避難過當（Notstandsexzess），即其避難行為非屬避免危險

---

[157] 台灣高等法院台中分院87年度上字第619號判決。

所必要（**必要性原則**），或已經逾越危險所能導致的程度（**法益權衡原則**），仍不能免除損害賠償的責任（民法150 I但）。

7.誤想避難（Putativnotstand）

事實上無緊急危難，卻誤認為有緊急危難，而實施避難行為。若因此侵害他人，依侵權行為原則（民法184以下），依其誤想有無過失，而決定應否負損害賠償責任。

三、自助行為

（一）概念

自助行為（Selbsthilfe），指為保護自己的權利，對於他人的自由或財產施以拘束、押收或毀損的行為（民法151-152）。

民法第151條、第152條屬於自助行為的一般規定，針對特定情形另設有其他特別規定，例如：民法第447條第1項規定出租人得逕行阻止承租人取去其留置物；民法第612條第2項準用民法第447條第1項規定，主人得逕行阻止客人取去其行李等留置物；民法第791條第2項規定土地所有人留置他人的物品或動物。

（二）要件

1.為保護自己權利

自助行為限於為保護**自己的權利**，此與上述正當防衛有別。所欲保護的權利，由民法第151條但書得知，應僅指**請求權**，[158] 且必須是可以透過法院實行（強制執行）之自己的請求權。不得強制執行的請求權，不適用自助行為的規定，例如婚約履行請求權（民法975）、夫妻間的履行同居

---

[158] 鄭玉波、黃宗樂，民法總則，2008年9月，459頁。

請求權（民法1001），或相對人已行使其抗辯權的請求權（民法144 I、198）。[159]

2.無法受到公權力的即時救濟

民法第151條但書規定，自助行為「以不及受法院或其他有關機關援助，並非於其時為之，則請求權不得實行或其實行顯有困難者為限」。例如債務人即將登機移民外國或搭船潛逃國外，而且在國內未留有財產情形。

3.危及權利的實行

如不即時實施自助行為，則權利人的請求權不得實行，或其實行顯有困難。

（三）方法與限度

1.方法

民法第151條本文規定，自助行為的方法乃對於他人的**自由**或**財產**施以拘束、押收或毀損。依其行為**客體**，其方法僅有二：

(1) 對他人的自由，施予拘束。

(2) 對他人的財產，予以押收或毀損。

2.限度

民法第151條及第152條雖未明文，實施自助行為，應類推適用民法第149條、第150條規定的必要性原則，仍須在**必要程度**內；若逾越必要程度而造成他人損害，構成**過當自助**，仍應負損害賠償責任。[160]

---

[159] 王澤鑑，民法總則，2014年2月，638頁認為請求權已罹於消滅時效，即不得為自助行為。

[160] 施啓揚，民法總則，2009年8月，444頁；鄭玉波、黃宗樂，民法總則，2008年9月，460頁；王澤鑑，民法總則，2014年2月，638頁。

（四）法律效果

對於因實施自助行為所造成他人的損害，不負（侵權行為的）損害賠償責任（民法151本文）。惟行為人必須在為自助行為後，**即時**向法院聲請處理；如聲請遲延或被駁回，應負損害賠償責任（民法152）。

債權人依民法第151條規定押收債務人的財產或拘束其自由，應即時聲請法院為**假扣押**或**假處分**的裁定（民訴法537之1 I），其聲請程序應依民訴法第537條之1至第537條之4規定。

民法第151條、第152條規定，為保護自己的權利，對於他人的自由得施以拘束，並即時向法院或其他有關機關聲請處理。既是拘束他人自由，即以人為對象。因此，為保護金錢請求，亦應得對人為之。民訴法原欠缺與該民法自助行為相配合的程序規定，而由司法院以解釋填補此缺漏；[161] 1996年強執法修正，增訂第132條之2規定：「債權人依民法第一百五十一條規定拘束債務人自由，並聲請法院處理，經法院命為假扣押或假處分者，執行法院得依本法有關管收之規定，管收債務人或為其他限制自由之處分。」民事法院受理債權人依該規定的處理聲請時，應依有關假扣押或假處分規定為裁定，民訴法卻未設相關裁定程序的具體規定，至2003年民訴法修正增訂第537條之1至之4，始有明確的程序規定。

（五）不合法的自助行為

1. 過當自助

對於過當自助，在外國立法例上有明文規定應負無過失賠償責任，例如德國民法典第230條第1項、第231條（§§ 230 I, 231 BGB）。[162] 我民法

---

[161] 司法院32年院字第2503號解釋。

[162] *Brox/Walker*, Allgemeiner Teil des BGB, 2019, § 32 Rn. 22.

雖未規定，類推適用民法第149條、第150條規定的必要性原則，過當自助仍應負損害賠償責任；惟有疑義的，是否以有過失為必要。[163] 本書認為在未明文規定無過失責任的前提下，應以有過失（抽象輕過失）為必要。

2.誤想自助

對於誤想自助（irrtümliche Selbsthilfe），在外國立法例上有明文規定應負無過失賠償責任，例如德國民法典第231條。我民法未規定，得類推適用民法第152條第2項規定，而多數說亦認為應負無過失損害賠償責任。[164] 基於合理的風險分配，本書贊同採無過失責任。

第三十七節 權利的行使

例：【用1元硬幣付8,938元薪資】
桃園市一件移工甲看護與雇主乙之間的糾紛，2021年3月26日經桃園市政府勞動局調解，雙方同意終止勞動契約，雇主乙也同意當場支付3月還需支付的薪資8,938元，沒想到拿出來的卻是1元硬幣要移工自己清點，讓在場的調解人員愣住。[165]
在準據法為我國法的前提下，因雇主乙以大量硬幣為給付，違背誠信原則（民法148 II），不生提出給付效力，如乙不能以適當的錢幣給付甲，應負給付遲延的責任（民法235本文、229）；移工甲得拒絕受領，而不生受領遲延的效果（民法234、235）。

---

[163] 邱聰智，民法總則，2011年6月，538頁以過失責任原則而採肯定說。林誠二，民法總則新解（下），2012年6月，406頁採否定說。

[164] 施啓揚，民法總則，2009年8月，446頁；林誠二，民法總則新解（下），2012年6月，406頁。

[165] 聯合新聞網，網址：https://udn.com/news/story/7324/5348192（瀏覽日期：2021年6月2日）。

一、概說

所有主觀權利都有其事物上的界限,例如債權僅得針對特定的債務人請求為一定的給付(民法199),而其貫徹則受到禁止查封規定的限制(強執法53);限定物權亦僅賦予權利人一定的權利效力,例如動產質權僅賦予權利人,於所擔保的債權已屆清償期,而未受清償時,得拍賣質物,就其賣得價金而受清償(民法892 I),且此權利以占有質物為要件(民法884)。較弱的是所謂框架權(Rahmenrecht),例如一般人格權(das allgemeine Persönlichkeitsecht)或營業權(das Recht am eingerichteten und ausgeübten Gewerbebetrieb),其是否受侵害,僅在同時顧及其他人的相衝突權利(例如新聞自由、言論自由)之權衡下,才能確定。[166] 相對最不受限制的是所有權,民法第765條規定:「所有人,於法令限制之範圍內,得自由使用、收益、處分其所有物,並排除他人之干涉。」然而此規定本身亦有保留法令的範圍限制。類似規定如民法第773條規定:「土地所有權,除法令有限制外,於其行使有利益之範圍內,及於土地之上下。如他人之干涉,無礙其所有權之行使者,不得排除之。」除保留法令限制外,另外禁止排除對其所有權行使無礙的干涉。

除前述個別權利的特別限制外,尚有全部權利共通的一般限制(allgemeine Schranken),其適用於所有權利的行使,民法第148條規定的誠實信用原則及權利濫用禁止,即為重要的一般限制。

---

[166] *Meidicus*, Allgemeiner Teil des BGB, 2010, Rn. 127.

二、誠實信用原則

例：【用賤狗體登報道歉，李珍妮這回贏了】[167]

名媛李珍妮因批前開發金副總吳春台妻子米凱莉是「小三」，遭法院判決須登報道歉，李珍妮事後在報紙的頭版刊登半版的廣告，沒想到廣告竟採用「賤狗體」字型刊登，不僅網友熱議「有迷彩隱形效果」，米凱莉也大感不滿，而向台北地院聲明異議應重刊，但台北地院認為原判決未規定字型，一般民眾也不認識「賤狗體」，於2016年4月14日裁定駁回米凱莉的異議，仍可抗告。[168]

米凱莉主張，李珍妮當時是惡意以模糊不清且具貶低意味的「賤狗體」字型刊登道歉啟事，不算依誠實信用方法履行義務，應重刊一次；但台北地院認定**原判決沒有規定字型，且一般人不知「賤狗體」**，不致因而對米凱莉產生貶抑，既然已刊出判決規定的文字，就足認李珍妮完成道歉義務，不必重刊。

李珍妮自從與吳春台的情史曝光後就砲火不斷，在2013年8月、2014年1月公開發表「米凱莉才是小三劈腿搶走吳春台」等言論，結果刑事部分被依誹謗罪判拘役50天，得易科罰金確定，[169]民事也被判賠300萬元，且需登報紙頭版道歉。[170]

一、何謂誠實信用原則？
二、誠實信用原則有何私法上功能？
三、誠實信用原則有何私法上效力？

---

[167] 自由時報，「用賤狗體登報道歉，李珍妮這回贏了」，2016年4月15日（五），A21版，記者黃欣柏、鍾智凱台北報導。
[168] 台北地方法院105年度事聲字第155號裁定。
[169] 台北地方法院103年度易字第940號刑事判決。
[170] 台北地方法院102年度重訴字第944號判決、台灣高等法院103年度上字第421號判決。

民法第148條第2項規定：「行使權利，履行義務，應依誠實及信用方法。」此係誠實信用原則（略稱**誠信原則**）的明文規定。

（一）歷史發展及立法例

1.歷史發展

誠信原則源自於羅馬法的「*bona fides*」（誠信、善意），其首先（最晚在西元前3世紀時）被用以說明成文法未規定的交易（買賣、租賃、合夥、委任及其他類似者）所生之訴訟；其後，前述行為之有效及得以起訴請求（Klagbarkeit）的性質，被認為當然的道理而不再需進一步說明理由，「*bona fides*」因而得被賦予其他的功能，為決定該法律關係所生各個義務的準則（自耶穌誕生前不久）。以誠信為基礎的誠信訴訟（*iudicia bonae fidei*），形成與嚴格法訴訟（*iudicia stricti iuris*）相對的制度。嚴格法的義務僅針對承諾之標的，而誠信訴訟則就給付的進一步情況及某些從義務，依照誠信原則為決定。[171] 由於沒有充分區別此二種義務（或責任），導致19世紀德國民法的制定者就**積極的侵害債權**（positive Forderungsverletzung）作為一般的法律制度，未能適當予以顧及。此也直接影響我國民法債編初（舊民法227）未適當規定積極的侵害債權（不完全給付），直至1999年民法債編修正，才完整規定於第227條至第227條之2。

2.立法例

(1) 德國§ 242 BGB

德國的誠信原則（Treu und Glaben），至今仍規定於其民法典（債編）第242條（§ 242 BGB）：「債務人應依誠實信用並顧及交易習慣的要求，完成其給付。」（Der Schuldner ist verpflichtet, die Leistung so zu bewirken, wie Treu und Glauben mit Rücksicht auf die Verkehrssitte es

---

[171] *Medicus/Lorenz*, Schuldrecht I, 2010, § 16 I 1.

erfordern.）雖其文義上僅對債務人為要求，而就其給付義務進一步規定。然其適用範圍普遍被認為並不侷限於此，德國帝國法院（RG）即已將誠信原則的適用範圍擴大，並解讀其為位階在各個法規（含強行法）之上的原則；[172] 德國學者更將該（相當於我國舊民法第219條及現行民法第148條第2項）規定的誠信原則（Treu und Glauben），稱為**國王條款**（Königsparagraph），而為民法的最高指導原則。[173] 德國司法裁判及學說，已從第242條結合第133條（意思表示的解釋）、第157條（契約的解釋）、第826條（故意背於善良風俗的侵權行為），發展出一般的法律思想，所有人行使權利，履行義務，皆應依誠實及信用方法（同於台灣民法148 II），亦即必須顧及他方的正當利益；而此顧及他方利益的要求，不僅限於對債務人，也對債權人有其適用。[174]

(2) 瑞士Art. 2 I ZGB

瑞士民法典（ZGB）則將誠信原則規定於第2條第1項（Art. 2 I ZGB），任何人在行使其權利或履行其義務時，均應依照誠實信用（Jedermann hat in der Ausübung seiner Rechte und in der Erfüllung seiner Pflichten nach Treu und Glauben zu handeln.），其第2項並規定明顯的權利濫用不受法律保護（Der offenbare Missbrauch eines Rechtes findet keinen Rechtsschutz.）。

我國於1982年修正民法總則，增訂民法第148條第2項規定：「行使權利，履行義務，應依誠實及信用方法。」並於1999年將文義上較狹隘之舊民法第219條的誠信原則規定，自債編刪除，在體例上已由仿德國民法典，改為仿瑞士民法典。

---

[172] RGZ 85, 108, Urteil vom 26. 5. 1914.

[173] *R. Weber*, Entwicklung und Ausdehnung des § 242 BGB zum »königlichen Paragraphen«, JuS 1992, 631-636；王澤鑑，民法學說與判例研究（一），1983年4月，330頁，其譯為「帝王條款」，並不符德文原義；楊仁壽，法學方法論，1995年，172頁。

[174] *Brox/Walker*, Allgemeines Schuldrecht, 2013, § 7 Rn. 1.

（二）意義、功能與適用範圍

1. 意義

誠信原則，乃是斟酌各該事件的特別情形，較量雙方當事人彼此的利益，務使法律關係上公平妥當的一種法律原則。[175] 誠信原則在慮及普遍的社會倫理價值觀念下，設定權利行使的界限；賦予在法律交易上，注意他人值得保護的利益及為誠實與忠誠行為之義務。最高法院亦曾表示：「所謂誠實信用之原則，係在具體的權利義務之關係，依正義公平之方法，確定並實現權利之內容，避免當事人間犧牲他方利益以圖利自己，自應以權利人及義務人雙方利益為衡量依據，並應考察權利義務之社會上作用，於具體事實妥善運用之方法 。」[176]

誠信原則在全部的法律生活中具有優越的重要性，是一個**法律倫理的原則**（rechtsethisches Prinzip），所以民法第148條第2項規定乃是民法最重要的一般條款（概括條款）之一，且其要求為**強制**的，不受當事人的任意支配。[177] 誠信原則乃法律倫理價值的最高表現，具有補充、驗證實證法的機能，更為法解釋的基準，旨在實踐法律關係上的公平妥當，應斟酌各該事件情形衡量當事人利益，具體實現正義；此原則不僅於權利人直接實現權利內容的行為有其適用，即於整個法領域，無論公法、私法及訴訟法，對於一切權利亦均有適用的餘地，故民法第148條第2項規定所稱的「行使權利」者，應涵攝訴訟行為在內。[178]

2. 功能

誠信原則的功能，主要有如下三種：[179]

---

[175] 鄭玉波、黃宗樂，民法總則，2008年9月，437頁。
[176] 最高法院86年度台再字第64號判決。
[177] Jauernig-BGB/*Mansel*, 2015, § 242 Rn. 2.
[178] 最高法院101年度台簡上字第2號判決。
[179] 林誠二，民法問題與實例解析（一），2005年8月，173-180頁。

(1) 解釋或補充法律行為的準則

　　誠信原則可作為解釋或補充法律行為的準則，此在德國民法典第157條（§ 157 BGB）明文規定，解釋契約應依誠信原則的要求。我國民法雖未設明文規定，但於解釋或補充法律行為或意思表示，亦應以誠信原則為準則。例如買受人有受領標的物的義務（民法367），惟如未約定履行地，買受人亦無指示，出賣人依誠信原則應通知、徵詢買受人，並協助其受領。

> 當事人**約定**債務人遲延給付時，須經債權人定一定的期限催告其履行，而債務人於期限內仍不履行，債權人始得解除契約者，債權人催告所定期限雖較約定期限為短，但如自催告時起，已經過該約定的期限，債務人仍不履行，基於**誠實信用原則**，應解為債權人得解除契約。[180]

> 媒介居間人固以契約因其媒介而成立時為限，始得請求報酬，但委託人為避免報酬的支付，故意拒絕訂立該媒介就緒的契約，而再由自己與相對人訂立同一內容的契約，依**誠實信用原則**，其仍應支付報酬。又委託人雖得隨時終止居間契約，然**契約的終止**，究不應以使居間人喪失報酬請求權為目的而為之，否則仍應支付報酬。[181]

> 源自「誠實信用原則」之**非獨立性「附隨義務」**一經當事人約定，為準備、確定、支持及完全履行「主給付義務」，即具本身目的之獨立性附隨義務而成為**「從給付義務」**（**獨立性之「附隨義務」**），倘債權人因債務人不履行或有違反情事，致影響其契約利益及目的完成

---

[180] 最高法院90年台上字第1231號判例（舊）。
[181] 最高法院58年台上字第2929號判例（舊）。

者，債權人自得對之獨立訴請履行或債務不履行之損害賠償。查公共
工程契約的招標，旨在以最低合理成本達到應有的公共工程品質，參
與該投標者不得為圍標行為，固係**誠實信用原則**的要求，並具協助達
成契約圓滿履行與保護招標機關之目的，然甲（上訴人）不得為系爭
工程的圍標行為，經於投標須知明訂，並由甲簽署切結書載明，且甲
委有參與該工程的圍標行為致乙（被上訴人）受有實際損害，該不得
圍標行為，依上說明，即構成契約之「從給付義務」，乙得據以甲抗
辯因違反該義務，應負債務不履行之損害賠償責任。[182]

(2) 解釋或補充法律的準則

誠信原則可補充制定法的不備，或作為解釋法律的指導原則，學者稱
之為**具體化機能**，[183] 如德國學說之**交易基礎喪失理論**（Lehre vom Wegfall
der Geschäftsgrundlage），相當於**情事變更原則**（民法227之2），發生契
約的調適或解除的結果（Anpassung o. Auflösung des Vertrags）。

最高法院亦肯定誠信原則為法律解釋的基準，且於整個法領域，無論
公法、私法及訴訟法，對於一切權利亦均有適用的餘地。[184]

(3) 制定或修改法律的準則

誠信原則亦可作為制定或修改法律的準則，亦即立法者於修訂法律
時，亦應遵循誠信原則，其具體化如民法第227條之2、第236條、第359
條、第264條第2項、第416條第1項第2款規定。其中，民法第227條之2情
事變更原則在增訂前，實務上即以誠信原則為決定增減給付或變更原有效
果的裁判，修法時以誠信原則為上位概念，而增訂該規定以資適用。

[182] 最高法院93年度台上字第1185號判決。
[183] 最高法院101年度台簡上字第2號判決：林誠二，再論誠實信用原則與權利濫用禁止
原則之機能，台灣本土法學雜誌22期，2001年5月，44-45頁。
[184] 最高法院101年度台簡上字第2號判決。

3. 界限及適用範圍

(1) 誠信原則與合理性

如果將誠信原則看成一個准許法官為得到其認為合理的結論，而忽視法律評價之一般的合理性規範（Billigkeitsnorm），即已徹底誤認誠信原則的意義。若法官如此使用誠信原則，將違反憲法上之法官應「依法」審判的基本原理（憲法80）；此外，亦無從確保法律安定性，因法官的裁判將為無法預見（突襲性裁判）。[185]

(2) 誠信原則與法律續造

誠信原則也不包含給予法官一項基於合理性理由，而為法律續造（Rechtsfortbildung）的一般授權。新生法律問題的解決，首先是立法者的責任；雖然法官亦有權透過法律續造，以填補法律的漏洞，然於此，其一概受到於已經存在的規定之立法者評價所拘束，而其須將此既存規定轉用於未規定但卻類似的案件上。因民法第148條第2項規定本身必須透過其他的法律評價而予以具體化，其並不適合提供填補法律漏洞的可用標準。是以，誠信原則的功能不在於獨立地創造新的法律制度（Rechtsinstitute），而是主要在於就既存的法律規定或法律關係，依其意義及目的更詳細地予以充實，或者指出一個形式上存在的法律地位之界限。[186]

(3) 誠信原則的輔助性

為避免於適用民法第148條第2項規定時，太過急於取得合理裁判，必須首先檢驗是否（有時類推適用）特別法規定依其意義及目的，對具體案件能提供一個合理的解決。此在大多數的案件中是肯定的，因而無需求助於誠信原則的一般原則；唯有當證實因具體個案的特性，該法律的（類推）適用，顯然不合理、與該法律關係的意義相牴觸地使一方或他方當事人遭受不利時，得作為最後方法（*ultima ratio*）經由民法第148條第2項規

---

[185] *Brox/Walker*, Allgemeines Schuldrecht, 2013, § 7 Rn. 2.
[186] *Brox/Walker*, Allgemeines Schuldrecht, 2013, § 7 Rn. 3.

定造成利益平衡（Interssenausgleich）。在此方面，誠信原則僅具有輔助性（Subsidiarität）的意義。[187]

(4) 透過法律評價及交易習慣而具體化

民法第148條第2項規定並不含有一個在個案裡符合誠信原則的現成規則，此一般條款就其適用，仍需要更詳細的具體化。在此，在其他規範裡所表達之制定法的利益評價，提供了重要的依據。除了憲法的價值決定外，於填補此一般條款上，**交易習慣**（Verkehrsitte）構成進一步的幫助，此在民法第148條第2項規定雖未如德國民法典第242條（§ 242 BGB）有明文指示，法理上應無差異。[188] 此所稱交易習慣，指在社會交易上確實普遍流行的做法而言，而商人間的商業習慣則構成了最重要的交易習慣之例子。[189]

(5) 個案的說明理由

唯有在決定誠信原則於個案中的要求之時，尊重此等不同的法律上觀點，才能防止恣意的意外結論。於所有個案中在適用民法第148條第2項規定之時，亦要求詳細地說明理由，而由此理由可以看出，當事人間對立的利益相互被權衡及以那些法律上標準被權衡。[190]

（三）民法第148條第2項的案件類組及其各個適用情況

一般條款的適用，尤其是對於民法第148條第2項規定而言，首先應以經由實務與學說塑造出來的**案件類組**（Fallgruppen）為準則，以求達到一定的法律安定性（Rechtssicherheit）。然不得使用任何概括的處理方式，因而大多不能僅以某一定情況包括於一案件類組之簡略提示為滿足，而是必須詳細說明理由，其同時斟酌各該案件之特別的利益關係及其他特點。

---

[187] *Brox/Walker*, Allgemeines Schuldrecht, 2013, § 7 Rn. 4.

[188] 最高法院103年度台上字第713號判決指出，於解釋契約時，應參酌交易習慣與誠信原則。

[189] *Brox/Walker*, Allgemeines Schuldrecht, 2013, § 7 Rn. 5.

[190] *Brox/Walker*, Allgemeines Schuldrecht, 2013, § 7 Rn. 6.

至於民法第148條第2項規定的適用案件，得依照何種標準予以體系化，並無一致見解；德國通說對於該國的相當規定民法典第242條（§ 242 BGB），以該規定的不同功能範圍（Funktionskreise）為基準，然後再依案件類組為區別，足供參酌。[191]

具體化及補充功能（Konlretisierungs- und Ergänzungs- funktion）	§ 242 BGB在其原適用範圍，有在其 §§ 243 ff. BGB規定問題之外，就給付的種類及方法具體化的功能，尤其是給付的時間及地點；較重要的是對與給付有關之債務人的從義務之具體化。因該從義務未於法律或契約中明訂，也被稱作補充功能。	有關給付的照顧及維持從義務
		無關給付的照顧及保護從義務：債編修正後被劃歸§ 241 II BGB
		§ 242 BGB不能作為說明主給付義務的理由
限制功能（Schranken- funktion）	1. 欠缺值得保護之自己的利益 2. 不符比例 3. 個人原因的不可期待 4. 非善意的權利取得及接近妨礙 5. 矛盾的行為 6. 權利喪失	
控制及修正功能（Kontroll- und Korrektur- funktion）	法官能對契約作內容上監督及修正；惟就此陸續設有特別規定或新規定，例如消保法11-17；民法227之2、245之1	

在不求完整的前提下，可提出幾個誠信原則的適用情況如下：

1.給付的種類或方法之決定

契約上獲法律上的義務應如何履行，為民法第148條第2項規定的直接適用範圍。縱使沒有法律的明文規定，得依誠信原則禁止債務人在一定的時間或地點為給付。例如借款人在凌晨3點清償逾期借款，違反誠信原則，債權人得拒絕受領，而不會構成債權人受領遲延（民法234）。

2.在債的關係中使義務發生

於解釋法律或法律行為時，民法第148條第2項的誠信原則亦有其適用。

---

[191] *Looschelders*, Schuldrecht Allgemeiner Teil, 2011, § 4 Rn. 74-88.

　　關於法律行為的解釋，德國民法典第157條（§ 157 BGB）明文規定解釋契約應依誠信原則的要求，我民法雖未作此明文要求（民法98），仍應作相同要求，實務上一貫見解亦同此觀點。[192]

　　例如顧客甲向商人乙購買一套禮服或一套瓷製碗盤，雖當事人間未特別約定要包裝，乙仍有義務將該買受物適當包裝，以方便甲能攜帶回家；或當事人約定債務人遲延給付時，須經債權人定一定的期限催告其履行，而債務人於期限內仍不履行，債權人始得解除契約者，債權人催告所定期限雖較約定期限為短，但如自催告時起，已經過該約定的期限，債務人仍不履行，基於誠實信用原則，應解為債權人得解除契約。[193]。

　　於當事人作成意思時，未考慮到重要之現在或將來的情況，以致其合意有缺漏，即有補充的契約解釋之空間。於填補此等契約漏洞時，誠信原則成為一個重要準則；其填補應合乎（假設）當事人於合理且理性的（billig und vernünftig）顧及所有情況，尤其是雙方的利益，將可能對該未為表示之點所作的規定。[194]

(1) 契約上債的關係中之義務

　　在契約關係的範圍中，當事人依誠信原則而負有義務，使有意義地實現契約成為可能，並且保護他方免於遭受可避免的損害。因而補充的契約解釋，經常使發生民法第148條第2項要求之可能指向一定的作為或不作為的契約上從給付義務（Nebenleistungspflichten）與保護照顧義務（Schutzpflichten）。在此，應特別提到的是保護照顧義務（Obhutspflicht）、維持義務（Erhaltungsplicht）、提供資訊義務（Auskunftsplicht）或報告義務（Anzeigepflicht）。至於是否產生該種義

---

[192] 參閱最高法院98年度台上字第1925號判決、98年度台上字第1217號判決、103年度台上字第713號判決、104年度台上字第2136號判決；林誠二，民法問題與實例解析（一），2005年8月，173-180頁。

[193] 最高法院90年台上字第1231號判例（舊）。

[194] *Brox/Walker*, Allgemeines Schuldrecht, 2013, § 7 Rn. 9.

務及在何範圍產生該種義務，並無普遍適用的答案；其具決定性的，總是各該契約關係的特點及就該契約訂立當事人之決定性的考量。[195]

> 例：甲將原來自己經營的麵包店B，在考量該店面的有利位置前提下，而以高價出售予乙繼續經營。基於誠信原則之補充的契約解釋，甲不得事後自己又在隔壁開另一家麵包店，因為當事人在決定麵包店B的買賣價金時，是以乙應該繼續保有甲原來的顧客群為基礎。

藉助於誠信原則而發生契約上義務，尤其在違背此義務並以此為基礎所產生的損害賠償請求權上（民法227、227之1），發生作用。

(2) 契約後債的關係中之義務

在契約關係結束後，亦得依民法第148條第2項規定發生繼續有效力的義務，此為所謂的契約後過失（*culpa post contrahendum*）。此種義務屬於契約上從給付義務，其要求在主義務（Hauptpflicht）履行之後，為或不為一定的行為（作為或不作為），例如前雇主應給予現在雇主關於受僱人符合真實的相關工作資訊；診所因租約到期而遷移時，前屋主應容許診所負責人在舊址懸掛遷址告示牌；醫院或診所應准許病人閱覽病人自己的病歷資料。[196]

(3) 契約前債的關係中之義務

在過去，德國及我國均發展成為習慣法的締約上過失（*culpa in contrahendo*），係指違背以誠信原則為基礎的一種契約前義務。此制度肯定於契約磋商時，當事人間已經存在有一定的照顧及說明義務（Sorgfalts- und Aufklärungspflichten），可歸責的違背此等義務會導致損害賠償義務。我國及德國已分別於1999年及2001年，在各自民法中增設此

---

[195] *Brox/Walker*, Allgemeines Schuldrecht, 2013, § 7 Rn. 10.
[196] 德國聯邦最高法院（BGHZ 85, 327, 339）即曾表示，病人對於醫生或診所，基於誠信原則，原則上（在訴訟外亦）有閱覽其病歷資料的請求權。

締約上過失的明文規定（民法245之1；§ 311 II BGB），然於探求此種契約前義務時，誠信原則仍是主要依據（民法245之1 ③）。[197]

3. 契約上給付義務的變更

於1999年增訂民法第227條之1的情事變更原則（*clausula rebus sic stantibus*）規定之前，實務上以誠信原則為基礎，依民訴法第397條規定為增、減給付或變更原有效果的判決。類似於此之德國實務上發展的法律行為基礎喪失理論（Lehre vom Wegfall der Geshäftsgrundlage），亦是以誠信原則為基礎。雖然我國及德國已分別於各自民法中增設情事變更原則的明文規定（民法227之2；§ 313 BGB），但就應如何變更契約效果以適應現實情況，仍應求之於假想的當事人意思，因而亦必須以誠信原則為依據。[198]

4. 不合法的權利行使之抗辯

除民法第148條第1項、第184條第1項後段規定外，可由民法第148條第2項規定推出一個原則：任一個違背誠信原則的權利行使，皆為法律所不准許。這一原則於此有助於為一個存在的法律地位劃定界限，而不論其係涉及債權、形成權或抗辯權。然而，民法第148條第2項規定不得用於阻止所有感到不合理的權利追求，否則或多或少明顯的合理考量將取代掉法律的地位。所以，僅有在特別的例外情形，始得採用不合法的權利行使之抗辯為有效措施。在此，特別值得提到的不合法的權利行使，有下列四個類組：[199]

(1) 權利濫用

如果權利的行使，不在於實現由契約或法律所保護的利益，反而是違背其目的而使用，則此權利行使即不符合誠信因而為法律所不准許。例如

---

[197] *Brox/Walker*, Allgemeines Schuldrecht, 2013, § 7 Rn. 12.

[198] 參閱最高法院103年度台上字第308號判決；*Brox/Walker*, Allgemeines Schuldrecht, 2013, § 7 Rn. 13。

[199] *Brox/Walker*, Allgemeines Schuldrecht, 2013, § 7 Rn. 15-18.

債權人因短少極為少量的金錢數額或遲延了少許時間,而拒絕受領債務人的不足額或遲延給付,並請求全部給付遲延的損害賠償,違背誠信原則。

例:【分期債務,僅後二期遲延30分鐘】

債權人甲與債務人乙成立和解契約,約明如乙依此次所定日期、數額如數付清,則全部債款作為清償,每期付款均應於中午12時前為之,嗣後乙已將第八期以前各期應付之款如數付清,其最後第九、第十兩期之款,應於上年12月31日付清,是日乙因須以即期支票換取銀行本票始可付甲,而是日銀行業務繁忙致稽延時間,送交甲處已12時30分,乙於是日上午11時32分曾以電話致甲商緩數分鐘,甲雖未允緩30分鐘,而乙之遲誤時間,按其情形非無可原,雙方之和解契約係因該地商業習慣,票據於下午2時送入銀行,須作為翌日所收之款,故特約明須於中午12時前付款,如甲於12時30分收款後即以之送入銀行,銀行仍可作為當日所收之款,於甲並無損失,乃甲以乙已遲延30分鐘拒絕受領,主張乙應償還全部債款,其行使債權,實有背於誠實及信用方法,依民法第148條第2項(舊民法219)的規定,不能認為正當。[200]

若權利的行使違背誠信原則,而且違反公共利益,或以損害他人為主要目的,其同時亦構成民法第148條第1項規定的權利濫用而不合法。

> **最高法院56年台上字第1708號判例(舊)**:上訴人就系爭土地上雖非無租賃關係,然於被上訴人未履行出租人之義務達十一年之久,上訴人迄未行使其租賃權或聲請為假處分,以保全強制執行,坐令被上訴人在系爭土地上建築房屋、種植果樹,耗費甚鉅,始引起訴訟,求

---

[200] 最高法院26年滬上字第69號判例(不再適用)。

命其除去地上物交付土地，核其情形，雖非給付不能，然亦係**權利之濫用**，有違**誠信原則**。

(2) 自我矛盾的行為

權利人如果行使其權利，將與自己之前的行為相矛盾時，即不得行使其權利（*venire contra factum proprium*前後行為矛盾），例如債務人藉由談判拖延債權人起訴而行使其請求權，至消滅時效期間屆滿，債務人即終止談判或使談判破裂，隨後並行使消滅時效的抗辯權，此抗辯權行使違背誠信原則。

例：甲在消滅時效即將完成前，向乙請求損害賠償，並以起訴要脅。乙表示願意就賠償請求的額度進行磋商，而在甲表示為避免時效完成而須起訴時，乙答覆將不會在訴訟中行使消滅時效抗辯權。然而當雙方磋商失敗，甲起訴請求；於訴訟中，乙抗辯甲的請求權已經在不久前罹於消滅時效。乙的先前行為已經使甲產生合理信賴，其將不行使抗辯權，因此基於誠信原則，乙不得行使抗辯權。[201]

(3) 失權

失權（Verwirkung），是自我矛盾行為的一個特別情形。如權利人就其權利長久不行使，且其現在行使權利對相對人而言是不合理的（illoyal verspätete Geltendmachung；不誠信的遲延行使），則該權利已為失權（verwirkt），即不必罹於時效就不得再被行使。單只是長久不行使權利，尚不足以使權利行使成為不合法，否則，法律規定的消滅時效將因民法第148條第2項規定而失其重要性；而是都必須加上特別的情況，其使權利行使顯得不誠信。尤其是當相對人可以由權利人的行為推論，權利人

---

[201] BGH WM 1991, 739.

將不會再行使其權利，且相對人事實上亦作此期待時，即可以肯定如行使權利即違背誠信原則。[202] 例如出租人有權對承租人立即終止租賃契約，如該出租在得知終止原因後數個月未有任何表示，則不得再行使其終止權（失權）。

(4) 惡意行為

如債權人向債務人要求某給付，而基於其他原因該給付將應該立即退還予債務人，則債權人的給付要求即違背誠信原則。例如基於預約，承租人起訴出租人請求訂立租賃契約，然現在已經確定該租賃契約因重大事由得為終止；於此，承租人追求一個其必須馬上放棄的法律地位。

（四）違背誠信原則的認定及其法律效果

1. 認定

誠信原則是一個概括條款，其要求行使權利及履行義務，均應依誠實及信用的方法，亦即應顧及他方的合法利益；此一要求，不僅適用於義務人，也適用於權利人。

誠信原則並非一個一般的合理規範，其允許法官為求得其自認為合理的結果，而可以不顧制定法的價值判斷（gesetzliche Wertung）。[203] 如有法官如此使用誠信原則，其已違反憲法第80條「依據法律」獨立審判的要求；如此，也破壞法的安定性（Rechtssicherheit），因為法官的裁判將無法預測。

另外，誠信原則並未授權給法官，使其得以基於合理性理由而為法的續造。新生法律問題的解決，首先應由立法者負責；法官雖然有權藉由法的續造，以填補法律漏洞（Gesetzeslücke），但仍須受到立法者表現在法律規定中的價值判斷所拘束，而將此價值判斷轉移到未規定但卻類似的案件上。因為民法第148條第2項的誠信原則本身的具體化，需要藉助於其他

---

[202] *Brox/Walker*, Allgemeines Schuldrecht, 2013, § 7 Rn. 17.

[203] *Brox/Walker*, Allgemeines Schuldrecht, 2013, § 7 Rn. 2.

法律的價值判斷，故不適於提供填補法律漏洞的可用標準。因此，誠信原則非用於獨立地創造法律制度；其任務反而應是將已經存在的法規或法律關係，依其意義與目的更進一步地予以形成，或是指明形式上既存的法律關係之界限。[204]

為了在適用民法第148條第2項規定時，在倉促地作成所謂的合理性判決（Billigkeitsurteile）之前，總是應先檢驗特別法規定依其意義與目的（有時透過類推適用），能否對具體案件提供一個妥善的解決。這在絕大多數案件是肯定的，因而動用誠實信用此一般原則成為多餘。唯有當例外地證實，由於該具體案件的特點，法律的（類推）適用，以一個顯然不合理、與該法律關係的意義不符的方式有害於其中一方時，[205]民法第148條第2項得作為最後手段（*ultima ratio*）而促成利益的調和（Interressenausgleich）。於此，誠信原則僅具有輔助的意義（subsidiäre Bedeutung）。[206]

(1) 透過制定法的價值判斷及交易習慣而具體化

就如德國民法典第242條規定，民法第148條第2項並未含有在個案中什麼是符合誠信原則的完備規則，而是此一般條款就其適用需要進一步的具體化（Konkretisierung）。就此，在其他法規範所表示之制定法的利益評價提供重要根據，首先於此應提及的是憲法上的價值決定，其次是交易習慣，尤其商業習慣，亦有助於填補此一般條款，雖然民法第148條第2項未如德國民法典第242條有明文指示。

(2) 個案中的說明理由

惟有在決定什麼是個案中符合誠信原則時，要求尊重不同的法律上觀點，才能阻止恣意的偶然結論。於適用民法第148條第2項規定，亦要求在每一個案中詳細說明理由，而自此理由可以看出，當事人間對立的利益及其依何標準相互作權衡的。

---

[204] *Brox/Walker*, Allgemeines Schuldrecht, 2013, § 7 Rn. 3.
[205] 最高法院86年度台再字第64號判決。
[206] *Brox/Walker*, Allgemeines Schuldrecht, 2013, § 7 Rn. 4.

2. 法律效果

　　權利人行使其權利，義務人履行其義務，均應遵循誠信原則。誠信原則為**強行法**，若權利人行使其權利或義務人履行其義務，有違背誠信原則的情形，例如債權人拒絕受領債務人些微數額之差或不重要的遲延之給付、土地承租人長久坐視出租人在該租地上建屋耕作後再請求交付該土地，或債務人故意於清償日深夜叩門欲為給付，則不生行使權利或履行義務的效力，即不發生當事人所期望發生的法律效果，或有時對權利人生失權的效力。[207]

> 行使權利，履行義務，應依誠實及信用方法，民法第148條第2項定有明文。此項規定，於任何權利的行使及義務的履行，均有其適用。權利人在相當期間內不行使其權利，如有特別情事，足使義務人正當信任權利人已不欲行使其權利，其嗣後再為主張，即應認有違誠信而**權利失效**。法院為判斷時，應斟酌權利的性質、法律行為的種類、當事人間的關係、社會經濟狀況及其他一切情事，以為認定的依據。又權利失效係基於誠信原則，與消滅時效制度無涉，要不因權利人的請求權尚未罹於時效而受影響。[208]

> 行使權利，應依誠實及信用方法。權利人在相當期間內不行使其權利，依特別情事足使義務人正當信賴權利人已不欲其履行義務，甚至以此信賴作為自己行為的基礎，而應對其加以保護，依一般社會通念，權利人行使權利乃有違誠信原則者，應認其權利失效，不得行使。至審酌上開構成權利失效的要素，得依具體個案為調整。又權利失效係源於誠信原則，如權利人怠於行使權利確悖於誠信原則，其主

---

[207] 最高法院103年度台上字第2501號判決（禁止行使消滅時效的抗辯權）。
[208] 最高法院102年度台上字第1932號判決。

觀上對權利存否的認識，則非所問。再**消滅時效**係因一定期間權利的不行使，使其請求權歸於消滅的制度（按：錯誤見解）；而**權利失效理論**之運用旨在填補時效期間內，權利人不符誠信原則的前後矛盾行為規範上的不足，以避免權利人權利長久不行使所生法秩序不安定之缺漏，兩者之功能、構成要件及法律效果均有不同。次按**不定期勞動契約**屬繼續履行的契約關係，首重安定性及明確性。其契約之存否，除涉及工資的給付、勞務的提供外，尚關係勞工工作年資計算、退休金之提撥、企業內部組織人力安排、工作調度等，對勞雇雙方權益影響甚鉅，一旦發生爭議，應有儘速確定之必要。參酌德國勞動契約終止保護法（Kündigungsschutzgesetz）就勞工對解雇合法性之爭訟明定有一定期間的限制，益徵勞動關係不宜久懸未定。權利失效理論又係本於誠信原則發展而來，徵之民法148增列第2項之修法意旨，則於勞動法律關係，自無於勞工一方行使權利時，特別排除其適用。[209]

最高法院曾謂：「在私法領域內，當事人依其意思所形成之權利義務關係，基於**契約自由原則**，權利人雖得自由決定如何行使其基於契約所取得之權利，惟權利人就其已可行使之權利，在相當期間內一再不為行使，並因其行為造成特殊情況，足以引起義務人之**正當信任**，以為倘其履行權利人所告知之義務，權利人即不欲行使其權利，如斟酌權利之性質，法律行為之種類，當事人間之關係，社會經濟情況及其他一切因素，認為權利人在義務人履行其所告知之義務後忽又出而行使權利，足以令義務人陷入窘境，有違事件之公平及個案之正義時，本於誠信原則發展而出之**法律倫理（權利失效）原則**，應認此際權利人所行使之權利有違誠信原則，而不能發生應有之效果。」[210]

---

[209] 最高法院102年度台上字第1766號判決。
[210] 最高法院100年度台上字第1728號判決。

　　行使權利或履行義務是否有違背誠信原則，應以其**客觀行為**為主要判斷基礎。[211]

　　民法第148條第2項的原則，另有有其特別規定，例如民法第227條之2的情事變更原則、第264條第2項的限制為同時履行抗辯。

例：承租人丙支付出租人乙的租金，關於400元的存摺部分，其存入數額如非不實，則縱使有用乙委託的收租人某甲名義為存款人情事，乙儘可轉囑某甲蓋章領取，亦於乙並無損失，乃乙竟以存款人非其本人名義，拒絕受領，並因而主張丙未於其所定催告期限內支付租金，應負積欠租金達二個月以上總額的責任，為終止系爭房屋租賃契約的理由，其行使債權，違背誠實及信用方法。[212]

例：承租人甲於民國44年10月3日接受出租人乙催告，限期3日支付積欠是年1月份至9月份租金後，即於同月5日將此項租金全部，向臺灣臺北地方法院提存所提存，並經乙受領，則上訴人受領甲在催告期限內提存的租金，縱使甲的提存，有不合法定要件情事，亦於乙無甚損害。依民法第148條第2項（舊民法219）條關於行使權利（債權），應依誠實及信用方法的規定，乙自不得僅以提存不合法定要件，而主張不生清償效力。[213]

例：2011年6月，營建包商邱○○，因為不滿貸款遭上海商業儲蓄銀行新店分行刁難，他特地利用端午連續假期發動30多位員工在多個縣市換了316萬元的零錢，6月7日再特地將這批重達1.27公噸的15萬

---

[211] 施啓揚，民法總則，2009年8月，420、436頁。

[212] 最高法院43年台上字第762號判例（舊）。

[213] 最高法院45年台上字第597號判例（舊）。

6,000枚硬幣還給銀行，銀行耗費2個多小時、出動10幾個行員才清點完畢。[214]

民法上的**債權契約**，除法律有特別規定外，固僅於特定人間發生其法律上效力，惟物的受讓人若知悉讓與人已就該物與第三人間另訂有債權契約，而猶**惡意**受讓該物的所有權者，參照民法第148條第2項所揭櫫的**誠信原則**，該受讓人亦仍應受讓與人原訂債權契約的拘束。**權利濫用禁止原則不僅源自誠實信用原則，且亦須受誠實信用原則的支配**，在衡量權利人是否濫用其權利時，仍不能不顧及誠信原則的精神。故於具體案件，如當事人以權利人行使其權利有**權利濫用**及**違反誠實信用原則**為抗辯時，法院應就權利人有無權利濫用及違反誠信原則的情事均予調查審認，以求實質公平與妥當。準此而言，上訴人甲既抗辯被上訴人乙本件權利的行使屬權利濫用及有違誠信原則，則被上訴人乙明知上訴人就系爭土地與其父丙間有**使**用借貸關係存在，猶受讓系爭土地，倘係惡意，則其行使系爭土地所有權的物上請求權，有否違反誠信原則，自應予以究明。[215]

銀行應以善良管理人的注意義務及忠實義務，本於誠實信用原則執行財富管理業務，並依據客戶風險的承受度銷售或推介客戶適當的商品或投資組合，非經**適當的授權**，不得銷售或推介逾越客戶財力狀況或合適的投資範圍以外之商品。[216]

---

[214] 自由時報，2011年6月8日（三），A24版，記者潘杏惠、李靚慧綜合報導；自自由電子報網址：http://www.libertytimes.com.tw/2011/new/jun/8/today-so2.htm（瀏覽日期：2011年6月9日）；http://tw.news.yahoo.com/article/url/d/a/110607/142/2svpe.html（瀏覽日期：2011年6月9日）。

[215] 最高法院100年度台上字第463號判決。

[216] 高雄地院98年度台上字第2285號判決。

> 民法第148條規定，權利之行使，不得以損害他人為主要目的（I），
> 並應依**誠實信用**方法（II）。法定**抵押權**既係以保護承攬人對定作人
> 之工程款債權為主要目的，核與公益無涉，則就此項私有權利，非不
> 得由承攬人**拋棄**之，倘承攬人明知有此項權利，但為確保其對於定作
> 人的工程款債權得以早日實現，於無待法定抵押權的行使前，即向金
> 融業者以拋棄就定作人所有工作物之法定抵押權為條件，以換取定作
> 人得經由該金融業者取得資金的意思表示，自難謂該拋棄的意思表
> 示，於承攬人及金融業者之間不生債的效力。[217]

在訴訟上，違背誠信原則應由法院依職權調查，亦即民法第148條第
2項規定為異議，而不是抗辯權。[218]

三、權利濫用的禁止

（一）權利濫用的概念

所謂權利濫用，謂權利人行使權利，違反法律賦予權利的本旨（社會
性），非正當行使權利的行為。

民法第148條第1項規定禁止權利的濫用，包括權利的行使，或違反
公共利益，或以損害他人為主要目的二種情形，而於民法第148條第2項規
定**誠實信用原則**。最高法院指出，權利濫用禁止原則不僅源自誠實信用原
則，且亦須受誠實信用原則的支配，在衡量權利人是否濫用其權利時，仍
不能不顧及誠信原則的精神。[219]

---

[217] 最高法院96年度台上字第110號判決、98年度台上字第1659號判決。

[218] 德國通說認為原則上是異議，僅於例外情形為抗辯權，*Medicus/Lorenz*, Schuldrecht I,
Allgemeiner Teil, 2012, Rn. 155。

[219] 最高法院100年度台上字第463號判決。

（二）權利濫用的要件

1.主觀要件

　　權利的行使人有損害他人的意思，並以損害他人為**主要目的**。權利的行使，是否以損害他人為主要目的，基於**權利社會化**的基本內涵，應就權利人因權利行使所能取得的利益，與他人及國家社會因其權利行使所受的損失，比較衡量後以為決定；倘其權利的行使，自己所得利益極少而他人及國家社會所受的損失甚大者，即為以損害他人為主要目的。[220]

> 基於**契約自由**及**意思自主**之原則，當事人得在理性思考與自由經濟市場機制下，立於相互平等之基礎，斟酌情況，權衡損益，選擇締約之對象、方式及內容，以追求其締約之經濟目的。倘當事人之一方，經利益衡量後，對於他方所提出之要約**拒絕承諾**，除因此造成利害關係之第三人及社會極大之損害，而違背**權利社會化**之基本內涵與社會倫理，或其拒絕承諾具有過失而與該第三人損害之發生或擴大形成共同之原因外，並不生權利濫用或與有過失之問題。[221]

2.客觀要件

　　客觀上必須有行使權利的行為。

> 出賣土地應有部分，以損害買受人為主要目的，藉分割共有物之訴為不利分割，造成不利買受人的結果。[222]

---

[220] 最高法院71年台上字第737號判例（舊）、92年度台上字第2258號判決。

[221] 最高法院103年度台上字第2112號判決。

[222] 最高法院64年台上字第463號判例（舊）。

> 例：甲取得L地後，乙始辦理於其上H屋的第一次所有權登記，倘甲不同意H屋占有L地上，於彼時即可異議，甚或對乙爭訟，然其不行使拆屋還地請求權經過相當時間，已經引起乙正當信任甲將不行使其權利。嗣後甲再本於民法法第767條物上請求權起訴乙，請求拆H屋。[223]

> 例：鄰地所有人甲越界極小而建築，土地所有人乙請求拆屋還地。[224]

> 例：丙將己有L地出租與承租人丁。丙出售L地，因丁出價過低，乃轉售他人，圖多得售價數千元。丙僅圖利自己，非以損害丁為主要目的，故不適用民法第148條第1項。[225]

（三）權利濫用的法律效果

1.一般效果

權利濫用的行為，非屬權利的行使，不發生權利人原所得期待的效果。如係法律行為，無效；如係事實行為，可構成侵權行為。

> 例：甲女明知乙女膽小且有心臟病，某深夜故意身著白色長袍，並以長髮覆面，於乙常會在該時段經過的陰暗小路閒逛。如常行經該小路的乙突然撞見似鬼裝扮的甲女，驚嚇到中風，導致半身不遂。

第三人依強執法第15條規定提起**第三人異議之訴**，係行使法律所賦予的訴訟權利，通常固**欠缺不法性**，且除有強執法第18條規定所定停止

---

[223] 參閱最高法院92年度台上字第2258號判決。
[224] 最高法院59年度台上字第4195號判決。
[225] 最高法院45年台上字第105號判例（舊）。

執行的情形外，該第三人異議之訴的提起，原則上亦不致使執行債權人發生不利的影響，而無須對執行債權人負侵權行為的損害賠償責任；但強制執行開始後，若第三人出於阻止強制執行程序的進行，以加害於執行債權人的意圖，透過提起第三人異議之訴的手段，達其聲請停止強制執行之目的，而其行為已符合**侵權行為**的要件時，則其提起第三人異議之訴與聲請停止強制執行的行為，即均屬**權利濫用**而具有**不法性**，如因此致執行債權人受有損害，該債權人自得依侵權行為的相關規定，請求第三人賠償，始符第三人因提起第三人異議之訴而依法院裁定提供**擔保**，於聲請停止強制執行不當，致執行債權人受損害時，應以之賠償該債權人的立法原意。[226]

2.特殊效果

權利濫用的行為，其效果依各該特別規定，例如親權，得因濫用而被法院宣告停止（民法1090）。

權利濫用原則與誠實信用原則有別，各有其不同的功能與適用範圍；惟實務上並不嚴格區分，例如最高法院曾謂：「民法第一百四十八條規定，權利之行使，不得違反公共利益，或以損害他人為主要目的。行使權利，履行義務，應依誠實及信用方法。該條所稱『權利之行使』，當涵攝因契約所約定保留之**解除權**在內，是當事人於訂立契約時，縱有約定保留之解除權，於行使該解除權時，亦非不得依此誠信原則予以檢驗。倘行使該解除權，於自己所得利益極少，而他人因該解除權之行使所受之損害甚大者，即非不得視為有違誠信原則而不得為之，此乃權利社會化基本內涵所必然之解釋。」[227]以誠信原則限制權利的濫用。

---

[226] 最高法院98年度台上字第1648號判決。
[227] 最高法院96年度台上字第1394號判決。

主要參考著作

一、中文著作（依姓氏筆畫數）

王澤鑑，民法總則，台北市：王慕華，2014年2月。

王澤鑑，法律思維與案例研習，台北市：王慕華，2019年9月。

史尚寬，民法總論，台北市：史吳仲芳，1970年11月；1980年6月。

李模，民法總則之理論與實用，台北市：李模，1998年9月。

林誠二，民法總則新解——體系化解說（上），3版，台北市：瑞興，
　2012年2月；

林誠二，民法總則新解——體系化解說（下），3版，台北市：瑞興，
　2012年9月。

邱聰智，民法總則（上），台北市：三民，2005年2月；

邱聰智，民法總則（下），台北市：三民，2011年6月。

施啓揚，民法總則，8版，台北市：施啓揚，2009年8月。

洪遜欣，中國民法總則，3版，台北市：洪遜欣，1981年9月。

梅仲協，民法要義，台新6版，台北市：梅仲協，1959年12月。

陳聰富，民法總則，初版，台北市：元照，2014年12月。

黃立，民法總則，台北市：黃立，2001年1月。

黃陽壽，民法總則，台北市：黃陽壽，2003年1月。

鄭玉波、黃宗樂，民法總則，修訂11版，台北市：三民，2008年9月。

二、外文著作（依姓氏字母順序）

Bork, Reinhard, Allgemeiner Teil des Bürgerlichen Gesetzbuchs, 3. Auflage,

Tübingen 2011.

Brox, Hans/Walker, Wolf-Dietrich, Allgemeiner Teil des BGB, 43. Auflage, München 2019.

Flume, Werner, Allgemeiner Teil des Bürgerlichen Gesetzbuchs, 2. Band, Das Rechtsgeschäft, 4. Aufl., Berlin, Heidelberg 1992 (zitiert: *Flume*, BGB AT II).

Herberger, Maximilian/Martinek, Michael/Rüßmamm, Helmut/Weth, Stephan (Hrsg), juris Praxiskommentar BGB, Band 1, Allgemeiner Teil, herausgegeben von *Klaus Vieweg*, 5. Auflage, Saarbrücken 2010 (zitiert: jurisPK-BGB/*Bearbeiter)*.

Köhler, Helmut, Allgemeiner Teil des BGB, 31. Aufl., München 2019.

Larenz, Karl/Wolf, Manfred, Allgemeiner Teil des Bürgerlichen Gesetzbuchs, 8. Aufl., München 1997.

Leipold, Dieter, BGB I: Einführung und Allgemeiner Teil, 8. Aufl., Tübingen 2015.

Leipold, Dieter, BGB I: Einführung und Allgemeiner Teil, 8. Auflage, Tübingen 2015.

Medicus, Dieter, Allgemeiner Teil des BGB, 10. Aufl., Heidelberg u.a. 2010.

Rüthers, Bernd/Stadler, Astrid, Allgemeiner Teil des BGB, 17. Aufl., München 2011.

Schmoekel, Mathias/Rückert, Joachim/Zimmermann, Reinhard (Hrsg), Historisch-kritischer Kommentar zum BGB, Band I, Allgemeiner Teil, Tübingen 2003 (zitiert: HKK-BGB/*Bearbeiter)*.

國家圖書館出版品預行編目資料

民法總則／陳啓垂著. --初版. --臺北
　市：五南圖書出版股份有限公司，2022.09
　面；　公分
ISBN 978-626-343-268-0（平裝）

1.CST: 民法總則

584.1　　　　　　　　　111013366

1SC1

民法總則

作　　者 — 陳啓垂（262.6）

發 行 人 — 楊榮川

總 經 理 — 楊士清

總 編 輯 — 楊秀麗

副總編輯 — 劉靜芬

責任編輯 — 林佳瑩

封面設計 — 王麗娟

出 版 者 — 五南圖書出版股份有限公司

地　　址：106台北市大安區和平東路二段339號4樓

電　　話：(02)2705-5066　　傳　　真：(02)2706-6100

網　　址：https://www.wunan.com.tw

電子郵件：wunan@wunan.com.tw

劃撥帳號：01068953

戶　　名：五南圖書出版股份有限公司

法律顧問　林勝安律師事務所　林勝安律師

出版日期　2022年9月初版一刷

定　　價　新臺幣480元

經典永恆·名著常在

五十週年的獻禮——經典名著文庫

五南，五十年了，半個世紀，人生旅程的一大半，走過來了。
思索著，邁向百年的未來歷程，能為知識界、文化學術界作些什麼？
在速食文化的生態下，有什麼值得讓人雋永品味的？

歷代經典·當今名著，經過時間的洗禮，千錘百鍊，流傳至今，光芒耀人；
不僅使我們能領悟前人的智慧，同時也增深加廣我們思考的深度與視野。
我們決心投入巨資，有計畫的系統梳選，成立「經典名著文庫」，
希望收入古今中外思想性的、充滿睿智與獨見的經典、名著。
這是一項理想性的、永續性的巨大出版工程。
不在意讀者的眾寡，只考慮它的學術價值，力求完整展現先哲思想的軌跡；
為知識界開啟一片智慧之窗，營造一座百花綻放的世界文明公園，
任君邀遊、取菁吸蜜、嘉惠學子！